*A Monsieur Jules Sandeau,
de l'Académie française,
hommage d'affection respectueuse,
Jules Troubat*

PLUME ET PINCEAU.

Il a été tiré de ce livre cent cinq exemplaires numérotés sur papier de Hollande, mis en vente à 5 francs.

ŒUVRES LITTÉRAIRES DU MÊME AUTEUR

Histoire de Jean-l'ont-pris, conte languedocien du XVIIIe siècle, traduit de l'abbé Favre et précédé d'une notice (chez Isidore Liseux). . . . . 3 fr.

Souvenirs et Indiscrétions. Le Dîner du Vendredi-Saint, par le dernier secrétaire de Sainte-Beuve (chez Calmann Lévy) . . . . 3 fr. 50

Œuvres choisies de Piron, avec une analyse de son Théâtre et des notes (chez Garnier frères). . . 3 fr. 50

Vie de Sainte-Beuve, en tête du *Tableau de la Poésie française au* XVIe *siècle* (chez Alphonse Lemerre), 2 vol. . . . . 12 fr.

Etc., etc.

Plume et Pinceau

ÉTUDES DE LITTÉRATURE ET D'ART

PAR

JULES TROUBAT

Rabelais — Voltaire — Mérimée — Talma — *L'Assommoir*
Napoléon et Robespierre — M. Victor Hugo — Le comte de Cavour
La Fille Élisa — Le prince de Bismarck
M. Auguste Préault — Théophile Gautier — M. Gustave Courbet
M. Daubigny — M. J.-P. Laurens
M. Cabanel — M. Champfleury — Sébastien Bourdon, etc.

PARIS
Isidore LISEUX, Éditeur
Rue Bonaparte, n° 2

1878

A LA MÉMOIRE D'ALBERT CASTELNAU

Ancien Député de l'Hérault et l'un des 363 [1]

Albert Castelnau est mort à Paris le 6 octobre 1877, à la veille de la résurrection et avant d'avoir touché de nouveau à la terre promise et définitivement conquise cette fois (c'est du moins notre espoir et notre vœu). Il n'avait que cinquante-quatre ans ; il était né à Montpellier le 25 septembre 1825, d'une des familles les plus considérables et les plus recommandables de cette bourgeoisie protestante où l'apostolat et le martyre sont de tradition depuis la révocation de l'édit de Nantes, et où l'honneur, la probité et le travail sont aussi un héritage

---

1. Albert Castelnau avait accepté la dédicace de ce volume. Nous n'avions eu d'abord d'autre pensée, en la lui offrant, que d'acquitter une dette d'amitié et de reconnaissance envers celui à qui nous nous plaisons encore aujourd'hui à rendre un tel hommage. Il nous avait mis, l'hiver dernier, la plume à la main. Nous lui devions ainsi d'avoir pu écrire, dans la *République du Midi*, une série d'articles qui sont entrés pour la plupart dans ce volume. Nous lui savions gré de nous avoir jugé digne de tenir l'emploi de critique dans son journal. Mais son excessive délicatesse aurait gêné, de son vivant, l'expression de l'éloge sous notre plume en tête de ce petit

pour ainsi dire patronymique et un blason.

Des traits révélés de son enfance montrent de bonne heure Albert Castelnau pratiquant déjà, d'une façon inconsciente, ces principes de son compatriote Auguste Comte, qu'il adoptera plus tard avec la conviction raisonnée d'un philosophe, et où sont contenus tant de germes de solidarité humaine, — seuls principes, peut-être, qui représentent, en ce temps de religions ébranlées et croulantes, le vrai culte et l'unique religion de l'avenir, — le culte et la religion de l'humanité. Le futur auteur de l'apostrophe Aux riches, *chaleureux plaidoyer où il revendiquait hautement, en 1848, les droits des classes laborieuses et assujetties, s'était manifesté dès l'âge le plus tendre. Albert Castelnau, tout enfant, donnait aux pauvres ses vêtements neufs, à l'insu de sa vénérable mère*[1], *étonnée de voir son fils user si vite tant de vête-*

---

livre : nous n'aurions pu parler de lui en toute liberté sous ses yeux. Une catastrophe prématurée nous a malheureusement relevé, à cet égard, de toute fausse honte. Albert Castelnau est mort avant la publication de ce volume auquel il applaudissait d'avance. Nous n'avons plus aujourd'hui à retenir nos sentiments et nos regrets. On ne doit aux morts que la vérité : c'est presque un soulagement pour nous de pouvoir esquisser ici ce portrait d'un ami qui a laissé un si grand vide autour de lui et des racines si profondes dans le cœur de tous ceux qui l'ont connu.

1. Encore aujourd'hui vivante et si cruellement frappée par des coups réitérés.

ments. N'était-ce pas, dès ce temps-là, le même homme qui partageait tout plus tard avec ses compagnons de chaîne (la chaîne n'est pas ici une expression figurée), lorsque le coup d'État le jeta moribond sur cette terre dévorante d'Afrique, où il ne fut arraché à la mort que par l'indicible dévouement d'un frère[1] ?

Nature fine et des plus distinguées; cœur et esprit d'élite; âme indomptable et résignée sous l'enveloppe la plus douce et dans un corps de tout temps frêle et délicat; opposant aux persécutions une inébranlable fermeté de caractère; convaincu et patient, — un vrai saint moderne *portant sa conviction et sa foi dans des aspirations futures et terrestres; exempt d'ailleurs de préventions et de préjugés; sans exclusivisme à l'égard des grands esprits ou des talents qui n'étaient pas de son bord; sachant très-bien distinguer, avec un discernement impartial et équitable, entre les personnes et les choses; mêlant la pointe de scepticisme nécessaire à toute croyance, pour la rendre rationnelle et plus forte; — se complaisant même parfois en des paradoxes qui accusaient des luttes intérieures et l'habitude de discuter le pour et le contre de*

---

1. M. Eugène Castelnau, artiste peintre et conseiller municipal de Montpellier.

ses opinions et de ses résolutions : — tel nous apparaît Albert Castelnau dans sa physionomie morale, au lendemain de sa mort. Il était essentiellement homme de pensée, bien qu'il ait su être aussi homme de cœur et d'action aux heures décisives.

Dans ses beaux et bons jours, à certains moments d'abandon et de gaîté, quand cela le prenait, ses yeux clignotants, qu'il avait extraordinairement petits, s'éclairaient subitement de causticité et de malice : il avait alors de ces traits perçants et incisifs, où il montrait son esprit d'observation à nu, avec un remarquable talent d'imitation qui était presque de la haute comédie, et qu'on n'aurait pas soupçonné sous cette attitude pensive et recueillie. C'était comme un débordement d'ironie qui contrastait avec sa nature grave et cette physionomie sérieuse, empreinte d'un caractère d'austérité et d'ascétisme que la souffrance accentuait de plus en plus dans les derniers temps de sa vie, et qui est le signe de race des hommes dévoués à une foi profonde. — Nous avons dit quels étaient son culte et sa foi[1].

---

1. La *Revue politique et littéraire* a donné ce portrait de lui (dans le nº du 13 octobre 1877) : — on ne pouvait mieux le connaître et le dépeindre : « ..... Esprit fin, nature profondément

Cet air réservé et modeste, qui complétait cette nature d'apôtre et de martyr du devoir et qu'il portait partout, — même quand il bravait, le 9 août 1870, les baïonnettes de Baraguey-d'Hilliers autour du Palais-Bourbon, — avait plus d'une fois donné le change sur les qualités distinctives de son esprit : d'aucuns de ses collègues (parmi ses voisins de la gauche) ne se doutaient pas à la Chambre qu'ils avaient affaire en ce démocrate à un érudit de première main, capable de tenir tête à l'helléniste le plus lettré. Nous l'avons entendu un soir causant sur les

sincère, artiste par ses goûts, érudit par ses études, aimable et doux dans la vie privée, il portait parfois dans les discussions politiques une vivacité qui a pu tromper sur son véritable caractère ceux qui l'ont peu connu. Nous demanderons aux hommes qui pèsent leurs idées et leurs paroles : « Seriez-vous aussi maîtres de votre pensée, aussi maîtres de votre langage, si vous avez été brusquement arrachés à votre famille, jugés par une commission mixte, déportés en Afrique; si plus tard, et pendant des années, vous aviez dû promener une santé chancelante d'auberge en auberge; s'il vous avait fallu vivre partout, excepté chez vous, en Espagne, en Angleterre, en Italie, rôdant autour de la patrie comme un malfaiteur qu'on traque !... » — Telle a été pourtant la vie du proscrit sous l'empire, et celle d'Albert Castelnau en particulier. Mais on n'a pu indiquer ici que les grandes lignes. Le secrétaire fidèle et dévoué d'Albert Castelnau, M. Édouard Durranc, nous a dit plus au long, dans un travail biographique plein de détails intimes, toutes les tortures et les humiliations qu'eut à subir son ami à cette époque néfaste. *Ab uno disce omnes !* (La biographie d'Albert Castelnau par M. Édouard Durranc, publiée d'abord dans la *République du Midi*, a été ensuite recueillie en brochure à Montpellier, chez Coulet.)

*matières les plus ardues de littérature grecque,
— cette science à laquelle tous les esprits d'élite
et de loisir s'adonnent de nos jours. Son inter-
locuteur (un savant grec) n'avait rien à lui
apprendre.*

*Un tel assemblage des dons de l'esprit et du
talent, réunis en sa personne à tant de simplicité et de noblesse, lui conquérait à jamais ceux
qu'il avait élus une fois pour amis. On l'a bien
vu par ce groupe nombreux et fidèle qui est venu
rendre un dernier devoir à sa dépouille mor-
telle, avant qu'elle ne fût emportée de Paris.
On lui restait d'autant plus attaché qu'il ne se
montrait pas tout d'un coup en une fois et qu'on
ne le connaissait bien que peu à peu. « Les
grandes âmes, a-t-on dit, ne sont pas soup-
çonnées, elles se cachent, et souvent il n'y paraît
qu'un peu d'originalité. » Le cas était tout à
fait applicable à Castelnau; mais la nature,
qui avait tant ménagé l'étoffe à sa pauvre et
chétive santé, semblait avoir voulu lui donner
une compensation dans cette faculté attractive
et attrayante qu'il avait à un degré si supérieur
et si exquis.*

*L'Italie avait été sa seconde patrie pendant
ces années d'exil où il errait tout autour de la
France : c'était même sa vraie patrie intellec-*

tuelle, car il était devenu d'esprit plus Italien que Français : il rêvait sans cesse de faire un second voyage à Florence, et à force de penser à ces personnages du XVIe *siècle, dont il avait écrit l'histoire, il finissait par s'identifier tellement avec son sujet, qu'on l'eût pris à certains jours pour l'un d'eux, dans son costume du matin. Ses goûts, ses prédilections littéraires et artistiques le portaient de préférence vers ces années qui ont précédé ce grand siècle de la Renaissance italienne, en en reflétant déjà toutes les splendeurs à son aurore. Il a laissé un grand ouvrage encore inédit sur les Médicis, dont on peut dire que son roman de Zanzara aura été la préface : c'est bien le tableau le plus complet d'une époque où l'humanité longtemps comprimée allait faire explosion, et qui ne doit rien à la nôtre en surprises de toute nature. Il y avait bien là de quoi tenter un philosophe et un penseur homme d'action, qui a vu lui-même de près des temps héroïques et qui a pris part aux luttes de son siècle.*

Avec des tendances ainsi dirigées vers les sommets culminants de l'humanité, le sentiment du Beau devait être un de ses cultes, et il faisait à tout ce qui élève l'esprit de l'homme une place prédominante dans la société moderne et démo-

cratique. En cela, il était bien aristocrate *dans le bon sens, — le sens tout intellectuel du mot. Il se confessait un jour devant nous, avec une grâce charmante, d'une tentation qui lui était venue une fois en séance, à Versailles, et où l'amour de l'art avait failli l'emporter en lui sur le sentiment du devoir. Il venait d'acheter une tapisserie ancienne d'une grande magnificence, et il pensait, à la Chambre, qu'il n'arriverait pas à temps à Paris pour la voir installer par le tapissier dans ce salon de la rue de Rome, qu'il avait placé sous l'invocation de la Vénus de Milo et où ses amis se sentaient si à l'aise : — un vrai divan de philosophes et de libres penseurs. — Il avait bien envie de quitter la séance avant le vote, mais il sut résister à cette envie. — C'était une bien petite victoire dans une vie d'abnégation et de sacrifice comme la sienne* [1]*.*

J. T.

21 octobre 1877.

---

[1]. Il nous a été donné, depuis, de faire l'éloge d'Albert Castelnau, dans un discours lu au dîner de la *Cigale* le 1er novembre 1877. Nous ne le reproduisons pas ici, pour ne pas faire double emploi (il a été publié par la *Vie littéraire* du 15 novembre 1877).

PLUME ET PINCEAU

RABELAIS

SA RADIATION DE MÉDECIN DE L'HOTEL-DIEU DE LYON. —
LA RUE RABELAIS A MONTPELLIER.

On sait très-peu de chose sur Rabelais. L'histoire de sa vie, telle qu'elle nous a été transmise par la tradition, est un tissu de fables et de légendes, qui la font ressembler pour nous à celle d'Ésope par le moine Planude. On peut la grossir au gré de l'imagination et de la fantaisie, mais aucun témoignage contemporain et authentique ne vient à l'appui de tout ce qu'on raconte encore journellement sur lui. Il en est de Rabelais comme de Piron, à qui l'on attribue tous les mots *légers* du XVIIIe siècle; mais comme pour l'auteur de *la Métromanie*, on ne peut pas dire, à propos des joyeusetés et grivoiseries mises sur le compte de l'amusant conteur du XVIe siècle;

qu'*on ne prête qu'aux riches,* car rien ne les confirme. On a voulu se faire une idée de l'homme surtout d'après son œuvre; nous avons bien de la peine, malgré tout, à nous représenter Rabelais tel qu'on nous le dépeint, et nous persistons à voir plutôt en lui le savant que l'ivrogne et le débauché. Nous ne savons du moins comment concilier les deux choses, même en ce temps de liberté de mœurs et de langage que représente aujourd'hui pour nous le xvi° siècle.

Nous nous abstiendrons par conséquent de toute conjecture devant le document peu connu que nous allons reproduire, tant que nous ne serons pas plus renseignés sur la personnalité et le véritable caractère du célèbre curé de Meudon. Il résulte, à n'en point douter, de ce document, que Rabelais fut rayé en 1535 (et non pas en 1534, comme on l'avait cru tout d'abord) des cadres de la Faculté de Lyon, pour avoir abandonné deux fois son poste de médecin à l'Hôtel-Dieu de cette ville. Les véritables motifs de cette désertion sont peut-être dans les archives de Grenoble, où il était allé, et où il se peut que le hasard les fasse découvrir un jour, comme on a découvert ceux de sa radiation dans les archives de Lyon. Mais la preuve qu'il faut toujours se défier des préventions et des préjugés auxquels une découverte de ce genre peut donner naissance à première vue, c'est qu'on avait attribué tout d'abord à la peste le départ de Rabelais.

C'était, croyait-on, pour se mettre à l'abri du fléau qu'il se serait enfui. Or il n'en est rien, comme on le verra tout à l'heure. Les motifs de son départ ne sont nullement indiqués dans les procès-verbaux de sa radiation, et les administrateurs de l'Hôtel-Dieu, contraints à prendre cette mesure, n'auraient pas manqué d'imprimer un caractère de flétrissure à son absence si elle avait eu la peur pour mobile.

L'attention de Sainte-Beuve fut attirée il y a quelques années sur ce sujet par des articles de M. Philibert Soupé, dans *le Salut public* de Lyon. Il écrivit aussitôt la lettre suivante à son ami, M. R. Chantelauze, avec lequel il était alors en correspondance assidue, à propos du cardinal de Retz[1] :

« (Ce 8 octobre 1867)... Il y a toujours une chose que j'ai oublié de vous demander. Il s'est fait à Lyon un petit travail sur Rabelais, ou du moins un travail dans lequel il a été dit que Rabelais médecin avait quitté la ville dans une épidémie et s'en était allé à Tournon ou ailleurs *(c'était à Grenoble)*, ce qui l'avait fait rayer de la Faculté. J'aimerais bien à savoir dans quel journal ou dans quel Recueil scientifique ou académique cette petite découverte a été consignée. Ceci ferait le pendant de Montaigne, quittant Bordeaux où il était maire, et n'y revenant pas à cause de la peste. On peut être de grands écrivains sans être des héros. »

---

1. Voir la Correspondance de Sainte-Beuve (chez Calmann Lévy, éditeur).

Quelques jours après, Sainte-Beuve, mieux mis au fait par la réponse de M. Chantelauze, lui écrivait de nouveau :

« (Ce 15 octobre 1867). Vous êtes mille fois bon, cher monsieur et ami, de me servir à souhait et comme par enchantement pour tout ce détail sur Rabelais. Je crois en effet qu'il ne faut rien exagérer. Il n'est rien tel que de voir les pièces et de les lire à l'œil net et sans lunettes, sans verres de couleur... »

Il dicta en même temps à la hâte la note suivante, destinée par lui à la réimpression de l'un de ses articles sur Rabelais, le *grand poëte en prose*, comme il l'a appelé dans son *Tableau de la Poésie française au* XVI° *siècle* :

« Il faut voir, dans le journal *le Salut public*, de Lyon, la série d'articles sur *Rabelais* qu'y a donnés M. Philibert Soupé les 11, 28 octobre ; 7, 20 novembre ; 6 décembre 1858 ; 6, 15, 25 janvier et 1ᵉʳ février 1859. Rabelais, comme on le sait, fut médecin à l'Hôtel-Dieu de Lyon. Il paraît qu'il y entra en novembre 1532. Il était assez peu assidu. Il s'absenta plus d'une fois, notamment en janvier 1535 et sans en avoir demandé la permission aux conseillers de la ville de Lyon, directeurs de l'hôpital. On sut bientôt qu'il était à Grenoble, se disposant à partir pour l'Italie. Sa place était sollicitée comme vacante. Après quelques réunions du Conseil municipal qui y mit des lenteurs et des procédés, on pourvut à son remplacement (on a retrouvé les procès-verbaux). »

Le Conseil d'administration s'assembla trois fois à l'effet de remplacer Rabelais ; le procès-verbal de la première séance, daté du 14 février 1535, nous donne les noms de trois médecins qui aspiraient à lui succéder : c'étaient les docteurs Charles, Pierre Du Castel et Canape. Dans la seconde séance, qui se tint bientôt après, le 23 du même mois, les avis furent partagés ; quelques conseillers voulaient pourvoir tout de suite au remplacement de maître François, en faveur de l'un des trois concurrents, Pierre Du Castel, lequel était soutenu et protégé par un bienfaiteur de l'Hôtel-Dieu, M. de Montrotier, qui donnait tous les ans audit établissement « trois cents livres et plus ». Un des conseillers, Humbert Gimbre, avait préféré tout d'abord un autre des candidats à la succession de Rabelais, maître Charles, mais il se rendait à l'avis de M. de Montrotier. Le sieur Jacques Fenoil, « pour semblables causes », et afin de ne pas mécontenter « ledit sieur de Montrotier », était également d'avis de pourvoir tout de suite au remplacement de Rabelais en faveur *dudit sieur* Pierre Du Castel. Mais cinq conseillers, Pierre Durand, Hugues Delaporte, Jehan Guilland, Benoit Rochefort et Pierre Manissier, émirent l'opinion qu'il fallait laisser au moins à l'absent le temps de revenir, et ils demandaient pour lui un sursis jusqu'à Pâques.

Nous ne savons si Pâques tomba entre la seconde et la troisième séance ; mais le 5 mars suivant, Pierre Du Castel fut définitivement élu

1.

sans discussion. Deux des conseillers seulement qui avaient précédemment demandé du temps pour Rabelais, Hugues Delaporte et Jehan Guilland, assistaient à cette délibération, et nous ne voyons pas qu'ils se soient élevés contre la résolution prise. C'est que le temps pressait apparemment de pourvoir l'Hôtel-Dieu d'un médecin.

On en profita pour faire des économies sur les appointements, c'est-à-dire qu'au lieu de quarante livres tournois qu'avait eues Rabelais, il en fut alloué trente seulement à Pierre Du Castel.

Au surplus, voici le texte des procès-verbaux. Nous en avons *modernisé* l'orthographe afin d'en rendre la lecture plus facile : c'est la seule altération que nous nous soyons permise, et elle doit nous être pardonnée, car certains mots, écrits de différentes manières sur le manuscrit, ne commandaient pas un respect scrupuleux pour l'orthographe primitive. Nous avons cependant maintenu celle du nom de Rabelais, comme elle se présente en deux ou trois endroits, parce que l'*e* muet de la fin semble nous donner la clef de la prononciation de ce nom au xvie siècle : *Rabelaise.*

Nous devons la communication de ce document à M. R. Chantelauze, qui a bien voulu en demander copie pour nous à son savant ami, M. Gauthier, archiviste du département du Rhône.

EXTRAITS DES ACTES CONSULAIRES DE LA VILLE DE LYON

I

Le dimanche xiiij⁰ février, M. V⁽ᶜ⁾ trente-quatre *(14 février 1535, nouveau style)*, en l'Hôtel-Dieu, après-dîner.

Maître Édouard de Beaujeu, licencié ; Jehan Doillon, Jehan Camus, Michiel Guillen, Hugues Delaporte, Humbert Gimbre, Pierre Manissier, maître Jehan Guilland, Pierre Durand, Jaques Fenoil.

M⁰ Charles, médecin, a fait requête pour avoir la charge de médecin dudit hôpital au lieu de M⁰ Rabelaise qui s'est absenté.

M⁰ Pierre Du Castel a fait pour lui semblable requête.

M⁰ Canape a fait semblable requête pour lui.

II

Le mardy xxiij⁰ février M v⁽ᶜ⁾ xxxiiij *(23 février 1535, nouveau style)*, en l'Hôtel-commun, après-dîner.

Jehan Doillon, Benoist Rochefort, Jehan Camus, Jaques Fenoil, maître Jehan Guilland, Hugues Delaporte, Pierre Manissier, Pierre Durand, Michiel Guillen, Humbert Gimbre.

Lesdits sieurs conseillers ont mis en termes de pourvoir d'un médecin à l'hôpital du Pont du Rhône au lieu de M⁰ Rabelays qui s'est absenté et a abandonné ledit hôpital, sans avis ne prendre congé, aussi les requêtes faites tant de la part de M⁰ Charles que de M⁰ Canape et M⁰ Du Castel. Et car les uns étaient d'opinion d'y pourvoir et de prendre à élire l'un ou l'autre, les autres que l'on devait attendre jusques après Pâques si ledit Rabelays viendrait ou non, est survenu ledit sieur Humbert Gimbre, conseiller, auquel a été demandée son opinion sur ce que dessus, lequel a dit et opiné comme s'en suit :

Ledit Gimbre a opiné et dit qu'on y doit pourvoir et qu'il y a eu assez temps pour y avoir pensé et combien du commencement, pour les requêtes qu'on lui aurait faites, son intention était d'élire et nommer ledit M° Charles, néanmoins pour ce que depuis M. de Montrotier, qui donne chacun an audit hôpital iij° livres et plus, fait requête et grand'instance pour ledit M° Du Castel, attendu aussi que le moindre des deux est assez suffisant, il donne sa voix et élit ledit M° Du Castel.

Sieur Jacques Fenoil, pour semblables causes, et afin de ne divertir ledit sieur de Montrotier du bien qu'il fait audit hôpital, aussi M. Vauzelles, son frère, de l'amour qu'il porte et biens qu'ils font audit hôpital, a donné et donne sa voix audit Du Castel, bien idoine et suffisant.

Ledit Pierre Durand a dit que l'on doit suspendre jusques après Pâques, car il a entendu que ledit Rabellayse est à Grenoble et pourra revenir.

Ledit Delaporte, *idem*, et qu'il n'est requis y pourvoir si promptement sans y bien penser.

M° Jehan Guilland, *idem*, et que l'on doit bien y penser.

Ledit Rochefort est bien d'avis attendre et qu'il voudrait bien savoir l'avis de M. de Montrotier.

Ledit Camus a dit qu'il sait bien l'intention desdits sieurs de Montrotier qui font grand'requête et instance pour ledit M° Du Castel et qu'il a su des médecins et apothicaires que ledit Du Castel est suffisant pour avoir ladite charge, et lui donne sa voix.

Ledit Guillen s'en remet à la pluralité des voix.

Ledit Manissier est d'opinion de n'y pourvoir pour le présent.

Ledit Doulhon, en concluant pour la diversité des opinions, a continué la matière jusques à jeudi, prochain Consulat, et entre deux chacun y pensera.

III

Le vendredy v° mars M. V° trente-quatre *(5 mars 1535, nouveau style)*, en l'Hôtel commun :

Jehan Doilhon, Jaques Fenoil, Hugues Delaporte, Jehan Camus, Humbert Gimbre, M° Jehan Guilland, Michiel Guillen.

Lesdits sieurs ont procédé à élire un médecin pour le service du grand hôpital du pont du Rhône, au lieu de M° François Rabellayse, médecin, qui s'est absenté de la ville et dudit hôpital, sans congé prendre, pour la deuxième fois. Et ont tous, d'une voix, élu M° Pierre Du Castel, docteur médecin, aux gages toutefois de trente livres et à laquelle somme de xxx livres ils ont admodéré les gages anciens qui étaient de quarante livres tournois. Et pour ce l'ont fait venir et [après] lui avoir déclaré ladite élection, il l'a acceptée auxdits gages de trente livres, tant qu'il plaira au Consulat, lequel (Du Castel) a promis et juré de bien servir les pauvres, diligemment et loyaument faire son devoir. »

IV

L'Hôtel-Dieu de Lyon avait ses raisons pour rayer le nom de Rabelais de la liste de ses médecins. Le Conseil municipal de Montpellier en a eu d'autres, de nos jours, pour demander que ce nom fût donné à l'une des rues de la ville. Voici la délibération qui a été prise dans un moment où la ville de Montpellier était menacée de perdre sa Faculté de médecine. Elle ne pouvait protester plus noblement ni plus spirituellement :

« (14 juin 1876.) — M. Henneguy demande la parole pour soumettre au Conseil la proposition suivante :

Le Conseil municipal de Montpellier, considérant que le

nom de Rabelais rappelle les plus grands souvenirs de la vie universitaire de Montpellier,

Considérant que la rue dite actuellement Saint-Matthieu, par ses monuments et sa situation, par son église où étaient déposées les archives dont Rabelais fut un des gardiens, par les bâtiments de l'École de pharmacie auxquels elle aboutit et sur l'emplacement desquels se trouvait l'ancienne École de médecine où Rabelais prit ses grades et où il enseigna, rappelle plus particulièrement le souvenir du séjour de Rabelais à Montpellier;

Attendu qu'il importe de consacrer ce souvenir par un témoignage public;

Émet le vœu :

Que M. le maire de Montpellier veuille bien prendre les mesures nécessaires pour que la rue appelée aujourd'hui rue Saint-Matthieu porte à l'avenir le nom de *rue Rabelais*.

M. le maire dit qu'il approuve et appuie le désir de M. Henneguy de perpétuer le souvenir de Rabelais, comme aussi celui d'autres illustrations montpelliéraines, en donnant leurs noms à des rues de la ville; mais au lieu de débaptiser pour cela d'anciennes rues, ce qui offre divers inconvénients, il aimerait mieux réserver ces noms pour les rues qui vont être prochainement créées.

M. Duval-Jouve propose que le Conseil se déclare en principe favorable au vœu de M. Henneguy, sauf à vérifier plus tard s'il ne vaudrait pas mieux le modifier et l'étendre en donnant le nom de Rabelais et d'autres illustrations à des rues nouvelles de la ville.

Cette proposition est adoptée. »

Il sera souvent question de Montpellier dans ce volume, et l'on ne saurait s'en étonner, puisque la plupart des articles qui le composent étaient adressés à un journal de cette ville, *la République du Midi*. Arborons donc hardiment la province; ne craignons pas d'être de notre pays, surtout quand il apporte à la Philosophie et aux Lettres des documents tels que ceux qui précèdent et que ceux qui vont suivre. D'ailleurs, être de Montpellier, disait un grand esprit de la famille de Voltaire, c'est être de quelque part; ce n'est pas banal — on n'en saurait dire autant de toutes les villes de France. Molière, à l'instar de Rabelais, n'a pas craint d'emprunter à ce terroir fertile, qui a produit au xviii° siècle l'abbé Favre, notre plus grand conteur en vers et en prose dans cette langue du Midi si peu élégiaque. — Voyons maintenant comment la vieille cité de la science et du gai savoir, qui n'a jamais répudié l'esprit français, accueillait, à l'aurore de ce siècle, l'esprit de Voltaire.

Juillet 1875 — Septembre 1877.

VOLTAIRE A MONTPELLIER

INAUGURATION DE SA STATUE EN TERRE CUITE
PAR HOUDON EN 1803.

I

Dans un moment où l'on a tant de peine à élever une statue à Diderot, et où il n'est pas encore sûr qu'on puisse célébrer le centenaire de Voltaire et de Rousseau, il y a peut-être quelque opportunité à rappeler, à l'honneur de notre ville natale, qu'elle a eu, elle aussi, au commencement de ce siècle, sa statue de Voltaire. Cette statue, chef-d'œuvre de Houdon, et reproduction exacte en terre cuite de celle du Théâtre-Français, avait disparu depuis longtemps du musée de Montpellier; elle y est rentrée à la suite du 4 septembre 1870 : espérons cette fois qu'elle n'en sortira plus. Ce monument a eu à subir toutes les vicissitudes politiques de notre siècle: après son inauguration qui fut une cérémonie véritablement triomphale en 1803, il dut s'éclipser devant la Restauration, qui détruisait en même temps une colonne élevée à la Liberté sur le Champ-de-Mars, dans la ville de Montpellier. La Terreur blanche en faisait bien d'autres, du reste, en ce moment dans le Midi : Montpellier a eu ses Trestaillons comme Nimes, et vraiment les partisans de la Restauration auraient mauvaise grâce à nous accuser de mettre à la charge de ce régime un sacrilége antiphilosophique de plus. Nous pourrions citer telle page de Sainte-Beuve sur les exécutions capitales qui ensanglantèrent la ville le 22 juillet 1816 [1].

Après cela, nous n'aurons pas de peine à convenir que la Restauration n'a pas expulsé les cendres de Voltaire du Panthéon ; elles n'y ont jamais été portées en réalité [2].

---

[1]. Nous nommons à dessein Sainte-Beuve, car parmi tous les écrivains qui se sont occupés de l'histoire de la Restauration, il est le seul qui ait parlé avec détail et tout au long de la Terreur blanche à Montpellier et dans les environs. (*Nouveaux Lundis*, t. IV, articles sur l'*Histoire de la Restauration*, par M. de Viel-Castel, p. 244 et suiv.)

[2]. On peut lire là-dessus un très-remarquable récit de la mort de Voltaire, publié il y a quelques années par M. Taine, dans le *Journal des Débats* (n° du 30 janvier 1869). D'après cette relation, envoyée à Catherine, et retrouvée dans les archives de Moscou, le corps de Voltaire fut brûlé dans la chaux vive à l'abbaye de Cellières, par ses deux neveux, qui mirent ainsi les restes mortels de leur oncle à l'abri de toute violation de sépulture. Le clergé l'avait *abandonné*, et par ce mot il fallait entendre à cette époque l'excommunication de fait en style canonique. M. Taine cite à ce sujet une réponse significative du curé de Saint-Sulpice : « Il n'y a pas lieu à sépulture, » avait dit ce prêtre aux Cordeliers, chargés par l'Académie française de faire faire un service funèbre à Voltaire ; « le corps n'a point pu jouir de sépulture, je l'ai *abandonné*. On dit qu'il est enterré dans l'abbaye de Cellières. Le premier venu peut le déterrer et en faire ce qu'il voudra, ni s'assujettir

L'œuvre de Houdon qui avait servi de maquette au grand artiste et avait été la première expression de sa pensée, quand il travaillait à l'immortelle statue de marbre, qui est au Théâtre-Français, avait donc quitté la salle de notre mairie, où était alors installé le musée de Montpellier. François-Xavier Fabre n'était pas encore venu enrichir la ville avec l'héritage de la comtesse d'Albany!

La statue de Voltaire fut probablement rachetée par un riche amateur et marchand d'objets d'art, dont le zèle est attesté plus d'une fois dans les témoignages du temps, et qui a laissé un nom célèbre dans les annales artistiques de la ville, M. Fontanel. C'était lui qui en avait procuré l'acquisition en l'an XI (1803) : c'est son neveu et son héritier, M. Fages, qui l'a offerte en dernier lieu et définitivement à notre musée Fabre, où tous les visiteurs peuvent la voir [1].

Ce nom de Fontanel, qui mérite qu'on s'y arrête, revient plusieurs fois avec éloge dans deux

---

aux formes de l'exhumation par la raison qu'il ne peut être inhumé nulle part. » Et il n'y a pas encore cent ans de la mort de Voltaire (30 mai 1778)! (Ce récit inédit de la mort et des funérailles de Voltaire, imprimé pour la première fois par M. Taine, mériterait les honneurs d'un petit volume à part, comme en savent faire aujourd'hui les éditeurs bibliophiles dignes de ce nom.)

1. Le musée de Montpellier possède ainsi deux admirables reproductions de chefs-d'œuvre : cette statue en terre cuite, de la main de Houdon, et de la même grandeur que celle de Paris ; — l'autre, une seconde idée des *Femmes d'Alger*, par Eugène Delacroix, et qui n'a rien à envier à celle du Louvre.

lettres de Houdon, publiées récemment par les *Chroniques du Languedoc*[1]. Ces deux lettres (l'une du 6 décembre 1778, l'autre du 26 février 1779) étaient adressées à la Société libre des Beaux-Arts de Montpellier, encore toute jeune et que l'intelligente initiative de Fontanel avait beaucoup contribué à créer. C'est cette Société de Beaux-Arts et Belles-Lettres qui devait inaugurer la statue de Voltaire en l'an XI, au sortir du XVIIIe siècle et de la Révolution. Le souvenir de cette consécration solennelle nous a été conservé par une brochure rare[2], qui rend tout de suite hommage au nom du fondateur de la Société :

« Vous savez, Messieurs, » dit tout en tête l'auteur de la brochure, « que l'acquisition de la statue de Voltaire, modèle original en terre cuite, de grandeur naturelle, du célèbre Houdon, est due aux soins de M. Fontanel, qui réunit les connaissances d'un artiste et les passions d'un amateur et qui, de concert avec M. Matet, qu'un même zèle anime, prépare dans les salles du musée une collection de tableaux et de livres précieux. C'est là que la statue de Voltaire a son emplacement préparé... »

Fontanel, Matet, voilà des noms dont on se souvient dans notre cité artistique et littéraire.

---

1. T. I, p. 12, 1875. — Les *Chroniques du Languedoc* paraissent à Montpellier sous la direction d'un savant que Paris n'a pas oublié, M. Louis Lacour de la Pijardière, devenu archiviste du département de l'Hérault.

2. *Rapport fait à la Société des Sciences et Belles-Lettres de Montpellier, sur l'inauguration de la statue de Voltaire au*

Le second est désormais inséparable de notre musée Fabre par l'éminent portraitiste qui a porté en dernier lieu le nom de Matet.

Nous reviendrons en terminant sur un vœu que nous suggère la rencontre de ces noms et d'autres, et qui n'intéresse pas seulement notre ville natale. Nous avons hâte, pour le moment, d'extraire de l'opuscule que nous avons sous les yeux quelques détails peu connus sur Voltaire.

II

Parmi les personnes présentes à la cérémonie et qui y apportèrent leur tribut d'éloges, nous remarquons un nom que la postérité et des caricatures royalistes, au retour des Bourbons, ont lié indissolublement à celui de Cambacérès, qui était aussi, comme on sait, de Montpellier. Une caricature, publiée par M. Champfleury, dans son *Histoire de la caricature sous la République, l'Empire et la Restauration*[1], représente trois amis, tous trois enfants du *clapas*[2], groupés ensemble et n'ayant qu'une unique panse à eux trois, —

---

musée de la même ville, par P.-E. Martin-Choisy, juge au tribunal civil, etc. An XI, 1803. Broch. in-8° (cotée LK7 5132 à la Bibliothèque nationale).

1. Deuxième édition très-augmentée, p. 327. (Chez Dentu, Palais-Royal.)

2. Sobriquet donné à la ville de Montpellier, et qui signifie, dans le patois languedocien, un amas de pierres : mais toutes les villes sur un monticule apparaissent de loin sous cet aspect.

panse énorme; emblême de la gourmandise bien connue de deux d'entre eux, Cambacérès et le marquis d'Aigrefeuille, ancien procureur général de la cour des aides de Montpellier, et à qui Grimod de La Reynière avait dédié son *Almanach des Gourmands*.

Le troisième personnage de cette trilogie grotesque est M. de la Villevieille : mais celui-ci, au contraire des deux autres, est « sec, maigre, d'apparence famélique. » Il a du profil de Voltaire. — Et c'est à un Villevieille qu'est dû le plus bel éloge de Voltaire qui fut prononcé à cette inauguration solennelle de la statue du grand homme à Montpellier, en 1803.

« Il appartenait sans doute, » dit l'auteur du rapport, M. Martin-Choisy, « il appartenait à l'un des conservateurs du goût, à l'un des fidèles de Ferney, à celui que des relations littéraires et sociales avaient souvent rapproché de Voltaire, de nous entretenir de lui. Ce n'est pas sans émotion que M. Villevieille a retracé des souvenirs qui lui sont également chers et honorables... Il a eu quelquefois, comme on l'a rapporté de Mlle Gaussin, *des larmes dans la voix...* »

C'est de ces souvenirs que nous allons extraire la partie qui nous a paru la plus touchante et la plus intime. Des journaux, qu'il n'est pas besoin de nommer, nous ont insulté quand nous avons montré un maître pour nous, — Sainte-Beuve chez lui, en déshabillé, dans la familiarité de l'intérieur avec ses amis. Nous ne faisions que continuer la tradition du culte qui de tout temps s'est attaché à la mémoire des grands hommes ou des hommes supérieurs parmi leurs apôtres, leurs disciples ou tout simplement leurs proches. Voici avec quelle émotion s'exprimait M. Villevieille, parlant avec abondance et de souvenir du patriarche de Ferney :

« Le soir, l'auteur de tant de chefs-d'œuvre n'était plus que celui de *Candide,* du *Pauvre diable,* de *Zadig,* de ce poëme que la bienséance me défend de nommer... »

Nommons-le tout de suite : *la Pucelle* ; je sais bien qu'il y avait des dames quand M. Villevieille lisait ses souvenirs de Ferney en séance publique ; mais notre honorable concitoyen, en tournant autour du mot à l'aide d'une périphrase qui nous paraît aujourd'hui puérile, se montrait plus de l'école de Delille que de celle de Voltaire. Le xviii° siècle n'était pas si prude : les contemporains de Voltaire ne faisaient pas si petite bouche à l'endroit du fameux poëme ; les plus honnêtes gens le savaient par cœur ; nous avons connu la veuve d'un général, une personne des plus respectables, Mme de F***[1], âgée de plus de quatre-vingts ans, douée d'une mémoire prodigieuse, et qui en récitait des passages appris dans sa jeunesse. C'était un esprit cultivé du xviii° siècle. Le père lui-même de

---

1. Dame lectrice de Mme la princesse Mathilde.

Sainte-Beuve, qui était un bourgeois lettré de Boulogne-sur-Mer, en avait couvert de notes un exemplaire que nous possédons. Ce n'est que depuis qu'on a attaché une importance bigote à ce poëme. Voltaire, en l'écrivant, avec sa nature sensible et délicate à l'excès, était choqué surtout du mauvais goût avec lequel on avait traité en tout temps un pareil sujet, qui a toujours porté malheur aux poëtes et aux artistes. On sait toutes les railleries de Boileau sur Chapelain à cet égard; et avant Chapelain, que de tragédies sur l'héroïque Pucelle! Toutes ont sombré; la statue même de Jeanne d'Arc, qui orne de nos jours une des places de la rue de Rivoli, a l'air d'une pendule ou d'un presse-papier posé sur une table: elle est d'un gothique malheureux; une féerie lyrique du même nom, qu'on jouait il y a quelques années dans un but de régénération sociale et surtout cléricale, reçut le sobriquet de *Féerie du Vendredi-Saint*, tellement on s'y amusait! — enfin il n'y a pas jusqu'à la canonisation de Jeanne d'Arc qui n'ait *raté*. Une seule plume, inspirée et poétique, a réussi dans ce sujet où tant d'autres ont échoué; mais ç'a été celle de Michelet, c'est-à-dire de l'historien qui a le mieux peut-être de nos jours senti le peuple. Après cela, nous ne donnons pas le poëme de Voltaire comme un chef-d'œuvre, ni surtout comme une œuvre de patriotisme; mais c'est avant tout, croyons-nous, et en l'envisageant froidement, une œuvre de finesse et d'ironie. Le bon sens critique de Voltaire se révoltait à sa manière, comme celui de Boileau et de toutes ces natures sensitives et nerveuses, de premier mouvement, au moindre contact de tout ce qui les choque. Il y avait des siècles de faux et de mauvais goût accumulés sur Jeanne d'Arc. Voltaire en a été l'Offenbach, si l'on veut; mais c'est le destin des sujets trop longtemps rebattus ou ressassés en littérature : ils finissent tous par trouver la cruelle parodie qui les achève.

III

Reprenons le discours de M. Villevieille où nous l'avons quitté :

« La conversation de Voltaire, » dit-il, « avait peut-être sur ses écrits le mérite de ces esquisses pleines de liberté et de feu, que plus de correction refroidirait. Il y était tour à tour Démocrite et Platon ; il y avait tous les genres d'esprit, il y prenait tous les tons ; c'était un torrent d'idées, d'images ; il causait, en un mot, de génie, comme un bénédictin écrit d'érudition. Sa prédilection pour le genre dans lequel il eut tant de succès se décelait à tous moments dans ses discours ; il y ramenait sans cesse des plans, des idées dramatiques, qui paraissaient toujours le poursuivre et le tyranniser, et il parlait du Théâtre, auquel il n'avait jamais sérieusement renoncé, comme on parle d'une maîtresse absente. Mais quel degré d'intérêt acquérait sa conversation lorsque, plein de souvenirs de ce beau siècle dont il avait tracé le tableau, il évoquait autour de lui les ombres volages des Montespan, des La Vallière, des

Mme de Lafayette, de ces courtisans célèbres par les agréments de leur esprit et de tous ceux qui, à cette brillante époque, marquèrent par le génie, les talents ou la vertu ! »

Voltaire ne pouvait se deviner lui-même : à quelque hauteur de point de vue qu'il s'élevât, il ne pouvait apercevoir que pour nous, fils du XVIII° siècle, le *grand siècle* ne serait pas celui qui l'avait précédé, mais celui qui porte son nom. Diderot, en cela, eut plus de prescience : mais Diderot, malgré son propre culte pour Voltaire, se rapprochait plus de l'avenir par son esprit démocratique ; Voltaire appartenait davantage par ses goûts littéraires au siècle de Louis XIV.

M. Villevieille terminait son récit, dans la brochure où nous le copions, par deux anecdotes touchantes auxquelles nous ne voulons rien retrancher et qui sont, pensons-nous, peu connues. Quand on les tient d'un témoin oculaire, que dis-je, d'un ami, elles ont plus de prix. Nous ne séparons pas le culte des grands hommes du culte de la patrie ; assez d'autres cultes, moins rationnels et plus funestes, tendent à s'y substituer de nos jours.

« La dernière retraite de ce vieillard ingénieux, de ce dominateur des arts, de l'esprit » (c'est M. Villevieille qui parle), « Ferney, était devenu pour tous ceux qui les cultivaient *le siége de l'empire*. On y accourait de tous les points de l'Europe ; des hommes de toutes les classes, de tous les rangs, les hommes les plus justement célèbres, y apportaient leurs hommages ; tous ceux qui entraient dans la lice qu'il avait parcourue avec tant de gloire y venaient prendre son attache et ses couleurs ; sa conversation était une faveur ; une réponse, une lettre de Voltaire était un diplôme. »

C'est ce qui arrive et ce que nous voyons encore à chaque foyer de lumière et de chaleur, à chaque centre intellectuel qui s'allume et qui rayonne. Mais Voltaire appartenait à la plus haute lignée des grands esprits ; il était de la famille d'Aristote. Pétrarque avait joui en son temps d'une importance pareille. Nous croyons Voltaire bien supérieur à Rabelais, et par le goût et par la portée philosophique. On peut encore, au point de vue encyclopédique, embrassant toutes les connaissances humaines, en rapprocher Gœthe. S'il en est quelque autre de nos jours qui lui soit vraiment comparable, qu'on ose le nommer sans rire et sans charlatanisme. Oh ! nous sommes convaincu que tous ceux qui ont rayonné de notre temps auraient aimé à graviter autour de Voltaire, qui domina tout son siècle. Mais continuons :

« Enfin Voltaire s'arrache à sa retraite, quitte son asile, arrive dans la capitale ; personne n'ignore la sensation que fit son retour... Il est un mot profond que j'ai recueilli, parmi tous ceux qu'on a rappelés et qui lui échappèrent au moment de ce triomphe, que personne n'avait obtenu depuis Sophocle. » (Nous avons tout à l'heure nommé Pétrarque, que le bon Villevieille oublie). — « On voulait pénétrer Voltaire du sentiment de son immortalité ; mais l'idée de sa prochaine destruction le poursuivait et semblait lui faire repousser les acclamations et les hommages. « C'est en vain, mon ami, me disait-il, qu'on veut me retenir dans mon tombeau de quatre-vingt-quatre ans : il faut descendre plus bas. »

Nous ne pouvons nous empêcher de trouver ce mot touchant et plein d'émotion.

IV

L'autre anecdote racontée par M. Villevieille est celle-ci :

« Je déterminai avec beaucoup de peine M. de Voltaire à se prêter au désir que m'avait souvent témoigné M. Houdon de modeler sa statue. Enfin son consentement lui fut arraché, le jour pris et les époques des séances fixées; je devais le suivre toutes les fois qu'il se rendrait à l'atelier ; je m'y soumis sans peine, comme vous le jugez bien ; l'artiste s'étant aperçu plusieurs fois que les traits de son modèle n'exprimaient plus que l'impatience qu'il éprouvait, que la contrariété et l'ennui obscurcissaient son front, et que le feu du génie s'éteignait dans ses yeux, j'imaginai de porter à la dernière séance que lui accordait M. de Voltaire la couronne que le jour de son triomphe à la Comédie-Française l'acteur Brizard lui plaça sur la tête, aux acclamations d'une foule immense, couronne dont je suis encore possesseur. » (Fétichisme tant qu'on voudra ! Mais ces reliques authentiques d'un illustre contemporain que l'on a aimé en valent bien d'autres). — « Je prévins M. Houdon que je m'élancerais, à un signal convenu, sur l'estrade où était placé M. de Voltaire et lui poserais la couronne sur la tête. « Sans doute alors, dis-je à M. Houdon, sa physionomie reprendra du mouvement et vous saisirez cet éclair pour y mettre la vie, l'esprit et la vérité qui doivent l'animer », et qui respirent, en effet, dans ce chef-d'œuvre. J'exécutai avec beaucoup de bonheur ce que j'avais conçu ; mais j'avais à peine posé la couronne sur cette tête vénérable que, me repoussant avec cette grâce qui ne l'abandonnait jamais : « Que faites-vous, jeune homme ? me dit ce vieillard illustre ; jetez-la sur ma tombe qui s'ouvre. » — Il éprouvait déjà des douleurs très-vives. Il se lève incontinent, et se tournant vers l'artiste : « Adieu, Phidias ! » et me saisissant par le bras : « Mon ami, allons mourir. » — « Oh ! mon maître, m'écriai-je en pressant ses genoux, que je baise encore la main qui écrivit *Zaïre!* » Alors ses larmes coulèrent et se confondirent aux miennes ! ses douleurs cependant devinrent intolérables ; nous rentrâmes, et quelques jours après il n'était plus. »

Il faudrait être insensible à toute littérature et à la perte d'un grand esprit pour ne pas partager la tendresse et l'angoisse dont cette fin de récit est pleine. Quand il s'agit d'un homme comme Voltaire, tout est intéressant à connaître.

V.

Qu'on nous permette enfin, en finissant, un vœu patriotique, bien que local, que nous avons réservé au cours de cet article. Une statue peut se détruire ou disparaître, comme c'était déjà arrivé à celle de Montpellier : mais les écrits et surtout les écrits imprimés restent. Je ne signale d'ailleurs celui-ci aux générations modernes que pour démontrer combien ce qui nous paraît aujourd'hui le comble de la hardiesse était tout simple aux yeux de nos pères, ou plutôt de nos arrière-grands-pères, qui avaient traversé la Révolution et avaient été, dans leur jeunesse, les contemporains de Voltaire. Tout l'esprit du xviiie siècle se retrouve en eux.

La ville de Montpellier comptait alors un groupe d'hommes éminents, qui se réunissaient dans ce qu'on avait appelé la Société de l'Entresol, en souvenir d'une autre Société littéraire, bien connue, de Paris. Il serait très-intéressant et utile de nos jours de recueillir en une collection, vraiment nationale et patriotique pour la contrée, les travaux qui sont émanés de ces hommes distingués dans tous les ordres des Sciences et de la Littérature.

Ce serait rendre à la fois service aux Lettres et à l'histoire locale de la Cité. Cette période d'histoire locale s'oublie volontiers de plus en plus ; on en disperse ou on en détruit les documents. Les réactions successives, qui ont affaibli ou fait dévier l'esprit de notre pays, depuis la Restauration, ont eu intérêt à laisser anéantir les témoignages intellectuels de cette époque, qui se ressentaient trop du *grand* siècle. — du seul du moins qui soit grand pour nous aujourd'hui, — du siècle de Voltaire.

Je ne parle que de Montpellier. Il est telle brochure, tel ouvrage botanique (celui de Gouan), même un simple *Guide dans le département de l'Hérault*, bien postérieur, mais écrit dans un esprit indépendant et voltairien (d'autres diraient *athée*, car la réaction confond toutes les nuances), qui ont presque complétement disparu, et qu'on ne retrouve plus que dans quelques bibliothèques particulières. La main des partis, assure-t-on, y a mis bon ordre ; et quel est le parti qui a intérêt à brûler ou à détruire les livres ? Ce n'est certes pas celui des lumières.

Il devrait se fonder à Montpellier (et je le dis pour toutes les villes de France) une Société en vue de la conservation des ouvrages de ce temps-là. On réimprime à grands frais, un peu partout à présent, beaucoup de vieux livres qui le mériteraient moins que quelques-uns de ceux qui nous sont restés dans le souvenir pour les avoir vus pendant notre enfance, et qu'on ne retrouve plus aujourd'hui.

Nous soumettons cette idée aux bibliophiles éclairés et indépendants du pays, à ceux qui ne font pas seulement de l'art pour l'art dans leurs recherches érudites, mais qui ont aussi un but, celui de reconstituer l'histoire du passé.

Un Tableau littéraire à refaire, pour le littérateur qui aurait tous les documents en main, serait celui de la société montpelliéraine qui dressait une statue à Voltaire. On pourrait la citer en témoignage du haut degré de culture intellectuelle auquel s'était élevée la société française à la fin du xviii° siècle ; — il nous est arrivé bien des fois, depuis, de prendre pour le progrès ou pour de l'audace ce qui n'était bien souvent qu'un pas à peine reconquis sur le terrain que nous avions laissé perdre[1].

24 octobre 1876.

[1]. Voir, à la fin du volume, l'appendice sur la statue de Voltaire à Montpellier.

QUELQUES NOTES SUR MÉRIMÉE

L'étude de M. Taine en tête des *Lettres à une inconnue* m'a fait rechercher dans mes propres souvenirs ce que le savant écrivain a évité de dire sur Mérimée, et comme le moindre détail est bon à noter quand il s'agit d'un personnage tel que l'auteur de *Colomba*, je vais me permettre d'écrire sur lui et de recueillir tout ce que je sais.

D'abord il n'était pas chrétien, même de fait, ses parents ne lui ayant point imposé le baptême à sa naissance ; et je ne sache point qu'il ait fait le saut à ses derniers moments. Ce n'était pas du moins son caractère. Des dames, en 1867, regrettaient devant moi qu'il eût toujours refusé de se convertir et de réparer la négligence de ses parents. « Il nous promet toujours, disaient-elles, mais il ne tient jamais. » Il promettait parce qu'il était galant et poli, mais voyez-vous ce catéchumène de plus de soixante ans, revêtu de l'aube blanche, lui qui avait passé sa vie, disons-le, à courir les bons et mauvais lieux de l'univers entier, et qui les connaissait par cœur, aussi bien que les monuments archéologiques : c'était même une de ses faiblesses affectées d'en parler trop souvent. « Un soir, » disait-il à Sainte-Beuve, « que j'entrais rue Bellechasse... » — « Mais, » répondit Sainte-Beuve, « il me semble, Mérimée, qu'il n'y a pas, rue Bellechasse, ce que vous dites... » — Après un moment de réflexion : « C'est juste, c'était ailleurs. »

Une autre fois la scène se passait à Marseille. L'auteur de *Carmen* n'était du moins pas hypocrite, et quand il parlait on croyait relire ce chef-d'œuvre ; toutes ses qualités d'artiste sobre et condensé, chez qui les mots ont toute leur valeur et font image, se retrouvaient dans sa conversation comme dans sa prose.

Il avait encore un faible, qu'il devait à un trop grand mépris de l'humanité, et aussi à son affectation de paganisme antique : c'était celui de vouloir paraître cruel et sanguinolent, *cruentus*. Le sang joue un rôle dans chacune de ses compositions ; il y a là comme une réminiscence lointaine du marquis de Sade, qui a été également le *livre*, pendant quelque temps, d'une fraction fanfaronne de l'école romantique, — hommes voulant se faire plus méchants qu'ils n'étaient, et semblant avoir pris pour devise : « Je suis homme, et tout ce qui est humain m'est étranger. » Au fond, les meilleurs cœurs du monde. On voit du sang dans *la Chambre bleue*, cette dernière nouvelle de Mérimée, — il est vrai que ce sang finit par n'être que du vin. Il paraît bien pourtant que, primitivement, ce devait être réellement du sang ; mais c'était alors trop absurde et presque invraisemblable. Passons.

Un jour il lui échappa de dire ce mot : « Comme j'aurais aimé être hier au Cirque, quand le lion a croqué son cornac ! » — Il ne fallait pas prendre ces cruautés d'artiste au sérieux ; c'était son genre à lui, comme de parler du diable en qui il paraissait croire. Il avait besoin de tous ces éléments-là pour son art.

Mais là où il était instructif à entendre, c'est quand il parlait histoire et archéologie. Il connaissait les choses par la racine, ne se contentant pas de l'à-peu-près, ne mêlant pas, ne confondant pas les originaux avec la copie. Il racontait un jour ses visites dans les abbayes du Languedoc, aux environs de Montpellier, de Béziers et de Rodez : il avait cité l'abbaye d'Aniane, le cloître de Saint-Guillem du Désert. — Je me hasardai étourdiment à en nommer deux ou trois autres de la contrée ! Il resta froid sans m'approuver ni me désapprouver. Il ne voulait point s'écarter de la ligne historique et chronologique. Ce que je lui citais était postérieur et l'éloignait de la saine méthode scientifique. Il aimait à toucher le fond en tout et à se rendre compte. En cela il était *radical* et *original*.

Et comme il était intéressant encore à écouter,

quand il parlait de ses voyages en Grèce ! Il expliquait, en causant, la bataille des Thermopyles, comme s'il eût été question d'une rencontre de nos troupes avec les Bédouins, dont on aurait eu le rapport la veille. Il citait les textes des historiens grecs qu'il commentait avec ses propres observations. « Il y a en effet, disait-il, un bois de chênes verts que Léonidas eut à traverser, et Hérodote parle d'un bruit de feuilles de chênes verts qui trahit les pas des Spartiates et donna l'éveil aux Perses... »

On croirait que Mérimée s'est peint lui-même dans cet Anglais de *la Chambre bleue,* qui lit en voyage du grec ancien pour passer le temps !

Anglais, il l'était par l'aspect froid et par sa nature : nul Français n'a pris plus que lui part, en esprit et en imagination, à l'expédition d'Afrique contre Théodoros ; il prononçait les noms propres à l'anglaise, et il faisait de son récit, absolument historique, une magnifique épopée, comme s'il l'eût écrite.

La dernière fois que j'ai eu l'honneur de le voir, c'était en 1869, au lendemain de l'échec de Théophile Gautier à l'Académie : il était revenu exprès de Cannes pour donner sa voix au grand poëte, et appuyer en même temps M. Duvergier de Hauranne contre le candidat bonapartiste et clérical, M. de Champagny. La même combinaison qui devait faire nommer M. Duvergier de Hauranne aurait fait nommer Théophile Gautier;

mais le parti clérical l'emporta, faute d'entente de la part des *amis de cour* de Gautier, qui avaient pris pour un mot d'ordre une velléité de désir du *maître* : « Cela me ferait plaisir que M. de Champagny fût élu : il a écrit une *Histoire de César*. » Il semblait à Napoléon III que c'était le nommer, lui, que d'élire un émule. Il ne tenait aucun compte, d'ailleurs, des opinions et des tendances réactionnaires, hostiles même à son régime.

La bataille fut chaude et infructueuse. Gautier ne pouvait être élu qu'à la condition que ses amis voteraient pour M. Duvergier de Hauranne.

C'était ce qu'avaient fait Sainte-Beuve et Mérimée. Peu de jours après, Sainte-Beuve eut la visite de Mérimée, dans un moment où il accomplissait sa courte promenade de santé sur le boulevard Mont-Parnasse. En l'absence du maître, Mérimée pria qu'on fît descendre le secrétaire, qu'il voulait charger d'une commission. Je descendis, et je trouvai l'illustre écrivain vieilli et bien fatigué. Il y avait sur sa figure des reflets cuivrés, qu'on me dit depuis être l'effet de l'arsenic qu'on lui faisait absorber pour son asthme. Il m'avait pris depuis un an en une certaine affection, lui qui ne prodiguait pas ses sentiments, et me toucha la main, ce à quoi il était assez lent à se décider d'ordinaire. Il fallait faire un long stage dans son estime, avant d'obtenir cette marque de sa part.

Il s'assit, et me raconta alors, pour le répéter à Sainte-Beuve, que, le jour même de l'élection académique, il avait déjeuné avec l'empereur, et que celui-ci lui avait demandé : « Vous êtes venu voter pour M. de Champagny ? — Non, sire, je ne puis pas voter pour un clérical. »

Sainte-Beuve avait coutume de dire de Mérimée : « C'est un ami sûr. » Ils avaient fait, comme ils le répétaient l'un de l'autre, leur chemin ensemble, et avaient même été nommés de l'Académie le même jour. Ils s'estimaient et s'aimaient réciproquement.

Je n'ai pas cru devoir garder ces quelques notes pour moi, et je viens de faire, à ma manière, ce que Mérimée a fait pour son ami, qu'il lui plaisait d'appeler « son maître, » Stendhal, dans sa fameuse et rare brochure, qu'il ne faut pas lire dans les réimpressions expurgées, *H. B.* (Henri Beyle). Je n'ai pas suivi d'autre méthode que de rassembler mes souvenirs, que j'offre à l'histoire anecdotique des grands écrivains de ce temps.

Le Dictionnaire de Vapereau dira l'âge de Mérimée, que l'on ne trouve point dans l'étude de M. Taine. Ce détail a son importance. En voici un autre qui n'est pas moins utile à connaître : c'est que son père, le peintre Mérimée, avait peint un plafond du Louvre¹.

---

1. Le père de Mérimée appartenait, comme artiste, à cette école bien française de la fin du xviiie siècle, qui affectionnait les sujets

Chose singulière ! cette nature, si sensible aux beaux-arts, était absolument insensible à la prosodie ; et quand il citait des vers latins de mémoire, à l'Académie, ils étaient faux. — Quant aux vers français, un jour que M. Camille Doucet lui demandait s'il ne venait pas voir jouer *la Conjuration d'Amboise*, par Louis Bouilhet, dont on allait donner la première représentation à l'Odéon, il répondit : « Est-ce qu'il y a des vers là-dedans ? »

Ce travers à l'égard de la poésie rimée et rhythmique est un point commun que Champfleury, qui a l'amour et le sens de la musique au plus haut degré, partage avec Mérimée. C'est un phénomène assez curieux que cette indifférence d'oreille pour un art si voisin d'un autre ; et

---

les plus gracieux, empruntés à la mythologie antique, et marquait ainsi sa place, d'une façon charmante, entre David et Prudhon. Le musée de Montpellier possède un délicieux tableau du peintre Mérimée, dont le sujet est *Vertumne et Pomone*. L'illustre écrivain a copié le tableau de son père, pendant un de ses séjours à Montpellier (où il s'ennuyait tant, comme il l'a écrit) en 1867 ou 1868 ; il y avait été attiré, pour sa santé, par un célèbre établissement d'hydrothérapie. Les gardiens ou *custodes* du musée (suivant la vieille expression consacrée) le prenaient pour un Anglais et lui trouvaient l'air froid. — La piété filiale devait entrer cependant pour beaucoup dans cette tâche qu'il prenait à cœur d'achever en copiant une peinture douce de son père, si peu en rapport avec son propre talent et ses prédilections artistiques. — M. Camille Raspail possède aussi, à Paris, un tableau du même genre, de Mérimée père, représentant la scène de *Daphnis et Chloë* où un vieillard malin explique à sa façon aux deux jeunes gens encore ignorants, mais déjà tourmentés du mal d'amour, les légendes sculptées de la grotte de Vénus.

peut-être trouverait-on l'inverse, c'est-à-dire la complète indifférence pour la musique chez les grands lyriques. Ceux-ci portent leur harmonie dans le cœur.

Là où Champfleury se trouve encore d'accord avec Mérimée, c'est dans l'amour instinctif et passionné des chats. Ces points de rapprochement entre deux chercheurs si dissemblables me paraissent bons à indiquer. Ce sont toujours des phénomènes plus utiles à la véritable philosophie de l'histoire littéraire que les *symboliques* et les *caractéristiques* quintessenciées, extraites purement de la lecture des ouvrages, et qui n'apprennent rien de nouveau.

14 décembre 1873.

MÉMOIRES D'ODILON BARROT

Le quatrième et dernier volume des *Mémoires posthumes* d'Odilon Barrot, qui vient de paraître à la librairie G. Charpentier, s'attache un peu trop, à notre avis, à des broutilles parlementaires. On sent, en lisant ce volume, que l'auteur était avocat ; il s'étend à perte de vue sur des discussions de tribune qui nous intéressent moins, aujourd'hui surtout que nous en connaissons les résultats, qu'à l'époque où elles se produisirent. Il nous rappelle par moments cette *Histoire de la Restauration*, par M. de Viel-Castel, dont une femme d'esprit, Mme de Boigne, a dit qu'en la lisant il lui semblait toujours relire *le Moniteur* : « Il met, » disait-elle, « l'in-folio en in-octavo. » Les écrivains de cette école parlementaire ne sont que trop portés en effet à abonder dans leur sens.

Un autre défaut que nous reprocherons aux *Mémoires* d'Odilon Barrot, c'est l'absence de dates ; elles sont trop clair-semées dans ce volume. Ces événements de tribune ne sont pas assez éclatants par eux-mêmes, pour que de loin on puisse fixer à chacun d'eux une époque précise : une année se confond facilement avec l'autre, quand l'historien ne croit pas devoir la mettre en exergue, au moins en tête de chaque chapitre.

Ces réserves faites, il faut bien reconnaître qu'il y a un grand bon sens et beaucoup d'honnêteté politique dans ces Mémoires d'Odilon Barrot. L'auteur y donne de sages conseils au parti conservateur, dont il n'a jamais cessé d'être ; il s'est toujours rallié à la cause de l'*ordre*, mais il voudrait du moins la sauver par ce qu'il appelle de *petites réformes*, qui sont l'économie des révolutions. Il déteste la démocratie (qu'il prononce volontiers *démagogie*, comme si le mot lui écorchait la bouche), mais il n'aime pas non plus à entendre M. Thiers s'exprimer en termes outrageants pour le peuple. Quand les mots de *vile multitude* échappent à ce dernier, dans cette discussion de la loi du 31 mai, qui fut si fatale à la République, Odilon Barrot ne peut s'empêcher de le blâmer. C'est qu'il est avant tout et essentiellement pour l'*ordre* légal. Un ordre nouveau était sorti de la révolution du 24 février. M. Odilon Barrot la déteste ; il la qualifie, sans hésiter, de *catastrophe* et d'orgie, comme tous les conservateurs du temps, mais il respecte la légalité, quelle qu'elle soit. Il n'a jamais conspiré contre le gouvernement établi, et il s'en vante quelque part dans une réplique triomphante à Victor Hugo (page 15). C'est fort bien, pourrait-on lui objecter, mais êtes-vous bien sûr, tout en ne conspirant pas, de n'avoir pas un peu poussé, par vos petites tracasseries, le gouvernement précédent dans l'abîme ? Oh! vous n'étiez pas un conspirateur : vous avez fait une sage opposition à Louis-Philippe : vous l'attaquiez, mais vous ne vouliez pas le renverser. Vous étiez de l'opposition dynastique à cette époque. C'est pour vous et tous ceux de votre caste qu'a été fait ce mot célèbre, qui dépeint si bien les Prudhommes de ce temps-là : « La garde nationale a été instituée pour défendre le gouvernement, et au besoin pour le combattre. »

Il est difficile de tenir la porte ouverte et fermée en même temps ; c'est un tour de force parlementaire auquel M. Thiers et l'auteur même de ces Mémoires, M. Odilon Barrot, ont déployé toute la force de leur éloquence pendant le règne de Louis-Philippe. Tantôt ministres, tantôt opposants, ils attaquaient et défendaient tout à la fois. On sait le mot de la fin qui leur fut répondu, quand ils proposèrent ce moyen terme d'abdication du roi et de régence en faveur de la duchesse d'Orléans : « Il est trop tard ! » Le tour de force était épuisé ; le remède n'était plus pratique.

M. Odilon Barrot déplore à un moment donné (page 226) que le peuple français n'ait qu'une très-faible notion de ce qu'il appelle lui-même « le droit abstrait. » C'est que la nation française est une race *concrète* par excellence. Elle est plus pratique que théoricienne. On ne peut lui reprocher pourtant de manquer de goût pour la rhétorique : elle l'aime presque autant que le bruit du tambour. Elle a beaucoup sacrifié à l'une et à l'autre, et il serait bien temps qu'elle en revînt à de sages et utiles réformes, dont nous ne sommes pas moins partisan qu'Odilon Barrot. La liberté politique est à ce prix.

Odilon Barrot a été un décentralisateur convaincu. Pour lui, le salut de la France est à cette condition. Les premiers volumes de ses Mémoires l'indiquaient déjà clairement : on est même étonné de le trouver tant d'accord, sur certains points essentiels de réorganisation administrative, avec M. Raspail, dont il adopte et épouse les principes. Là où le grand et respectable doyen de la démocratie avait dit : *réformes sociales*, l'ancien chef de l'opposition dynastique sous Louis-Philippe s'écrie, à la fin de sa vie : *réforme radicale*, oubliant que le mot de *réforme* a conduit un jour à la révolution. Tout en maudissant une fois de plus celle de février, dans un chapitre intitulé : *Retour sur le passé*, et où il met en effet sa confession générale, il laisse échapper ce qu'il appelle un cri de guerre :

« Que notre cri de guerre à nous tous, « dit-il », qui voulons sincèrement la liberté, et qui ne désespérons pas encore de notre France, soit donc le même : *réforme, réforme radicale* de ce régime d'absorption centrale qui, après avoir tué le premier empire, en supprimant tout contrôle, toute publicité, toute résistance légale, a tué ensuite le gouvernement de la Restauration, en encourageant ses adversaires, — et celui de Juillet... en rendant possible sa fatale résistance à toute réforme ; — qui a fait ensuite succomber la République sous les coups de ce même pouvoir concentré qu'elle a eu l'imprudence de ne pas vouloir modifier, et qui tuera tout gouvernement libéral quels qu'en soient la forme et le titre, s'il a l'imprudence de s'entêter sur un tel régime. Cessons de nous en prendre à la liberté de nos révolutions, mais attaquons-nous énergiquement à ce qui rend toute liberté impossible dans notre pays, et alors nous pourrons voir notre démocratie française se montrer capable et digne de se gouverner elle-même. »

C'est le vœu aujourd'hui des hommes les plus avancés de la démocratie, et c'est l'une de ces pages, ainsi formulées dans ce volume, qui nous a fait rendre hommage, en commençant, à l'honnêteté et au bon sens politique d'Odilon Barrot.

Comme preuve de ce même bon sens politique, nous citerons encore cette page très-sensée et très-sage sur certaines élections de Paris et de la Haute-Saône qui eurent lieu en 1849, et dont la réaction prit prétexte pour voter cette loi du 31 mai, qui raya tout d'un coup un si grand nombre d'électeurs, et prépara ainsi les voies au coup d'État par le rétablissement du suffrage universel. La réaction s'englua elle-même dans sa terreur affolée ou simulée ; elle ne comprit pas le piége que lui tendait le gouvernement, qui proposa lui-même cette loi par l'organe et le ministère de M. Baroche. Car il ne faut pas l'oublier, le même homme, qui s'appuya plus tard sur le suffrage universel quand il le crut utile à ses intérêts, avait été le premier promoteur de la loi du 31 mai :

« Il eût été plus sage, » dit Odilon Barrot à propos des élections prétendues *rouges* qui motivèrent cette loi, et dans lesquelles nous voyons figurer le nom de M. Carnot, « il eût été plus sage d'envisager avec calme ces élections, de les comparer avec celles qui les avaient précédées et de voir, dans ce revirement de l'opinion, un salutaire avertissement. En effet, par ce rapprochement, par cet examen fait avec quelque sang-froid, on eût reconnu qu'entre le parti conservateur, qui veut l'ordre à tout prix, et l'extrême gauche, il y a, en France, et à Paris surtout, un parti moyen qui se porte alternativement d'un côté ou de l'autre, selon que l'ordre ou la liberté lui paraissent plus menacés, et qui fait pencher la balance de ce côté; que c'est parce que ce parti moyen ne voulait pas de la réaction à laquelle se laissait entraîner l'Assemblée, qu'il s'était rapproché de l'extrême gauche, sans pour cela se fondre avec elle, et lui avait donné la majorité dans l'élection ; que, si on voulait reconquérir cette majorité, il fallait changer de politique, ne plus menacer la République, et surtout ne pas l'insulter. Mais quels sont les gouvernements qui, dans notre malheureux pays, ont voulu comprendre de pareils avertissements ? Ils les prennent toujours pour des actes d'hostilité, et, au lieu de se réformer, ils s'irritent et s'enfoncent de plus en plus dans les voies où ils sont engagés, jusqu'à ce qu'ils rencontrent l'abîme. »

Ces élections de Paris et de Vesoul avaient tourné la tête à la majorité réactionnaire de la Chambre. Seul, Odilon Barrot semble avoir conservé son sang-froid.

« Tous nos amis, » dit-il encore, « étaient fort animés ; ils étaient à peu près unanimes pour proclamer la nécessité de modifier la loi électorale, sous peine, disaient-ils, de mort à jour fixe. M. le duc de Broglie, particulièrement, qui, ordinairement, a des vues plus claires en politique (*il s'agissait du père*), n'apercevait de salut que dans une réforme assez profonde du suffrage universel, et je crois que c'est lui qui imagina la condition des trois ans de domicile. J'étais loin de partager ces impressions ; d'abord, je trouvais que répondre par une espèce de coup d'État législatif à une élection partielle de quelques représentants de la Montagne, lorsque la majorité, dans l'Assemblée, était si forte et si assurée, c'était jouer un jeu puéril et dangereux, le même que celui que la branche aînée des Bourbons avait joué, alors qu'elle avait répondu à l'élection de l'abbé Grégoire par celui du double vote, qui lui avait apporté si peu de profit. Dans mon opinion, d'ailleurs, l'élection de Paris était une contre-réaction, en quelque sorte, qu'une politique moins agressive contre la République aurait pu prévenir et pouvait encore réparer ; et puis, je n'aimais pas cette lutte ouverte entre le corps électoral et le gouvernement : celui-ci se défendait contre des élections libres à coups de lois. Une fois engagé dans cette voie, où s'arrêterait-il ?... »

Ne dirait-on pas une page écrite au lendemain de l'élection Barodet ?

A quelque point de vue que l'on se place, on ne peut méconnaître qu'il n'y ait là un véritable sentiment de modération et de libéralisme, bien peu partagé, il est vrai, autour d'Odilon Barrot. Il a consigné dans ses Mémoires les noms des membres *infaillibles* de la commission qui prépara la loi du 31 mai. La majorité eut soin d'en exclure tout député républicain. Elle était ainsi composée : MM. Benoist-d'Azy, Berryer, Beugnot, de Broglie, Buffet, de Chasseloup-Laubat, Léon Faucher, Jules de Lasteyrie, Molé, de Montalembert, de Montebello, Piscatory, de Sèze, de Saint-Priest, Thiers et de Vatimesnil. Le sobriquet de *Burgraves*, qui leur fut donné alors, leur est resté.

Somme toute, c'est une triste période que celle de ces trois années qui précédèrent le coup d'État. Les partis n'y purent que constater leur impuissance et s'y épuisèrent en luttes stériles. Le bonapartisme plaçait ses agents. Voici une anecdote caractéristique :

« M. de Maupas, » raconte Odilon Barrot, « était préfet à Toulouse où il faisait du zèle ardent contre les adversaires de Louis-Napoléon. Un jour, il demanda à l'avocat général, qui remplaçait le procureur général alors absent pour raison de santé, de délivrer des mandats d'arrêt contre quatre ou cinq membres du conseil général, prétendant qu'ils étaient impliqués dans une conspiration contre le gouvernement. Le magistrat du parquet, avant de déférer à cette demande, crut devoir s'informer sur quelles charges cette arrestation était motivée. — *Des charges!* lui répond l'administrateur surpris et irrité d'une observation si simple, *des charges! ah! voilà bien les scrupules des magistrats tièdes et indifférents! Des charges contre des ennemis notoires, qu'en est-il besoin? il suffit de connaître leurs sentiments.* — Mais non, reprit le magistrat, la police peut, si elle veut, sous sa responsabilité, arrêter les citoyens suspects, mais la justice ne saurait procéder ainsi ; il lui faut des preuves ou tout au moins des commencements de preuves. — *Eh bien! je m'adresserai à vos supérieurs,* dit le préfet. En effet, M. le procureur général étant revenu sur ces entrefaites reprendre la direction de son parquet, M. de Maupas se plaignit amèrement à lui de la résistance que lui avait opposée l'avocat général. Après l'avoir attentivement écouté, le procureur général dit au préfet que bien loin d'avoir à blâmer la conduite de son subordonné, il ne pouvait qu'approuver et partager ses scrupules, et que, si l'avocat général eût décerné les mandats qu'on lui demandait sans charges suffisantes, il se fût rendu coupable d'un véritable abus de pouvoir. « Eh bien, » dit le préfet, « si ces preuves sont aussi indispensables que vous le dites, elles se trouveront chez les prévenus, tel jour, à telle heure ; c'est moi qui vous en réponds. — Vous avez donc quelques documents qui vous portent à croire que ces pièces sont en effet au domicile de ces personnes ? je désirerais connaître ces documents avant de signer les mandats... — Je suis certain, vous dis-je, qu'ils y seront, » s'exclame le préfet poussé à bout, « car c'est moi qui les y ferai remettre par mes agents... »

Quelle abjection ! — L'histoire du coup d'État occupe une grande place dans ces Mémoires. L'auteur y subit sa petite arrestation, — arrestation bien douce, et qui lui valut tout au plus une nuit passée à Vincennes en compagnie de Berryer, du marquis de Talhouët et autres représentants, dont quelques-uns étaient arrivés là en voiture cellulaire. Odilon Barrot eut la chance d'y être conduit dans un des omnibus des facteurs de la poste, réquisitionnés à cet usage. Le lendemain, on fit monter de nouveau ces représentants en voiture, et on les dirigea sur les boulevards extérieurs de Paris, non loin de la Salpêtrière, où les commissaires de police leur déclarèrent qu'ils étaient libres.

Comme on le voit, ce n'était pas la peine de déranger ces honnêtes députés pour si peu : mais après cela, on est mal venu à se demander avec ironie où était en ce moment cette *sentinelle invisible*, autrement dit le peuple, invoquée un jour un peu imprudemment par Michel (de Bourges). Après la rude leçon infligée en juin 1848, la sentinelle invisible faisait comme vous : elle restait sur le terrain platonique de l'opposition légale et parlementaire.

14 novembre 1876.

TALMA

APOSTROPHE DE LOUVET A CHASLES A LA CONVENTION NATIONALE. — CONVERSATION DE M. VIOLLET-LE-DUC ET DE NAPOLÉON III. — FUNÉRAILLES CIVILES DE TALMA. — ANECDOTES SUR LE GRAND ARTISTE.

I

Le cliché suit son cours. On ne parle plus que du mariage de la Foi avec la Raison dans les hautes sphères gouvernementales. Toutes les époques indéterminées comme la nôtre ont ainsi leur formule vague et creuse, qui sert de passe-partout et de laisser-passer à tous ceux qui veulent se créer un nom ou une fonction dans la politique régnante. On ne saurait reprocher au régime parlementaire d'étouffer la médiocrité : plus que tout autre, peut-être, il a la propriété de la mettre en relief, de la faire éclater dans tout son jour; quand il lui donne la parole, ce n'est pas pour qu'elle déguise sa pensée. Il semble que la France ait beaucoup de temps à perdre pour entendre tous les lieux communs qui se débitent chaque jour à la tribune de nos Assemblées politiques. Quand ce n'est pas à la tribune, c'est dans les bureaux, dans les travaux des commissions : un ministre de la guerre vous dira gravement que c'est la croyance en l'immortalité de l'âme qui fait le bon soldat. Autrefois on disait que c'était la bonne soupe. Nous avons changé de cliché. Oh ! je ne veux médire ni me railler d'aucune croyance ; chacun a les siennes et je les respecte toutes ; mais il y a un sanctuaire *in petto* où ceux qui les ont feraient bien de les garder précieusement, et de les empêcher de s'exhaler au dehors. Décidément ce langage de sacristie ou de salon, qu'on apprend dans l'enfance au catéchisme, est ridicule et puéril dans la bouche d'hommes politiques. On serait tenté de s'écrier, si l'on était député, comme un jour Louvet dans une séance de la Convention nationale. Il s'agissait justement d'un projet de nouvelle organisation de l'armée. Chasles interrompait toujours ; Louvet lui cria : « Il n'est point question d'organiser un corps de chanoines ; taisez-vous[1]. »

Personne n'a pour mission, en France, de réglementer les consciences ; toutes les lumières de l'Église, réunies sous le couvre-chef de M. Soubigou ou de M. Dupanloup, ne feront jamais que le Sénat soit un concile. Le gouvernement, qui se met si ouvertement en opposition

---

1. Séance du 7 février 1793. On sait que le conventionnel Chasles, père de Philarète Chasles, avait été chanoine à Tours.

avec la liberté de conscience, aurait raison de se donner charge d'âmes, mais à titre de pilote et non à titre de confesseur.

II

La France est sceptique : elle n'est ni *prétrophobe* ni *prétrophile*; mais le vrai moyen de propager les enterrements civils est bien la tournure hargneuse, grincheuse, bigote et défiante qu'on donne en ce moment à cette question des honneurs funèbres rendus aux membres de la Légion d'honneur. Toutes ces distinctions d'ancien régime entre le religieux, le militaire et le civil sont de nature à passionner profondément l'esprit public dans notre pays; c'est de la mauvaise guerre qu'entretient là le gouvernement. Il ferait mieux de donner satisfaction une fois pour toutes à l'opinion publique, en empêchant le renouvellement de ces scènes choquantes et provocantes qui se sont passées à l'enterrement de Félicien David et du commandant Monnot[1]. Le clergé ne

---

1. L'article suivant avait paru le 18 septembre 1876 dans *la République du Midi* : « L'autorité militaire vient encore de refuser jeudi de rendre les honneurs suprêmes à un membre de la Légion d'honneur, qui a voulu être enterré civilement (c'était peu de jours après les funérailles de Félicien David). Cette fois le coup a frappé sur un soldat, un officier supérieur en retraite, le commandant Monnot, dont les opinions républicaines étaient bien connues dans l'armée. Le commandant Monnot avait été mis en retrait d'emploi par Louis-Bonaparte, quelques jours avant le coup d'État. Quand il parlait de sa disgrâce, il accusait le chiffre de *huit mille* officiers,

gagnera rien à fomenter de tels troubles, et l'administration, en lui laissant prendre tant de prépondérance dans la vie civile, ne peut qu'y perdre en confiance et en crédit. Le parti clérical aime à semer la division et la discorde : c'est au pouvoir laïque à se préserver de ces mauvaises sujétions.

dont la carrière avait été brisée comme la sienne par le deux décembre. Un discours a été prononcé sur sa tombe, au Père-Lachaise, par le citoyen Camille Raspail, le médecin si dévoué et l'un des fils du vénérable doyen de la démocratie. Le citoyen Camille Raspail a protesté contre le nouvel acte d'intolérance de l'autorité militaire, qui refuse à un ancien militaire, chevalier de la Légion d'honneur, les honneurs auxquels il a droit *civilement*. Le refus se fonde sur ce que la loi dit : que le piquet accompagnera le corps à l'église et au temple ; mais les protestants ne vont pas au temple, pas plus que les israélites à la synagogue. En outre, la loi ne dit pas que le piquet n'accompagnera pas le corps du défunt qui aura refusé de passer par l'église. C'est un point à discuter et qui sera élucidé, espérons-le, dans la prochaine session parlementaire. Pour nous, tant que le budget des cultes n'aura pas été aboli, ce qui simplifierait et résoudrait naturellement la question, nous ne cesserons de réclamer une égale protection de l'État, tant pour la Libre Pensée que pour les religions reconnues. Quiconque vit et meurt en bon citoyen a droit aux mêmes égards. Un simple article à ce sujet dans nos lois, reconnaissant une fois pour toutes la Libre Pensée, ferait honneur à la France qui en aurait l'initiative parmi les nations libérales de l'Europe. En Amérique, où chaque commune vote comme elle l'entend son budget des cultes, il n'en est pas besoin ; mais en Europe, nous n'en sommes pas encore là, et il conviendrait à la France, qui a toujours inauguré les grandes idées, de commencer. Les chrétiens sincères et libéraux n'auraient rien à redouter de cette égalité parfaite pour leur foi, qui s'imposerait au respect de tous par le fait même de la protection accordée à tous indistinctement. Il nous semble que les progrès accomplis par les idées modernes exigent ce pas de plus dans la voie de la tolérance, à moins qu'on n'y préfère la voie de la persécution, qui crée des martyrs et féconde à la longue l'idée qu'on veut détruire. »

M. Viollet-le-Duc, qui est un homme d'esprit en même temps qu'un grand architecte, recevait quelquefois la visite de Napoléon III, pendant qu'il réparait le château de Pierrefonds dans la forêt de Compiègne. Comme tout artiste sur son champ de manœuvre ou de bataille, il avait son franc-parler avec le souverain. Un jour celui-ci lui dit, à propos de je ne sais quel édifice religieux : « C'est que le trône sans l'autel ou l'autel sans le trône sont bien près de tomber, quand ils ne s'appuient pas l'un sur l'autre. » Il cherchait à ébaucher une théorie de droit divin et de gouvernement réunis : telle était la pensée intime de ce restaurateur ramolli des principes de 89. M. Viollet-le-Duc lui répondit : « Le peuple français est le plus docile des peuples, quand on sait le prendre : un sergent de ville le mènerait, à l'occasion ; quant à l'autorité ecclésiastique, c'est autre chose : il y a au fond de tout paysan français un sentiment de raillerie à cet égard qui se traduisait au moyen âge par un dicton populaire que je n'ose répéter devant vous. » Et comme Napoléon III fixait sur lui un regard interrogateur qui signifiait : *dites toujours* : « Eh bien ! » ajouta M. Viollet-le-Duc, « on chantait en France, avant et depuis Philippe-le-Bel : *Je me... moque du Pape*. C'est le refrain d'un ancien fabliau, et c'est dans l'esprit de la population. »

Napoléon III ne profita guère de la leçon, et fit bientôt après l'expédition de Mentana.

III

Rien de plus funeste, dirons-nous toujours, comme nous l'avons appris à l'école d'un grand maître, que l'antagonisme entre le gouvernement et le pays à propos de questions religieuses. Les enterrements civils ne datent pas d'hier : un des plus anciens, le premier peut-être de ce siècle depuis Napoléon, et à coup sûr l'un des plus mémorables, a été celui de Talma en 1826. M. de Viel-Castel constate avec raison, — tout en le déplorant, bien entendu — que ce fut là une éclatante revanche de ce qui s'était passé aux funérailles de Mlle Raucourt, la célèbre tragédienne dont le clergé de Saint-Roch avait refusé de recevoir les restes dans l'église en 1815 ; cette fois, ce n'était plus l'Église qui fermait ses portes à la Comédie, — c'était la Comédie qui refusait d'aller à l'Église.

« Lorsque, » dit M. de Viel-Castel, « à la mort de Mlle Raucourt, de Philippe et d'autres encore, on avait vu leurs amis, leurs parents, le peuple même, s'affligeant, s'indignant de ce qu'on leur refusait la sépulture chrétienne, et parfois recourant à la violence pour l'obtenir, on avait pu se dire que, dans l'opinion même des personnes les moins soumises aux prescriptions de l'Église, c'était encore une humiliation, une sorte de flétrissure d'en être privé ; que, par conséquent, le droit de la refuser constituait encore pour le clergé une arme de quelque puissance. Cette fois, il n'y avait rien de tel. Talma lui-même avait ordonné qu'on le conduisît directement au cimetière ; on avait respecté sa volonté, et, cependant, ses funérailles avaient eu un grand éclat. Il y avait là pour les chefs du clergé un avertissement... »

Tout royaliste et tout dévot qu'il est, M. de Viel-Castel ne peut s'empêcher d'être quelque peu ému au récit de ces simples et grandes funérailles ; le passage vaut la peine d'être cité dans son entier pour l'édification des générations présentes, si oublieuses de nos véritables gloires :

« Le 19 octobre (1826), Talma vint à mourir. Son talent, qui n'avait fait que grandir avec l'âge, avait, dans ces dernières années, porté sa réputation au plus haut point peut-être qu'eût jamais atteint celle d'un acteur, et sa mort, qui tarissait la source de tant de nobles plaisirs, était presque considérée comme une calamité publique. Les opinions libérales dont il avait constamment fait profession ajoutaient encore à sa popularité. Il s'était refusé à recevoir les secours de la religion, et l'archevêque de Paris, qui s'était présenté plusieurs fois pour le visiter (rendant ainsi une sorte d'hommage à son illustration et à l'honorabilité de son caractère), n'avait pas été reçu, peut-être parce que Talma prévoyait que le prélat lui demanderait, avant tout, l'abandon et le désaveu de la profession qui faisait sa gloire et que l'Église gallicane frappait alors d'excommunication. Talma avait fait plus : voulant apparemment prévenir le renouvellement des scandales qui avaient troublé les obsèques de Mlle Raucourt, de Philippe et d'autres acteurs, il avait donné l'ordre formel de transporter directement son cercueil au cimetière du Père-Lachaise sans le présenter à l'église. Cet ordre fut strictement exécuté. Le 19 octobre, jour de la cérémonie funèbre, dès le matin, une foule considérable, principalement composée de jeunes gens, était rassemblée aux environs de la maison habitée par Talma dans le quartier appelé alors la Nouvelle-Athènes, dans les rues et sur les boulevards que le cortége devait traverser. Il se mit en marche à neuf heures. Après le corbillard, entouré de la famille, des amis intimes de l'illustre mort et de ses camarades de la Comédie-Française, venaient les gens de lettres qui se proposaient de parler sur sa tombe et le commissaire royal du théâtre, les notaires et gens d'affaires, les médecins et chirurgiens dont il avait reçu les soins, les artistes principaux des divers théâtres, les peintres, sculpteurs et compositeurs, les personnes invitées et celles qui, sans l'être, s'étaient jointes volontairement au convoi. On remarquait dans cette foule, que *le Constitutionnel* évalua à 80,000 personnes et que des calculs plus modérés portent à 25 ou 30,000, les généraux Exelmans et Alix, MM. Manuel, Laffitte, Casimir Perier, Méchin, Davillier, Rossini, Paër, Cherubini, Gros, Picard, Béranger, Villemain, Soumet, Delrieu, Ancelot, Thiers et Mignet, et les rédacteurs de presque tous les journaux. Quelques personnes, ne pouvant suivre à pied le convoi, l'accompagnèrent en voiture, entre autres Mlles Mars, Duchesnois et Volnais, actrices du Théâtre-Français. Après une heure et demie de marche, au milieu de la multitude rassemblée sur son passage, le convoi arriva au cimetière où l'attendait une foule nouvelle ; des femmes s'y trouvaient mêlées. Tel était l'encombrement, qu'il fallut plus d'une heure pour transporter le corps dans la fosse où il devait reposer, non loin de la tombe du général Foy. Les comédiens-français voulaient s'acquitter de ce soin, mais les élèves de l'École de déclamation demandèrent à s'en charger. L'un des premiers acteurs du Théâtre-Français, Lafon, et MM. Arnault et de Jouy, qui devaient surtout au talent de Talma le succès de leurs médiocres tragédies, prononcèrent successivement des discours interrompus à plusieurs reprises par des larmes et des sanglots. Malgré le nombre prodigieux des assistants et en l'absence de toute force armée, l'ordre le plus parfait ne cessa de présider à cette cérémonie. Une souscription fut ouverte pour élever un monument à Talma, et aussi une statue qui devait être placée au foyer du Théâtre-Français. Ce théâtre, fermé le jour de sa mort, ne fut rouvert qu'après ses obsèques [1]. »

Il y a loin de ces funérailles solennelles et grandioses, dues à la spontanéité d'une génération d'élite, au spectacle piteux qu'ont donné de nos jours certains académiciens aux funérailles de Félicien David.

IV

Nous n'aurons pas souvent occasion de parler de Talma : épuisons donc la coupe des anecdotes pendant que nous y sommes. En voici une que nous tenons d'un témoin oculaire, et qui montre combien le grand artiste était aussi un grand cœur et un grand patriote.

Au commencement du mois d'avril 1814, le même jour que Maubreuil s'était promené avec une croix d'honneur attachée au front de son cheval, et qu'il avait essayé vainement, avec une bande de royalistes, de renverser la statue de la colonne Vendôme, Talma jouait à la Comédie-Française le rôle d'Achille dans *Iphigénie*. A la fin de la représentation, des imprimés ultra-monarchiques tombèrent sur la scène. Talma fut contraint d'en lire un à haute voix. On connaissait ses opinions diamétralement opposées

---

1. *Histoire de la Restauration*, par M. de Viel-Castel, tome XV, page 588 et suiv. (Calmann Lévy, éditeur.)

à la Restauration. L'obligation qu'on lui imposait de rendre hommage publiquement aux *Alliés* devait lui être la plus dure des humiliations. Ses ennemis le savaient et jouissaient déjà de leur triomphe. Talma prit d'abord connaissance de l'imprimé, et s'avança sur le bord de la scène. Son attitude était simple et noble; il se fit un silence général. Les spectateurs, attentifs et curieux, épiaient sur sa physionomie les sensations qui allaient s'y refléter. Alors, d'une voix lente et grave, il commença sa lecture, et lorsqu'il arriva au terme du pamphlet, dont voici la dernière phrase : « Recevez donc, ô rois, la récompense la plus glorieuse que des vainqueurs puissent envier, *la bénédiction des vaincus!* » on eût dit qu'à ce moment Talma avait amassé dans son sein tout ce que son art avait de puissance; ses accents étaient magnétiques, sa voix profonde et sourde, le visage consterné, les traits décomposés. Enfin, quand il laissa tomber ces mots : *la bénédiction des vaincus*, sa tête s'affaissa sur sa poitrine comme courbée par la douleur et la honte.

Le parterre resta immobile de stupeur, pas un seul applaudissement n'osa se faire entendre.

La conviction était venue en aide au génie de Talma pour venger la Patrie de l'insulte que de mauvais Français avaient voulu lui faire subir par la bouche du grand interprète.... Ne trouvez-vous pas qu'un tel récit donne le frisson, et que la vraie marque pour se sentir patriote, c'est de ne pouvoir retenir ses larmes en le racontant ?

V

Sainte-Beuve, auquel nous empruntons souvent (et nous croyons que le lecteur ne nous en fera pas un reproche) a donné cette autre anecdote sur Talma :

« Talma tirait parti de tout pour son art; en toute situation, il observait la nature. Lorsqu'on exécuta les quatre sergents de La Rochelle, il habitait Brunoy et y venait de Paris presque tous les jours. La famille Duveyrier habitait alors ce qu'on appelait le petit château; Talma passait devant, quand il revenait de Paris. Il y entra ce jour-là. On était dans l'attente après le jugement : c'était la préoccupation universelle. Dès que Talma entra, M. Duveyrier père lui demanda : « Eh bien ! les *quatre* de la Rochelle ? — Exécutés d'hier », répondit Talma. Une grande tristesse s'empara de toutes les personnes présentes; la conversation n'alla plus que par monosyllabes : on était sérieusement patriote en ce temps-là. Tout d'un coup Talma, se levant et sortant sans dire adieu, se retourna au seuil de la porte et lança de son verbe le plus tragique ces admirables vers du rôle d'Auguste qu'il étudiait pour le moment et qu'il s'apprêtait à représenter : il y donna l'accent le plus actuel, le plus pénétré, s'inspirant du sentiment de la situation même en faisant de cette noble emphase cornélienne la plus saisissante des réalités :

Mais quoi, toujours du sang et toujours des supplices !
Ma cruauté se lasse et ne peut s'arrêter ;
Je veux me faire craindre et ne fais qu'irriter.
Rome a pour ma ruine une hydre trop fertile;

Une tête coupée en fait renaître mille ;
Et le sang répandu de mille conjurés
Rend mes jours plus maudits et non plus assurés.

Et il sortit sans dire un mot de plus [1]. »

Tel était ce digne contemporain de Louis David, qui, comme le grand peintre, avait fait révolution dans son art ; — un romantique, quoi qu'on en dise, car il revêtit le premier le costume romain au théâtre ; — artiste sublime, citoyen et philosophe, c'est un noble modèle à présenter à la postérité dans les temps rabougris.

5 décembre 1876.

---

[1]. Sainte-Beuve, *Causeries du Lundi*, tome XI (*Notes et Pensées*).

M. ÉMILE ZOLA

I

L'ASSOMMOIR [1]. — CONFÉRENCE SUR LA PROSTITUTION LÉGALE. — MISS BUTLER, ETC.

I

Nous avons eu cette semaine la folie Butler et la folie Zola. Le hasard a voulu que la conférence organisée par M. Yves Guyot, sur la police des mœurs et la prostitution *légale*, servît en quelque sorte de préface à *l'Assommoir*, ce roman que M. Zola donne comme « le plus *chaste* de ses livres ». Que penser des autres après l'avoir lu ?

M. Émile Zola se fait d'étranges théories sur la chasteté ; il n'en est pas du reste l'inventeur, et puisque c'est contre les excès de boisson qu'est particulièrement dirigé son livre, il nous semble que les Spartiates avaient imaginé avant lui de faire griser des ilotes pour dégoûter les jeunes gens de l'ivrognerie. Mais le livre de M. Zola ne s'adresse pas exclusivement aux jeunes gens ;

---

1. Un vol. gr. in-18, à la librairie Georges Charpentier.

nous n'aurons pas la naïveté de lui demander s'il croit que son œuvre peut servir de panacée aux vices qu'il dépeint avec tant de complaisance. Nous savons trop bien que ce n'est pas dans ce but qu'il a trié avec tant de parti pris, et en renchérissant sur les Goncourt, qui l'avaient précédé dans cette voie, les mots d'argot qui émaillent son livre. Il a en cela imité un écrivain royaliste, M. de Lescure, qui, recherchant un jour des portraits de personnages célèbres de la Révolution, pour justifier le mal qu'il en disait dans son *Panthéon révolutionnaire démoli*, ne trouvait jamais assez laids ni assez horribles les visages de Marat, de Danton, de Robespierre qu'on lui montrait d'après les gravures les plus authentiques. — « Faites m'en voir de plus affreux, » disait-il ; « je ne veux pas les présenter en beau. » — M. Zola met le même soin à rechercher les mots les plus impurs de la langue, et il les imprime en toutes lettres. Drôle de façon de moraliser les masses !

C'est une grande préoccupation évidemment, pour l'auteur de *l'Assommoir*, que le choix des mots qu'il emploie ; l'essentiel pour lui est de les placer juste. Il y use une grande partie de son talent. Talent de tête et voulu, dans lequel il n'entre pas une parcelle de naïveté, qui ressemble à une gageure et qui en est une en réalité. Quelqu'un qui connaît bien M. Zola, et qui a lu dans sa destinée, nous dit que, doué de volonté comme il est, il ira loin, et qu'il lui reste encore beaucoup à produire dans ce genre. Il veut avant tout étonner, et il le montre trop : c'est en cela qu'il est naïf. Il s'est acharné à la poursuite de la popularité, comme d'autres à vouloir décrocher une étoile : seulement il cherche la sienne dans le ruisseau. Les *Mystères de Paris*, qu'il a probablement lus dans sa jeunesse, et peut-être même dans son enfance, comme nous, l'empêchaient de dormir, il s'est dit : « Je dépasserai cela ». Il y a réussi, en effet, pour ce qui est de l'instinct littéraire ; Eugène Sue ne relevait que de lui-même comme écrivain : il était un peu de l'école des teneurs de livres, en fait de style ; il ne connaissait ni le classique ni le romantique. Il dépeignait simplement, communément ; c'est l'école d'Auber en musique, de Scribe au théâtre, d'Horace Vernet en peinture, un peu aussi de Paul de Kock, encore moins *littérateur* qu'Eugène Sue. Chez eux, l'*huile* ne se sent pas ; on les lit avec une grande facilité, ce qui doit être la condition première chez un romancier. Balzac ne l'avait pas, il est vrai, mais Balzac était un maître dans un autre genre !

M. Émile Zola n'est qu'un très-bon élève d'une école sans issue et qui s'est fourvoyée. Avec une faculté de cette nature et de cette puissance, d'autres déterreraient des pierres précieuses ; lui, il découvre des énormités. C'est pour lui ou pour quelqu'un qui lui ressemblait qu'a été écrite cette note, qui embrasse à peu près toute l'école [1] :

« La peur de ressembler à M. Prudhomme a fait commettre bien des excès ; de combien d'affectations ce M. Prudhomme n'a-t-il pas été la cause ! que de Prudhommes qui (pour se distinguer) ont retourné et mis leur habit à l'envers ! en poésie — en roman — en critique littéraire — en politique — j'allais dire en religion — non, — en théories historico-religieuses. Les noms se pressent sous ma plume (Théophile Gautier, Barbey d'Aurevilly, Baudelaire, Flaubert, Bouilhet, etc.). Ah ! monsieur Prudhomme, que la peur de vous ressembler a perdu de gens ! »

On dit toujours qu'il n'y a plus d'enfants ; ce n'est pas faute d'enfantillages en littérature. Il y en a, et beaucoup, dans cette affectation de vouloir paraître autre qu'on est. M. Zola n'avait pas besoin de se défendre, comme il le fait dans sa préface, d'être un *buveur de sang*. Personne ne l'en a jamais accusé. C'est comme si l'on allait mettre en doute l'exquise urbanité et politesse de M. Manet ou les qualités privées de la secte des *impressionnistes*, — des intransigeants en peinture. Non, — mais ce sont de parfaits aristocrates en art et qui se moquent absolument du public. M. Gustave Flaubert, un des patrons de M. Zola, n'a pas fait autre chose dans *Salammbô*; et il nous pardonnera de le lui dire.

1. On ne peut penser à tout. Sainte-Beuve, en l'écrivant, à oublié M. Xavier Aubryet.

Au fond, il y a là une grande prétention de romantisme que plus rien dans notre temps ne justifie : ce n'est plus même la queue, c'est la *rallonge* de cette fin d'école ; un mouchoir attaché au cerf-volant pour attirer les regards. Il n'y a plus de vie quand l'extravagance s'en mêle ; il n'y a plus que du galvanisme pour faire croire au mouvement et pour arrêter les badauds.

Le talent de M. Zola est ici hors de doute ; il est évident que s'il n'en avait pas, il ne lui resterait rien : mais c'est un des roués innocents de cette littérature dont nous venons de parler. Nous croyons savoir que M. Edmond de Goncourt (le survivant des deux frères) travaille en ce moment à surpasser son élève, qui est devenu son rival de gloire. Il veut aller poser ce que ces messieurs appellent *le drapeau de la liberté dans l'art* un peu plus loin. Alexandre Dumas fils, qui est devenu l'un des maîtres en ce genre le jour où il a écrit cette insanité qui a nom *l'Homme-Femme*, disait une fois en petit comité : « Quand les Goncourt auront épuisé la veine de l'horrible et du déplaisant qu'ils croient avoir en eux, ils donneront un pendant à *Paul et Virginie*, et ce sera leur meilleur livre. »

J'entends dire que M. Zola est démocrate, c'est possible ; mais sa façon de dépeindre le peuple est plutôt faite pour donner raison à des écrivains du *Figaro*, qu'il n'est pas besoin d'exciter contre la population de Paris. Il avait en lui une veine de Gavarni dans sa façon d'observer le peuple, dès les premières pages de son roman. Que ne l'a-t-il suivie jusqu'au bout ? Est-ce parce que le succès sur lequel il comptait ne venait pas encore comme il le désirait ? Voici un coin honnête et charmant de ce livre :

« — Mon Dieu ! » dit la Gervaise (une brave fille du peuple, mère de deux beaux enfants et battue par un homme qui l'a quittée), « mon Dieu ! je ne suis pas ambitieuse, je ne demande pas grand' chose.... Mon idéal, ce serait de travailler tranquille, de manger toujours du pain, d'avoir un trou un peu propre pour dormir, vous savez, un lit, une table et deux chaises, pas davantage.... Ah ! je voudrais aussi élever mes enfants, en faire de bons sujets, si c'était possible.... Il y a encore un idéal, ce serait de ne pas être battue, si je me remettais jamais en ménage ; non, ça ne me plairait pas d'être battue.... Et c'est tout, vous voyez, c'est tout.... »

Elle cherchait, interrogeait ses désirs, ne trouvait plus rien de sérieux qui la tentât. Cependant elle reprit après avoir hésité :

« — Oui, on peut à la fin avoir le désir de mourir dans son lit.... Moi, après avoir bien trimé toute ma vie, je mourrais volontiers dans mon lit, chez moi. »

La crainte instinctive de l'hôpital ou d'un grabat dans un misérable hôtel garni, pour cette population nomade et travailleuse qui couchait, comme on disait autrefois, *à la corde !*

Voilà une note émue du roman de M. Zola, et de celles qui en auraient fait une des plus saisissantes peintures de la vie réelle, s'il ne s'était plu si souvent à charger et à surcharger les couleurs. Non, le peuple de Paris n'est ni si horrible, ni si dégradé que vous le faites, pour donner raison à vos théories d'homme qui veut avoir l'air de mépriser l'humanité. « Je suis homme, » semblez-vous dire vous aussi au rebours de Térence, « et en conséquence *tout* ce qui est humain m'est étranger. » Mais ce n'est pas une raison pour étaler tout le musée secret du langage poissard dans vos livres. Le prétexte de Rabelais serait une mauvaise excuse, car vous n'avez pas le tempérament rabelaisien.

Rien n'indique plus l'absence et le besoin d'une critique — d'un gouvernement et d'une discipline, en un mot, dans la littérature — que ce manque de respect envers le public qui vient de passer effrontément du journal dans le livre. Nous l'avions noté déjà çà et là comme des symptômes alarmants dans quelques feuilles hasardées et qui devraient avoir d'autant plus de respect du peuple, qu'elles se piquent d'être les organes de la démocratie avancée. Les gros mots ne sont pas des principes, et en général il vaut mieux s'en abstenir, quand on écrit. Ce sont des signes de décadence en littérature.

« Serions-nous devenus des rhétoriciens ou des byzantins ? » écrivait à ce sujet un critique de bon sens en 1862 (*les Misérables* venaient de paraître) « .... Lisez Homère, le plus grand, le plus héroïque, le plus magnifique et aussi le plus naturel des poëtes : il n'y a pas un seul mot sale dans toute l'*Iliade*, le livre des guerriers. J'aime la vérité assurément et la réalité franche, je le répète assez souvent ; je sais même surmonter un dégoût pour arriver au plus profond des choses, au plus vrai de la nature humaine ; mais je m'arrête là où l'inutilité saute aux yeux et où la puérilité commence. Je fuis la rhétorique directe qui s'étale et qui s'affiche ; je ne fuis pas moins la rhétorique retournée, qui est tellement occupée à faire pièce à la rhétorique solennelle, qu'elle en oublie le fond des choses, qu'elle se prend elle-même à des mots, leur donne une importance qu'ils n'ont pas, et devient une manière de rhétorique à son tour…. »

II

Nous nous sommes étendu plus longtemps que nous ne l'aurions cru sur le roman de M. Zola, et il nous reste à peine un peu de place pour exprimer notre opinion franche sur la conférence où une digne Anglaise, miss Butler, est venue apporter l'autre soir des raisons comme celle-ci :

« …. Si la prostitution est nécessaire, pourquoi les bons citoyens, les grands, les riches, les préfets de police, les magistrats, les sénateurs, les députés, ne conduisent-ils pas leurs filles, leurs sœurs dans les maisons de tolérance ? »

Des arguments aussi faibles contre un ordre de choses qu'on abomine, nous ont fait plus que jamais regretter l'absence d'un Proudhon, pour empêcher les femmes de gâter leur meilleure cause. Les droits de la femme ne seront jamais mieux défendus que par un homme intègre et austère, puissant par le talent ou le génie, un Washington plébéien, armé aussi de ce scepticisme bourgeois et si français qui dictait à Molière les *Femmes savantes* et faisait dire à Diderot : « O femme, femme, quand te guériras-tu de la blessure que la nature t'a faite ? ».

Nous ne sommes pas encore accoutumés en France à entendre certains discours dans certaines bouches. Le ridicule tue toujours un peu chez nous, quoi qu'en ait dit miss Butler qui avait prévu l'objection. Le sentiment n'a que faire en pareille matière. Il faut encore savoir ce dont on parle, et le discours de miss Butler laisse à désirer sous ce rapport. Comment supposer d'ailleurs qu'une honnête Anglaise peut connaître la matière à fond ?

Nous sommes loin de prétendre qu'il n'y ait rien à faire, mais nous voudrions, pour aborder des questions sociales de cette importance, des esprits complétement dégagés de tout mysticisme et armés de physiologie.

Un orateur a dit que le meilleur remède contre la prostitution serait de faire disparaître la misère et l'ignorance. Il n'était pas besoin de venir de si loin pour proclamer de semblables vérités, qui sont un peu le pendant de celles de La Palisse en économie politique : c'est comme celui qui s'aviserait de découvrir aujourd'hui qu'on peut se préserver de la petite vérole à l'aide de la vaccine. Reste à découvrir le moyen de tuer la misère et l'ignorance, et c'est ce que l'orateur en question a négligé d'indiquer.

Notre critique ne porte donc pas sur le sujet de la conférence, mais uniquement sur la façon puérile dont il a été traité.

Là encore nous résumerons notre sentiment en deux mots : rhétorique et byzantinisme. C'est ce qui gâte tout dans notre pays. On ne sent pas renaître une patrie dans ces discussions qui ont si peu de fond pour base, et on voudrait des hommes à vertus fortes et viriles qui entraînassent dans un grand torrent toutes ces petites vertus qui s'agitent dans le vide.

Les vieux parlementaires ne sont plus, et la race des Mirabeau et des Danton se perd dans des parlottes interminables. A défaut de *vertu*, ils avaient au moins le bon sens et le génie qui sait ouvrir la voie aux grandes réformes.

6 février 1877.

M. ÉMILE ZOLA

II

ENCORE LE LIVRE DE M. ZOLA. — *L'HOMME-FEMME*, DE M. ALEXANDRE DUMAS FILS. — SYMPTOMES DE FATIGUE LITTÉRAIRE DE NOTRE TEMPS. — LE PRINTEMPS INTELLECTUEL APRÈS LA TERREUR. — ÉPOQUES CRÉPUSCULAIRES APRÈS LES GRANDES CRISES. — ARTICLES DU *FIGARO* SUR *L'ASSOMMOIR*. — *PLACE A L'ANCIEN*.

I

Nous demandons la permission de revenir sur un sujet qui est loin d'être épuisé, aux proportions qu'il prend dans le public et dans la presse. L'intérêt intellectuel de la semaine continue à se porter sur le livre de M. Zola. Le nom de M. Zola semble avoir des ailes : il vole de bouche en bouche et sur toutes les trompettes de la publicité depuis huit jours. C'est un des plus grands succès de librairie d'une époque aussi curieuse que la nôtre de crudités malsaines. Comme phénomène persistant, il a droit à un redoublement d'attention dans une chronique hebdomadaire, qui a surtout pour but d'entretenir les lecteurs de littérature.

Nous avons vu déjà un phénomène analogue au sortir de la Commune, quand parut *l'Homme-Femme*, de M. Alexandre Dumas fils. Il est clair que l'auteur, en lançant cette insanité sur le public, avait flairé un monde nouveau et qu'il le servait à souhait. On ne poussa jamais plus loin le mépris de la femme et le respect de la Bible. Les incohérences de M. Dumas fils répondaient aux besoins du jour. On était un peu plus blasé qu'avant la dernière orgie, qui avait abouti fatalement à l'effondrement de la France. Mais on allait pouvoir renouer la tradition : *tout-Paris — le tout-Paris* de ce public-là — respirait enfin. On aurait encore un Carême, des Sermons et des spectacles aux Variétés. Le livre de M. Dumas fils s'annonçait comme un présage plein de promesses : il se vendit à soixante-dix mille exemplaires. Il fut la première pierre de réconciliation entre M. Dupanloup et le théâtre moderne, — celui de l'auteur de *la Dame aux Camélias*.

On avait plutôt l'air de renaître qu'on ne renaissait en réalité au mois de juillet 1871. On était bien loin de ce printemps nouveau, de cette efflorescence que tous les historiens ont constatée au sortir de la Terreur, après le neuf thermidor. Alors véritablement, la France se retrouvait dans une orgie plus grande encore, et qui n'était pas une orgie de vieillesse. Ce fut comme un immense effluve où tous les éléments s'animèrent à une flamme nouvelle. Il y eut une explosion d'épicuréisme, dont le futur grand-maître de l'Université, M. de Fontanes, ne put jamais se corriger, même quand il ramenait le culte du passé à son de cloches avec Camille Jordan (qui lui, du moins, n'était pas épicurien), et qu'il encourageait Chateaubriand (qui l'était au contraire beaucoup) à écrire *le Génie du christianisme*.

Quelle différence de grandeur avec notre temps dans le triomphe ou dans la défaite! Dans notre soif de retourner au travail ou aux plaisirs anciens, si on a pu constater d'une part une France industrielle qui ne s'est jamais démentie, de l'autre on sentait plutôt la fatigue, l'affaissement, une sorte de sénilité intellectuelle, surtout au point de vue de la production littéraire. Aucun écrivain n'a peut-être mieux exprimé que Mme Sand, dans certain *Journal de province écrit pendant la guerre*, la crainte d'être dérangée dans ses habitudes d'écrire à la *Revue des Deux Mondes*. Un autre romancier, qui ne sacrifierait pas une ligne de ses droits d'auteur, disait dans le même temps : « Bah! elle est encore assez grande! » en jetant un coup d'œil rapide et irréfléchi sur la nouvelle carte de France encore une fois rentrée en elle-même et réduite, depuis la Restauration, comme la symbolique peau-de-chagrin de Balzac. Un penseur qui parle ainsi n'est pas un esprit chagrin en fait de patriotisme et de vertus viriles.

Ce besoin de repos, cette peur de l'inconnu,

même quand l'ordre et la paix sont reconquis, qu'on sent qu'aucun ébranlement nouveau ne viendra de longtemps déranger votre fauteuil inamovible, ne sont pas des signes d'activité et de jeunesse chez nos mandarins lettrés : on n'est plus un *leader* alors, on marche à la queue ; on ne dirige plus le mouvement, on le suit, et on le sert selon ses appétits vénériens ou autres.

Les moments que nous venons d'indiquer sont bons à noter dans l'histoire des littératures, comme expression de l'état social après les grandes crises. C'est à ces époques crépusculaires qu'on peut juger de l'aurore ou du déclin d'une société, — au plus ou moins de degré de verdeur ou de pourriture de ses produits littéraires. On dit que les plus beaux fruits des bords de la mer Morte sont vermoulus. C'est qu'ils ont poussé sur un sol pourri et malsain, qui a gardé toutes ses couches de détritus.

Nous craindrions d'étendre trop loin la comparaison avec la littérature actuelle, qui a évidemment ses exceptions : ce qui console un peu de certains succès, est de voir que le public ne se porte pas tout d'un côté. Quand M. Zola triomphe sur un point, le grand amphithéâtre de la Sorbonne ne peut contenir tous les auditeurs des deux sexes, de tous les âges et du meilleur monde ; le plus grand nombre arrive trop tard pour entendre la conférence de M. Cameron. Il y a, dans ce besoin de s'instruire, une compensation qui nous rend moins pessimiste.

II

Le succès de M. Zola vient d'être assuré (il n'en avait déjà pas besoin) par un article du *Figaro*, sous la plume d'un de ses plus élégants *moralistes*, M. Albert Wolff. C'est un des premiers ténors de l'endroit. Restif de la Bretonne avait, dit-on, au xviii° siècle, un cortége de grandes dames qui se déguisaient en poissardes, pour parler sa langue et souper avec lui. M. Zola a pour lui l'organe de publicité le plus répandu dans le grand monde. C'est un signe aristocratique et actuellement bien porté. « Dis-moi qui te *vante* et je te dirai qui tu es »; c'est un compliment qu'on peut faire à M. Zola, à qui l'éloge décerné par le *Figaro* peut passer pour un brevet de distinction. « Il est de notre monde », semblent dire les familiers du lieu. Jamais l'ambition d'un écrivain démocrate (comme on l'a prétendu) n'aurait visé si haut.

Il y a bien cependant, à ce qu'on dit, quelque dessous de cartes, et de telles faveurs s'obtiennent plus facilement qu'on ne pense, dans un temps où tout est réclame de librairie. Mais nous aimons mieux nous en tenir aux apparences.

En sage qui a l'air de s'y connaître, M. Albert Wolff proclame *l'Assommoir* « un livre de haute moralité ». Il appelle l'auteur « un profond philosophe ». Cela lui plaît à dire.

Nous ne serons pas plus sévère que les grandes dames qui vont lire M. Zola sur la foi de l'éminent critique du *Figaro*. Nous les avertissons seulement du danger.

« Quand M. Zola, » dit M. Maxime Gaucher dans la *Revue politique et littéraire,* « fait parler ses pestiférés, il met dans leur bouche le plus révoltant argot : ce ne sont que métaphores malpropres, images repoussantes, crudités cyniques. Eh bien! passe encore, si c'est là leur langage habituel, et si M. Zola ne dépasse pas la triste vérité en concentrant en affreux parfums, en faisant écouler en quelques minutes une provision d'obscénités qui, dans la vie réelle, n'est dépensée peut-être qu'en un mois entier. Mais quand il parle en son propre nom, quand c'est lui-même qui parle, est-il donc nécessaire d'employer cet argot immonde? Pour nous faire savoir, par exemple, que son héroïne a eu peur, est-il indispensable de nous dire : « *Le trac lui serra les....* » Eh bien! non, je ne transcris pas le dernier mot, que M. Zola articule très-nettement sans sourciller. »

Et c'est justement là le secret du succès de M. Zola. Les lecteurs blasés ressemblent à ces écoliers avides de lire l'*Ode à Priape* et qui éprouvent une joie enfantine d'y trouver certains mots imprimés tout crus.

Un éditeur nous exprimait sa crainte d'être embarrassé désormais quand il s'agira de faire des coupures dans un ouvrage. Il prévoyait, de la part des auteurs, l'objection tirée de l'exemple de M. Zola. Nous ne partageons pas cette appréhension, car nous ne croyons pas, malgré tout, que ce livre fasse école.

De pareils coups de pistolet ne réussissent pas toujours, et le public finit lui-même par s'en lasser. Si, sous prétexte de talent, il était permis de tout imprimer et de tout peindre, nous ne désespérerions pas de voir les peintres, prenant exemple des littérateurs, dépasser les limites de l'impossible. Mais quel salon accepterait leurs incongruités? où les accrocherait-on? Il y a un respect de soi-même et du public qui doit défendre l'artiste et le poëte de certains écarts de goût, sans quoi tout son talent ne le préservera pas de n'être qu'un disciple de Piron au lieu d'être un disciple de Voltaire, ces deux antipodes de l'esprit français.

Le moraliste, vraiment digne de ce nom, prend les choses de plus haut; il s'élève au-dessus de son sujet; il le domine; il ne se vautre pas à plaisir dans les peintures scabreuses ou licencieuses qu'il veut faire détester. Il se garde d'imiter ces prédicateurs, dont M. d'Haussonville le père (qu'il ne faut pas confondre avec son fils disait, il y a deux ans, en recevant M. Alexandre Dumas fils à l'Académie française :

« Pour mon compte, je ne déconseillerais pas aux pères de famille de mener leurs filles aux pièces de Molière, quoiqu'elles soient exposées à y entendre des mots un peu crus, aujourd'hui rejetés par la pruderie de notre langue moderne. J'ai connu, par contre, des mères qui, volontiers, auraient parfois fait sortir leurs filles de l'église, afin de les dérober à d'autres leçons tombées du haut de la chaire. »

Les mots un peu crus dont se servait Molière étaient dans la langue courante de son temps, tandis que ceux qu'emploie M. Zola n'ont pas cours dans les familles. On n'est pas un esprit gras et fertile uniquement parce qu'on parle cette langue. Il y a un autre moyen de s'approprier l'esprit du peuple, mais on ne le sent bien que quand on est véritablement de la famille de Rabelais ou de Montaigne. C'est au parfait équilibre de l'esprit et à la bonne humeur constante que l'on reconnaît cette race d'écrivains de goût et de tempérament de notre nation; ce n'est pas du gaulois (il y a longtemps que nous ne le sommes plus), mais c'est de pure essence française. L'expression pittoresque et originale, qui revêt la pensée, leur vient sans la chercher; ils ont, eux aussi, fréquenté à leur heure les bateliers et batelières du port; Malherbe ne s'en cachait pas, et Royer-Collard non plus, tout janséniste et sévère de mœurs qu'il fût : il se vantait même, lui aussi, de préférer la conversation de ces gens à celle des robins musqués de l'île Saint-Louis. Ils ne sont donc pas hommes prompts à se scandaliser; ils ne sont ni prudes, ni bégueules; mais ils n'ont pas l'air d'attacher un brevet d'invention à toutes les découvertes humoristiques qui leur viennent comme en se jouant; ils ne quittent jamais la voie moyenne, et ne *s'emballent* pas, comme on dit, pour une jolie page :

« Quand je rentre dans mes quartiers non lettrés et tout populaires, » écrivait un de ces observateurs de bon sens et qui ont vu le plus justement les choses, « quand je m'y replonge dans la foule comme cela me plait surtout les soirs de fête, j'y vois ce que n'offrent pas à beaucoup près, dit-on, toutes les autres grandes villes, une population facile, sociable et encore polie ; et s'il m'arrive d'avoir à fendre un groupe un peu épais, j'entends parfois sortir ces mots d'une lèvre en gaieté : *Respect à l'âge !* ou *Place à l'ancien !* Je suis averti alors, et assez désagréablement je l'avoue, de ce qu'on est toujours si tenté d'oublier, mais je le suis avec égard, avec politesse ; de quoi me plaindrais-je ?... »

L'école de l'art pour l'art y aurait peut-être mis plus de couleur, mais ce n'eût été ni en situation, ni plus juste.

13 février 1877.

NAPOLÉON ET ROBESPIERRE

I

LIVRES RARES ET CURIEUX. — BIBLIOTHÈQUE DE JULES JANIN. — POËME DE M. COLLOT SUR *LA CHUTE DE NAPOLÉON*. — CONVERSATION DE NAPOLÉON SUR ROBESPIERRE. — OPINION DE M. LOUIS BLANC SUR CETTE CONVERSATION. — LETTRE PROPHÉTIQUE DE VICTOR HUGO, ETC.

Pendant que les petits Parisiens soufflaient à s'époumoner dans des cornets à bouquin, pour célébrer le mardi-gras, nous avions la bonne fortune de *bouquiner*, de notre côté, chez un ami qui possède des rayons riches en souvenirs ou plutôt en reliques littéraires sans grande valeur (si l'on veut) à première vue, car presque toutes portent des millésimes modernes; mais ce qui rehausse leur importance pour l'avenir, c'est que presque toutes aussi renferment des dédicaces de la main des auteurs ou des annotations au crayon provenant d'écrivains célèbres. Ce n'est pourtant pas encore, à proprement parler, une bibliothèque; ces volumes ou brochures sont en grande partie sans cohésion entre eux et jurent même parfois de se trouver ensemble ; seulement ils ont tous ou presque tous leur marque particulière qui les rend *chers* à leur propriétaire, en attendant que ses héritiers…. on sait le sort réservé aux livres *rares et curieux* (comme on les appelle dans les catalogues); celui même qui en fait collection les destine aux enchères publiques après sa mort : *habent sua fata libelli*, a dit Horace. La petite *library* (au sens anglais) dont il s'agit ici, n'est elle-même qu'un résidu dont mon ami travaille de son mieux à faire un fond sérieux de bibliothèque, qu'un vent posthume viendra disperser à son tour, comme celle de Jules Janin, qu'on vend en ce moment et qui est l'*attraction* des grands journaux à réclames. C'est du reste la seule analogie revendiquée par mon sage ami avec le fameux J.-J. : il a la prétention d'être aussi un bibliophile à sa manière.

Parmi les curiosités qu'il possède, se trouve un livre broché dont le titre est moins que jamais fait pour allécher les passants sur les quais : *La chute de Napoléon, poëme* par J.-P. Collot. *Poëme*, cela donne à réfléchir et à s'abstenir!! Ce volume-in-8°, de 178 pages, a été édité chez Perrotin, en 1846.

L'auteur, plus modeste que M. Guizot, qui a mis son propre portrait en tête d'un livre sur Washington, nous a caché ses traits, mais il a donné à la place ceux de Napoléon. C'est une gloire de ce siècle bien compromise, et dont un homme d'esprit nous disait un jour, en nous montrant sur un mur une immense enseigne d'un marchand d'habits : « Tenez, voilà tout ce qui en reste : la *redingote grise*. »

Un portrait de Napoléon, gravé avec tout le soin que pouvait y mettre l'éditeur de Béranger, produit en effet une singulière impression de nos jours; autant vaudrait exhumer les *cendres* qui *reposent* aux Invalides. Décidément cette image n'est plus de ce temps-ci. Le neveu (si neveu il y a eu) a tout dévoré. La Colonne elle-même, dont on eut soin de changer le *bonhomme* en un empereur romain, plus nu encore et plus ridicule que notre Louis XIV de la place du Peyrou, n'est qu'un pastiche amoindri de la colonne Trajane, mais elle ne dit plus rien au sentiment ni à la pensée. Il est loin le temps des *Vieux Grognards* de Théophile Gautier, qui chantait cela sous le troisième empire (dans *Émaux et Camées*) :

> Au pied de la Colonne ils viennent,
> Comme à l'autel de leur seul dieu.

Le dieu a été changé à la fonderie.

Mais n'oublions pas M. Collot, l'auteur du poëme en question. Si cet auteur s'était borné à de simples vers, nous n'en parlerions pas; il a heureusement eu l'idée de terminer son volume par des notes en prose, dans lesquelles il a consigné ses souvenirs personnels. Il y a entre autres une conversation de Napoléon qui vaut à elle seule tout un poëme. M. Collot eut souvent le loisir d'entendre parler Napoléon. En 1797, il accompagnait déjà le général en chef comme commissaire des vivres. Un écrivain bien renseigné nous dit au sujet de cette conversation, qui est une perle dans ce volume :

« Dès ces années, et sans doute dès sa première jeunesse, quand Napoléon causait, il y était tout entier de verve et de génie. Il pouvait avoir ses bizarreries, ses rudesses, mais il s'y dépouillait de tout faux goût... M. Collot dut noter cette conversation de souvenir et peu après l'avoir entendue. Telle qu'on la peut lire, elle constitue un mémorable morceau d'histoire, où le gouvernement de Robespierre est jugé d'un point de vue supérieur. Ce qui est piquant, c'est que l'auteur du poëme ne la rapporte qu'à son corps défendant et en la trouvant odieuse. Le propre des conversations de Napoléon, comme de celles de Pascal, était de se graver bon gré mal gré dans les esprits de ceux qui l'écoutaient, de nous arriver reconnaissables même à travers les témoins les plus ordinaires, et l'on est tout surpris, quand on les trouve rapportées quelque part, de l'éclat soudain qu'elles jettent sur les pages insignifiantes d'à-côté. »

Voici cette conversation, extraite du livre de M. Collot. On verra, par le cadre curieux et les appendices que nous lui donnons, qu'elle méritait d'être rappelée, quand même un de nos lecteurs en aurait déjà connaissance.

Un soir, à Ancône, en 1797, lorsqu'il marchait sur Rome, Napoléon garda quelques-uns de ses convives après dîner et les entretint des événements de la Révolution.

« Depuis son origine, nous dit-il, la France n'a eu qu'un gouvernement fort : celui de Robespierre. »

L'impression d'horreur, ajoute ici M. Collot, que la mémoire de cet homme avait laissée dans tous les esprits était si récente, si profonde, qu'il est difficile d'imaginer la surprise pénible qu'excita cette opinion et avec quelle ardeur elle fut combattue. Loin de l'abandonner, le général Bonaparte la soutint avec ténacité.

« Qu'est-ce, dit-il, qu'un gouvernement fort? C'est celui qui a un but utile bien déterminé, la volonté ferme de l'atteindre ; la force capable de faire triompher cette volonté ; enfin l'intelligence nécessaire pour bien diriger cette force. Examinons si Robespierre réunissait tous ces avantages. Quel était son but? Le triomphe de la Révolution. Il sentait qu'une contre-Révolution serait plus sanglante, entraînerait des maux plus cruels, plus durables que ceux que notre Révolution avait exigés et devait exiger encore. Il voulait donc l'accomplir à tout prix. L'utilité de ce but ne me paraît point contestable. Sa volonté de l'atteindre ne saurait être douteuse. Le nombre des victimes qu'il avait immolées, celui des familles qui avaient à lui demander compte du sang de ces victimes, l'avaient convaincu qu'il périrait de la mort la plus cruelle et la plus ignominieuse, s'il échouait. Il ne pouvait donc plus reculer. »

Ici un annotateur, qui a eu de l'autorité sur ses contemporains, a écrit en marge :

« Napoléon ne tient pas assez de compte de l'impression morale ; il ne voit que les ressorts, mais qu'il les voit bien! Il a raison comme chirurgien hardi, mais encore faut-il connaître l'humeur morale du malade, qui était capable de mourir de peur avant de se sentir guéri de son amputation ou de sa fracture. »

Reprenons la suite de la conversation de Napoléon :

« Avait-il la force nécessaire pour faire triompher cette volonté ? Il n'en fut jamais d'aussi formidable que la sienne. Il lui suffisait de donner un ordre pour qu'il fût exécuté sans obstacle et sans retard d'un bout de la France à l'autre. Il l'avait acquise en se déclarant l'ennemi implacable de la royauté et le protecteur infatigable du peuple, à qui il avait ouvert tous les rangs, distribué tous les emplois et facilité sans mesure l'achat des biens nationaux. Il l'avait fortifiée en organisant sur toute la surface de la France cette société des Jacobins, imbue de ses principes, animée de son esprit, aveuglément soumise à sa discipline. Pour l'enchaîner à sa cause, il l'avait associée à tous ses actes sanglants. C'est par elle qu'il les faisait exécuter. Quiconque osait s'y opposer était brisé, écrasé à l'instant. La force de cet homme était donc sans bornes. »

Ici l'annotateur critique écrit en marge :

« Robespierre avait la volonté, non la force, n'étant pas militaire, n'ayant pas le prestige des victoires, le noble baptême de sang devant l'ennemi. »

« — C'est cette force, continue Napoléon, qui le fit triompher de tous les partis : royalistes, cordeliers, girondins furent terrifiés, subjugués ou anéantis. C'est par elle qu'il put donner à la France ces armées puissantes, nombreuses, disciplinées, qui nous ont préservés du malheur de la voir envahie, saccagée, morcelée ; c'est elle qui, dans notre extrême détresse, lui fit obtenir armes, munitions et vivres ; qui maintint sous les drapeaux le soldat sans abri, sans vêtements, sans solde et quelquefois sans nourriture.

Robespierre aurait-il pu opérer ces prodiges sans ce pouvoir colossal?

« Mais sut-il bien diriger cette force? Non, et c'est ce qui le perdit[1]. N'étant pas homme de guerre, il fut obligé de confier la force armée à un militaire. Il n'osa point le choisir parmi nos meilleurs généraux, sentant bien qu'il ne pourrait en faire un instrument aveugle ; peut-être même craignit-il de se donner un rival[2]. Il mit donc à la tête de la division de Paris ce misérable Henriot, homme obscur, sans expérience et sans capacité. Au jour du danger, ce misérable perdit la tête et ne sut point livrer bataille. Cependant, après la séance du 8 thermidor, il aurait dû voir clairement que Robespierre et tous ses adhérents étaient perdus s'ils n'étaient délivrés, le jour même, des représentants qui, du haut de la tribune, avaient osé l'attaquer et l'accuser. Payan, plus clairvoyant que Henriot, le pressait de les faire arrêter et de les envoyer le soir même à la guillotine. Les forces dont ce commandant disposait étaient plus que suffisantes pour ce coup de main. S'il l'eût exécuté, Robespierre était, le lendemain, plus puissant que jamais. »

Une rumeur générale suivit ces paroles. C'est à qui les réfutera, les combattra. Nous sommes bien forcés d'abréger un peu les répliques, faute de place. Elles sont essentielles pourtant au point

---

1. « Ici, » écrit l'annotateur que nous suivons pas à pas, « Napoléon est dans le vrai historique. »

2. Note marginale : « Napoléon a pu dire de lui-même : « Je suis un *Robespierre à cheval* ; » mais, à part l'odieux du nom, il voulait dire qu'il était un général représentant les intérêts de la Révolution, personnifiant la Révolution. En se définissant ainsi par ce mot pittoresque, il oubliait et méconnaissait une bonne partie de sa puissance, de son prestige au début : la pureté en même temps que l'éclat de sa gloire, l'innocence de son origine. »

de vue des événements auxquels elles reportent le lecteur.

« Quoi ! vous pensez que ce monstre aurait pu se soutenir ! » objecte-t-on à Napoléon ; « mais depuis deux mois il était frappé à mort ; son pouvoir déclinait chaque jour... tous les représentants, qu'il n'aurait pu ou n'aurait osé immoler dans cette journée... n'auraient eu de repos qu'après s'être défaits de leur bourreau. »

— « Sans doute, » répliqua le général Bonaparte, « s'il eût persisté dans la même voie, s'il ne les eût pas rassurés ; mais, vainqueur, il aurait dès le lendemain suspendu les supplices, interdit toute arrestation et créé un comité de clémence, chargé d'élargir peu à peu les détenus, en commençant par les moins redoutables. Depuis quelque temps, il préparait cette mesure ; il ne paraissait plus au comité de sûreté générale, il en blâmait les excès et en désignait les auteurs. »

Ici, nouvelle interruption des auditeurs, que nous abrégeons à regret.

« Et la France, » crie-t-on à Bonaparte, « aurait pu croire à un retour volontaire de Robespierre vers un sentiment d'humanité ?... Ses complices eux-mêmes, alarmés de cette marche rétrograde, l'auraient assassiné avant qu'il eût pu les dépouiller de leur pouvoir. »

— « Il se serait bien gardé de les en dépouiller, » répond Bonaparte : « ils lui étaient trop nécessaires. Il se serait seulement appliqué à dominer les partis, en les opposant l'un à l'autre. Il aurait dit aux Jacobins : « Si vous me perdez, vous êtes perdus ; je le suis si je vous perds. Je n'ai de force que la vôtre ; vous n'avez que la mienne. Efforçons-nous donc de consolider notre puissance. Mais, pour atteindre ce but, il faut en changer la direction. C'est assez de sang répandu, même trop : la France ne peut en supporter plus longtemps la vue. Arrêtons-en l'effusion. Nous en rejetterons ainsi l'odieux sur les traîtres que nous avons immolés. Ils avaient poussé la Révolution aux excès pour la faire avorter : il faut la ramener dans ses justes limites, si nous voulons en recueillir le fruit. Le seul dont je sois jaloux, c'est de pouvoir vous récompenser de vos nobles efforts. »

« Aux royalistes, il aurait dit : « Gardez-vous de susciter le moindre trouble, de faire craindre la moindre réaction ; vous inquiéteriez les terroristes[1] ; ils en exigeraient la répression ; ils l'exigeraient prompte et sanglante. Je ne serais plus le maître de m'y opposer ; ils me massacreraient si je le tentais ; vous verriez alors la Terreur renaître. J'ai pu seul la comprimer ; je le pourrai tant que vous serez tranquilles, que vous ne penserez plus au passé. Il faut l'oublier, sous peine de voir de nouveau votre sang ruisseler. J'ai adouci vos maux ; je veux les adoucir encore, les effacer même, si c'est possible ; mais laissez-vous conduire, contentez-vous des gages que je vous ai déjà donnés, je ne tarderai point à vous en donner de nouveaux et de plus efficaces. Laissez mon pouvoir se consolider si vous voulez que je puisse cicatriser vos plaies. » — Ce langage et des faveurs accordées avec discernement auraient maintenu la tranquillité. »

Nous sommes forcés de renvoyer à demain la suite de cette machiavélique leçon d'histoire. *Déjà Napoléon perçait sous Bonaparte*, — peut-on dire en lisant ces sentiments tout personnels du héros sur l'homme politique. M. Louis Blanc, à

---

1. L'annotateur de ce livre curieux écrit ici en marge : « L'homme d'État se prononce, s'essaie ; — seulement il s'essaie sur un vilain nom ; mais que de raison au fond, dans cette anticipation du politique ! »

qui ces pages avaient été communiquées comme à un partisan théorique de Robespierre dans son *Histoire de la Révolution française*, répondit :

« C'est *d'après lui-même* que Bonaparte y juge Robespierre. Il le défend comme lui, Bonaparte, aurait voulu qu'on le défendît. Je m'assure que Robespierre n'aurait pas voulu d'un tel avocat et d'un tel plaidoyer. Si ce M. Collot avait été un homme d'esprit, je serais tenté de regarder son récit comme une ruse fort bien imaginée pour frapper Bonaparte et Robespierre sur le dos l'un de l'autre. »

Ce jugement de M. Louis Blanc sera encore plus confirmé dans ce qui nous reste à citer de la conversation de Napoléon.

20 février 1877.

NAPOLÉON ET ROBESPIERRE

II

SUITE DE LA CONVERSATION DE NAPOLÉON SUR ROBESPIERRE.

Nous reprenons cette conversation où le *comediante tragediante* expose à nu ses propres plans de gouvernement, qui révèlent tant de mépris ou tant de connaissance de l'humanité. Il va se comparer à Auguste, avec lequel lui, futur César, avait plus de parenté qu'avec Robespierre. Ce qui ressort surtout au bénéfice de ce dernier, après avoir lu les sentiments que lui prête Napoléon, c'est qu'il y aurait eu en lui l'étoffe d'un homme d'État supérieur ; il en avait donné des preuves dans les affaires étrangères : mais Napoléon ne l'avait pas connu, il n'était pas à Paris du temps de Robespierre, il était lié seulement avec son frère Robespierre jeune. A l'observation de ses interlocuteurs que, même en ralliant les royalistes, Robespierre aurait péri par les finances, que les assignats tombaient déjà en discrédit au 9 thermidor, le général Bonaparte réplique :

« Détrompez-vous : il aurait su se créer des ressources. Il lui suffisait de pousser les armées au dehors pour les y faire vivre dans l'abondance comme elles y vivent aujourd'hui[1]. Quant aux assignats agonisants, il les aurait lui-même démonétisés, comme on l'a fait après lui. Il aurait justifié cette mesure en exposant qu'elle était indispensable pour mettre un terme à l'envahissement des faux assignats ; il aurait en même temps déclaré que ceux qui seraient reconnus légaux continueraient à être reçus en payement de biens nationaux. Il aurait, dès lors, exigé le payement des impôts en numéraire, les aurait élevés au niveau de ses besoins et se serait facilement créé toutes les ressources nécessaires pour faire marcher son gouvernement. La France est un pays trop riche pour périr par les finances sous des mains habiles. Les chefs de tous les partis, comblés de faveurs, auraient prôné cette mesure ; les journaux et les meilleurs écrivains, largement salariés, auraient exalté son génie, la douceur de son gouvernement ; tous ceux qui auraient osé l'attaquer auraient été intimidés ou frappés, et réduits au silence. »

Sachons lire les choses froidement ; Napoléon ne fait pas ici un cours de morale, mais un cours de politique à son usage ; il continue ainsi à exposer son système, où il touche plus d'un point juste :

« Pour augmenter ses partisans, Robespierre aurait relevé

---

1. Ici l'annotateur écrit en marge : « Napoléon se substitue au lieu et place d'un homme abhorré ; — il est bien qu'il y ait eu de l'espace, un grand intervalle, nulle solidarité. »

les autels, rétabli le culte et protégé le clergé. Sa fête à l'Être suprême était le premier jalon dressé sur cette route. Il était trop habile pour ne pas savoir que le frein des lois ne suffit point pour museler le peuple, qu'il faut le garrotter de religion. Il s'y serait porté avec toute cette ardeur et cette adresse qu'il mettait à l'exécution de ses desseins. Les prêtres, charmés de ce retour inespéré, l'auraient secondé, et, lorsqu'il serait parvenu à leur rendre leur considération, à consolider leur existence, ils auraient prêché que le ciel avait daigné l'éclairer, l'inonder de sa grâce, et peut-être auraient-ils fini par le béatifier.

« Voyez Auguste : il s'était vautré dans le sang de ses amis, de ses parents, de son tuteur. Quand il se fut débarrassé d'Antoine, quand il eut subjugué tous les partis, fait cesser l'effusion du sang, rendu partout ses armes triomphantes et ramené dans Rome l'abondance et les jeux, les premiers écrivains de son siècle chantèrent sa clémence, son génie, l'éclat et la douceur de son gouvernement ; les premières familles patriciennes vinrent se ranger sous ses lois ; le Sénat le proclama empereur et père de la patrie, et après quarante ans d'un règne paisible et glorieux, il mourut tranquille, regretté ; et à sa mort, les Romains en firent un dieu. Tant il est vrai que le droit, c'est la force. »

« Oui et non, » lit-on ici en marge au crayon (et si nous transcrivons ces notes avec tant de soin, c'est qu'elles ont leur importance) ; « le droit, à ces moments de reconstitution de la société, c'est la force au service de la société et la sauvant, se confondant dans la pensée de tous avec le salut de tous. Voilà le titre des Pépin, des Hugues Capet, des Napoléon *(l'ancien, pas le petit)* ; — de premiers services éclatants, incontestés et purs. La comparaison d'Auguste avec Robespierre n'est vraie qu'à demi : Auguste n'était pas le fondateur de sa race ; avant Auguste, avant Octave et ses crimes, il y avait César, le grand César, ses victoires et sa clémence. Mais si, dans ce discours, il y a de l'incomplet, une ébauche rude et dure, quelque inexpérience encore, trop de Machiavel italien appliqué à la France qui veut être traitée et maniée à sa manière, que de vérités ! que la base sociale est mise à nu ! mais aussi qu'il est bon de se hâter de la recouvrir ! — Ce sont des maximes trop fortes pour ceux qui ne sont pas appelés à gouverner les hommes ! et à les gouverner de première main ! — Que nous sommes loin de Louis XIV et même de Henri IV ! — et aussi à des pensées fortes, quelle langue simple ! on peut être sûr que le bon Collot, s'il y a corrigé deux ou trois italianismes, n'a rien fait de plus. »

Nous avons mieux en effet, dirons-nous à notre tour, que *les Matinées royales,* ce livre cynique attribué à Frédéric et qui n'est pas de lui. On n'invente pas ce style net, ferme, concis et fulgurant tout à la fois avec lequel Napoléon vient de faire jouer le grand ressort social et de mettre à nu l'art de gouverner les hommes, tel que l'ont entendu et pratiqué les politiques de sa trempe qui ont eu leur berceau en Italie. Il choisissait bien son ancêtre dans Auguste, lui qui eut encore plus de la folie d'Alexandre que de la pondération et de l'équilibre de César ; mais il était surtout un disciple de Machiavel, un homme du xvie siècle. Ceux qui connaissent bien cette époque sont frappés de l'analogie qu'elle a avec l'ère des Bonaparte. Elle se reflète dans toute la famille : meurtres et coups d'État font partie du système ; l'enlèvement du duc d'Enghien sur le territoire étranger et son assassinat juridique rappellent les crimes politiques des Borgia, des Médicis. Les Bonaparte au xvie siècle eussent été une de ces familles guerroyantes, entretenant la sédition dans leur pays, sacrifiant tout à leur ambition, comme ils l'ont fait en France, comme ils le pratiquaient sur une petite échelle en Corse avant l'éclosion de l'aigle. Mais comme la nature se distingue surtout par un manque d'équilibre dans la distribution de ses dons, il y a toujours, à l'ombre du génie, quelque rejeton mal doué dans ces familles. Théophile Gautier, qui partageait apparemment cette théorie contraire au libre arbitre, nous disait un jour sur la place du Palais-Royal, à l'époque du procès de Pierre Bonaparte, meurtrier de Victor Noir : « C'est un enfant perdu de la famille ; il est venu trois cents ans trop tard ; il eût fait un très-bon condottiere en Italie ; les instincts de sa race sont mal équilibrés chez lui ; il y en a comme cela dans toutes les familles... » — C'est une théorie vérifiée par l'observation.

Nous avons pour cette fois dépassé toutes les limites et il est temps de nous arrêter. Nous ne voudrions pas le faire toutefois sans un mot consolant, après les *effroyables* théories qu'on vient de lire sur cette pauvre pâte humaine si facilement maniable au gré des empereurs et des philosophes. Et comme nous avons aussi nos prédilections en matière de gouvernement républicain, et que nous ne saurions accepter pour des principes ce qui a été surtout à nos yeux le résultat de conséquences terribles, nous dirons avec Victor Hugo, évoquant un rayon de soleil sur notre limon :

« 93 est un triste asticot. Parlons un peu moins de Robespierre et un peu plus de Washington... Nous aurons un jour une République, et quand elle viendra, elle sera bonne... la République proclamée par la France en Europe, ce sera la couronne de nos cheveux blancs. »

La prophétie ne s'est réalisée encore que pour la France : c'était beau d'en avoir la vision en 1832.

21 février 1877.

PÉTRARQUE ET VICTOR HUGO

LIVRE DE M. MÉZIÈRES. — LA NOUVELLE SÉRIE DE LA
LÉGENDE DES SIÈCLES.

I

Montpellier a eu le rare bonheur de posséder dernièrement dans ses murs un rédacteur du *Figaro,* qui rend compte de ses voyages dans l'illustre feuille. M. Henri Chabrillat, avant de séjourner dans notre bonne ville, à laquelle il a consacré ces jours-ci une assez longue lettre, presque tout entière relative au phylloxera, s'était arrêté à Avignon, où la lutte électorale l'avait attiré. Au moment de prendre congé de M. du Demaine, le reporter de M. de Villemessant s'est cru obligé d'aller faire le pèlerinage de rigueur à la fontaine de Vaucluse. Nous ne relèverions pas ses impressions de touriste, si M. Chabrillat (dont le nom rime et sonne si bien en auvergnat), s'était contenté d'exprimer le plus profond dédain pour cette imposante muraille de granit, qui lui a paru mesquine et d'une réputation surfaite. Le rédacteur du *Figaro* s'est donné un petit air de blasé qui convient bien à un écrivain de *high life*. Chateaubriand avait déjà passé par les mêmes sentiers et les avait *débinés* avant lui : c'est un point de plus de commun avec la légitimité, à laquelle se fait honneur d'appartenir M. Henri Chabrillat. Mais Chateaubriand, qui promenait son ennui par toute la terre, n'a jamais admiré que ce qu'il n'a pas vu ; le plus grand *paysagiste* des temps modernes en fait de style, il a inventé des sites qu'aucun voyageur n'a reconnus après lui. Il *découvrait* l'Amérique comme Méry a découvert l'Inde et la Chine, à sa manière.

Pour revenir à M. Chabrillat, nous nous occuperions peu de sa façon de penser et de sentir en présence de la nature, s'il n'avait empiété d'une façon encore plus hérétique sur le terrain littéraire. Ici c'est un manque de respect absolu, qui prouve, hélas ! une incompétence parfaite et qui appelle le pardon, comme ce célèbre martyr de l'intolérance au xv° siècle (Jean Huss ou Savonarole) l'invoquait pour la bonne femme qui apportait un fagot de plus à son bûcher. *Sancta simplicitas !* s'écria-t-il. C'est la seule réponse qui convienne aux lignes suivantes que nous demandons pardon à notre tour de mettre sous les yeux de lecteurs sérieux :

« Voilà cinq siècles qu'un tas de badauds qui n'ont, de leur vie, lu un seul vers du citoyen Pétrarque, s'arrêtent en route, font le pèlerinage de la fontaine et viennent inscrire leur nom et celui de leur douce compagne sur le roc vauclusien. Il y en a des milliers ; aussi loin qu'un bras a pu atteindre, pas une pierre n'est demeurée vierge de cet idiot pinceau noir qui, lourdement, marie les plates amours de Tardiveau et de Moirond avec le souvenir du *vieil imbécile* qui, lui du moins, faisait des sonnets discrets et ne les écrivait pas sur des rochers. »

Pétrarque, un vieil imbécile! La jeunesse ne respecte rien, nous le pensions tout à l'heure; nous ne sommes pas bien sûr que M. Chabrillat soit jeune cependant, mais il fait preuve d'une haute indépendance en matière littéraire. Son bagage historique ne le gêne pas en voyage. On rougit néanmoins, quand on songe qu'un journal français, tiré à un aussi grand nombre que le *Figaro*, imprime de pareilles choses! Certes, les Italiens sont des gens d'esprit; ils n'auraient jamais trouvé celle-là, bien sûr, eux qui donnent les noms de leurs grands hommes aux rues de leurs moindres cités. Défions-nous de l'*offenbachie*, ce dissolvant moderne. C'est elle qui pousse à ces excès de plume et justifie ces ignorances de petits journalistes.

Après cela, nous n'approuvons pas davantage le journal républicain qui traita un jour sans pudeur M. Edmond Scherer, l'illustre critique et philosophe du *Temps*, de *crétin*, parce qu'ils n'étaient pas du même avis sur deux grands poëtes, dont l'un est à l'aurore, l'autre au zénith du ciel romantique, André Chénier et Victor Hugo. — La seule réponse à faire pour M. Scherer, s'il ne l'eût dédaignée, était de réimprimer l'injure dans *le Temps*.

II

Avant d'aborder le grand événement littéraire du jour, qui est la nouvelle série de la *Légende des Siècles,* nous voudrions achever de nous décharger le cœur que l'impertinence du *Figaro* indigne, à propos de Pétrarque. Quelques lignes vengeresses seulement : nous les empruntons à l'excellent livre d'un des professeurs les plus distingués de la Sorbonne, M. Mézières, membre de l'Académie française :

« Le vrai Pétrarque, » dit-il, « n'est pas seulement un faiseur de sonnets et de chansons ; c'est la plus grande figure du xiv° siècle, le représentant des idées politiques les plus hardies qui s'y soient agitées, aussi bien que le restaurateur des Lettres et le chef admiré d'une génération de poëtes, de latinistes, de savants. Tant qu'il a vécu, rien de grand ne s'est fait dans son pays ni même hors de son pays sans qu'il en ait été le confident ou le juge.. »

C'était le Voltaire du temps, l'un de ces hommes qui sont les *leaders* de l'humanité, vers qui tous les rayons convergent et qui rayonnent leur propre lumière sur le monde entier. Écoutez encore comme au seul nom de *patrie* il tressaille; sa véritable Laure est l'Italie; celle des sonnets n'est qu'un incident dans sa vie. Il est l'ami de Rienzi, ce tribun romain qui entreprit un jour de rétablir l'antique République, et de faire de Rome le centre de l'Italie *une*. On voit combien Rienzi et Pétrarque devançaient les siècles :

« Pétrarque, » dit M. Mézières, « le félicite, il l'encourage, il l'exhorte à ne se laisser ni tromper ni intimider ; il conjure les Romains de se grouper autour de lui, il le compare à Romulus et à Brutus, il attend ses réponses en tremblant, il juge ses actes non en spectateur, mais en combattant dont la vie est en jeu, dont la destinée dépend du triomphe et de la chute du tribun. Autour de lui, presque tout le monde se prononce contre Rienzi. Le pape est irrité, les cardinaux ont peur, les Colonna entrevoient la ruine de leur famille. Pétrarque seul défend son ami contre ceux qui l'accusent. Lui qui vit à Avignon, qui porte l'habit ecclésiastique, qui attend sa fortune de la faveur des souverains pontifes ou de la bienveillance des prélats, il n'hésite pas un instant à compromettre toutes ses espérances pour soutenir une cause déjà condamnée.

« Peu lui importent les inimitiés qu'il attire sur sa tête, les préjugés ou les besoins de la cour pontificale. Rome se relève, elle sort de ses ruines et de son long silence ; elle parle enfin au monde attentif.... Tant pis si ce réveil épouvante les princes de l'Église, tant pis si les papes tremblent pour leur héritage !... N'ont-ils pas volontairement abandonné la ville éternelle ?... De quel droit s'étonnent-ils que, sans eux, loin d'eux, leur épouse délaissée se réveille et se donne à qui la console de son veuvage, à qui lui restitue sa gloire et ses honneurs ? Pétrarque avait été peut-être le premier confident de Rienzi ; peut-être le futur tribun lui avait-il révélé tous ses projets, le jour où, pendant son ambassade à Avignon, il l'entraîna sous le portail d'une église et lui annonça de telles choses, que Pétrarque s'était écrié : « Puissé-je les voir de mon vivant ! » Pétrarque fut aussi le dernier à le défendre, le dernier à croire à ses fautes, à accepter sa chute, et, quand il fut tombé, le seul à invoquer en sa faveur la générosité du peuple romain, à placer ce proscrit, ce prisonnier sous la protection de ceux qu'il avait voulu arracher à une oppression séculaire[1]. »

Voilà de la chaleur, de la générosité, de l'élan voltairiens. Un poëte républicain et (mieux qu'un poëte) un penseur en vers et en prose, à la façon de Voltaire, est dans ce solitaire de Vaucluse, qui ne se condamne à la solitude que pour la méditation et le travail. Vaucluse, c'est son Ferney, — son Guernesey. — Rien ne dénote plus un grand esprit que cette *précursion* de l'avenir, cette amnistie anticipée des causes vaincues de la veille, qui triompheront le lendemain ou dans les siècles futurs. « Il faut mourir aux mains de ceux qui auront voix délibérative au chapitre de l'avenir, » a dit quelqu'un de la même famille. La Rome de Garibaldi a déjà donné en partie raison à Pétrarque, et c'est peut-être aussi ce qui lui vaut, par intuition, les injures du *Figaro*. Les contraires se sentent et se haïssent, même à cinq cents ans de distance. Sophocle passerait encore pour un fou parmi les partisans de l'opérette.

III

Quand on a lu la nouvelle série de *la Légende*

---

[1]. *Pétrarque, Étude d'après de nouveaux documents*, par M. A. Mézières, Paris, Didier, un vol. in-8º, 1868.

des Siècles[1], il semble qu'on vient de faire en quelques heures le tour des douze signes du zodiaque. Ceci n'est point une critique, et nous nous rappellerions trop d'ailleurs, pour nous la permettre, la fable du serpent et de la lime. Ce que nous exprimons est une illusion vraie, ressentie surtout après la vision nocturne de Vénus, la belle étoile de ce nom, parcourant les mondes sans fin, dans sa course échevelée, à travers tous les abîmes, côtoyant tous les soleils, rallumant les lunes épuisées, illuminant Uranus, réchauffant Saturne, et remettant du feu dans les astres. Le poëte s'est fait Cosmos ; son inspiration grandiose est devenue toute positive, pour ne pas mentir à son siècle, dans cette belle pièce qui a pour titre : *Là-haut,* et qui n'a rien ou presque rien de métaphysique et de mystique, malgré le sentiment qu'il prête aux étoiles.

Ces deux volumes nous ont fait comprendre les mystères de l'Apocalypse et des mythologies antiques, auxquelles la mythologie moderne vient se joindre en traversant les siècles ténébreux du moyen âge. Toutes les époques, symbolisées par les dieux à l'âge des peuples enfants, sont entrevues et expliquées, à chaque siècle marquant de l'humanité ou du monde mystique ; le poëte, sûr de lui-même, se confond avec l'esprit de tous les temps et s'élève ou s'enfonce dans tous les abîmes

---

1. Deux vol. in-8°, à la librairie Calmann Lévy.

d'en haut ou d'en bas. Le vers est tellement la langue propre de ce puissant interprète de la pensée humaine en présence des plus impénétrables mystères, qu'on est tenté de se demander parfois s'il n'est pas lui-même l'artiste merveilleux, l'architecte incomparable qui forgeait les foudres de Jupiter et bâtissait le palais du soleil. Il tente comme Prométhée de voler leur secret aux dieux ou plutôt aux éléments, et il assouplit la poésie comme un fer chaud, aux plus charmants ou aux plus gigantesques caprices d'une volonté cyclopéenne. Il est lui-même le Titan fait poëte, et il fait rendre aux vers ce mugissement harmonieux et sonore qui est celui de la mer et des grands bois de pins.

Rien n'exprime mieux cette harmonie effrayante et lugubre par intermittences, qui était bien dans la pensée du poëte quand il a composé *la Légende des siècles*, que ces trois vers, tirés de *la Vision d'où est sorti ce livre*:

> Ressemblant à la phrase interrompue et sombre,
> Que l'ouragan, ce bègue errant sur les sommets,
> Recommence toujours sans l'achever jamais ;

ou encore que ce vers:

> L'arbre était sous le vent comme un luth sous l'archet,

dans la pièce intitulée *le Titan*, et où il est si facile de reconnaître le poëte.

Mais où il se reconnaît sûrement et se retrouve tout entier, c'est dans ce burgrave indompté, *Welf, castellan d'Osbor*. Félibres de mon pays, réjouissez-vous, car vous avez trouvé un maître qui est venu habiter parmi vous :

<blockquote>
Je suis roi d'Arle aux verts coteaux,
Et j'ai pour fiefs Orange et Saint-Paul-Trois-Châteaux.
</blockquote>

Le vieux Welf reste insensible aux présents du roi, du pape et de l'empereur, et ne veut pas descendre de sa montagne aride et escarpée, jusqu'à ce qu'il se laisse prendre et garrotter aux piéges de la charité. Le poëte, s'adressant à lui, quand il le voit vaincu, lui crie alors dans une sorte d'Épitaphe sublime, à laquelle on ne saurait se méprendre :

<blockquote>
Tu fus grand, c'est pourquoi l'on t'outrage. Sois triste,
Et pardonne. La foule ingrate et vaine existe,
Elle livre quiconque est par le sort livré,
Et raille d'autant plus qu'elle a plus admiré.
Que ton souvenir reste à la sombre vallée,
Qu'on entende pleurer la source inconsolée,
Que l'humble oiseau t'appelle et te mêle à son chant,
Et que le grand œil bleu des biches te cherchant
Se mouille, et soit rempli de lueurs effarées.
Si la mer prononçait des noms dans ses marées,
O vieillard, ce serait des noms comme le tien.
Tu fus l'ami, l'appui, le tuteur, le soutien,
En haut, de l'arbre immense, en bas, du frêle arbuste ;
Un jour les voyageurs sur ton rocher robuste
Monteront, et, penchés, tâcheront de te voir,
Vaincu superbe, au fond du précipice noir,
</blockquote>

> Et leurs yeux chercheront ton fantôme sublime
> Sous l'entre-croisement des branches dans l'abîme.

On n'entre pas, on le pense bien, dans une telle lecture sans préparation, et l'on reste tout d'abord un peu étonné sur le seuil. Nous ne sommes pas tous les jours habitué à coudoyer des montagnes et à nous mesurer avec l'univers à chaque pas. Tout lecteur profane est un peu en présence de ces hauteurs vertigineuses comme ce Parisien jeté en face d'une nature gigantesque qui ne lui dit rien tout d'abord ou lui fait l'effet du chaos. Tel le paysage de la fontaine de Vaucluse, dont nous parlions tout à l'heure. Il faut qu'on s'habitue au spectacle avant d'en comprendre la portée. Les monuments de Nimes et d'Arles ne parlent pas non plus aux yeux qui en ignorent la valeur; il y faut une certaine éducation préparatoire, qui prédispose à l'admiration. Nous croyons qu'il en est ainsi de tout ce qui nous arrache à nos coutumes journalières et pédestres. La crainte de tomber des nues fait surtout que nous n'aimons pas à y suivre le poëte. Nous avons tant d'intérêts qui nous retiennent à terre! Craignons plutôt à un moment de ne pouvoir plus nous élever et de trop descendre.

> Nous sommes un pays désemparé qui flotte,
> Sans boussole, sans mâts, sans ancre, sans pilote....

Et c'est pour cela que nous nous raccrochons à

la poésie comme à une épave de notre naufrage, quand nous la trouvons sur notre chemin grande et belle, nonobstant les aspérités qui sont la marque de ce génie, comme le limon qui roule avec les blocs qui s'entrechoquent et se pulvérisent dans son parcours tumultueux sont les marques d'un fleuve grand et fertile.

Nous n'avons rendu qu'imparfaitement l'impression que nous causent toutes ces époques célestes et terrestres, ces combats de dieux et de héros. Une conversation sublime et mystique suit de près la bataille dans le cimetière d'Eylau (où le poëte immortalise le souvenir d'un oncle), et termine ce livre. C'est un hymne étrange dans lequel on entend tour à tour l'Homme, la Terre, Saturne, le Soleil, Sirius, Aldebaran, Arcturus, la Comète, Septentrion « le chandelier à sept branches du pôle », le Zodiaque, la Voie lactée « splendide forêt des constellations », les Nébuleuses, l'Infini, Dieu enfin. Il a le dernier mot du livre. C'est la religion du poëte. Nous n'aurions garde d'y contredire, du moment que la politique est étrangère à l'affaire et qu'il n'est pas question ici d'une religion d'État.

Nous nous apercevons, en nous relisant, que nous n'avons pas nommé une seule fois le poëte. C'est la meilleure marque de déférence et de respect que nous ayons pu lui donner et qui s'est produite ici bien inconsciemment. Nous ne sommes pas familiarisé avec Olympio, ayant toujours vécu à mi-côte, dans des régions de beaucoup inférieures, mais plus sereines et plus pacifiques. On n'a pas toujours un aigle pour vous transporter au plus haut des cieux, et l'on n'irait pas habituellement de soi-même sans cette aile protectrice et toute-puissante qui vous y enlève, comme le passereau de la fable. On est tout étonné ensuite d'avoir pu envisager en face et de si près l'Abîme.

6 mars 1877.

M. LE PLAY

LES OUVRIERS EUROPÉENS[1]. — LA POLYGAMIE EN ORIENT
ET CHEZ LES JUIFS D'ALGÉRIE; ETC.

I

Nous abordons un sujet plein de difficultés, non que le livre de M. Le Play ne soit excessivement clair et méthodique, mais il est armé d'une science exacte et précise qui nous fait malheureusement défaut. Nous ne pouvons donc que suivre pas à pas notre excellent guide à la recherche des solutions les plus importantes du monde moderne, et que rien ne prime. La littérature et la science elle-même ne sont rien, quand elles ne s'intéressent pas au *comment* de l'humanité. Le mot est de Diderot, comme on sait, et c'est un des signes précurseurs de la Révolution française que d'avoir mis un jour le *comment* avant le *pourquoi*. La science positive d'Auguste Comte s'est trouvée fondée dans cette indifférence pour la recherche des causes qui,

---

1. Un vol. in-8, chez Dentu, au Palais-Royal.

sans les nier, les met à un rang tellement secondaire, qu'elles sont comme si elles n'existaient pas.

Proudhon écrivait un jour : « Je ne fais pas de l'érudition, mais j'étudie des problèmes sociaux de mon temps et pour l'utilité du plus grand nombre... » Si ce n'est pas le texte exact, c'est l'esprit d'une de ses lettres que nous avons retenu. Je ne sais pourquoi, moi profane et complétement étranger à ces matières qui constituent la science par excellence de nos jours, je me permets de trouver du rapport entre un écrivain éminemment conservateur tel que M. Le Play et ces *lettrés* qui « visent à renverser l'ordre traditionnel des sociétés[1]. » Il me semble que M. Le Play, en se proposant comme il le fait, dès les premières lignes de son livre, la « possession du bien-être, » imite un peu ceux qu'il réfute, sauf qu'il vise au même but par d'autres voies et moyens. Mais l'auteur de ces admirables tableaux de statistique, qui font revivre pour nous dans ce volume les populations ouvrières des confins de la Sibérie, a beau se défendre de participation révolutionnaire à notre Occident et à notre monde moderne, — il a beau renier dans son Introduction et dans son Épilogue (comme le ferait un partisan tout à fait déclaré de l'ancien régime) la grande date de 1789, — il en reste frappé malgré lui dans ses préoccupations sociales du monde présent.

---

1. Page XXXI de son Introduction.

II.

Et d'abord, n'est-ce pas à son esprit éclairé, encyclopédique et méthodique tout à la fois, que l'on a dû l'organisation de l'Exposition universelle de 1867 ? M. Le Play affecte dans son livre d'assigner certaines dates légendaires ou fabuleuses à la désorganisation des sociétés les plus anciennes, dont il a observé les débris dans les soixante mille lieues qu'il a parcourues en Orient et en Europe. Il parle quelque part de la chute de Babel, et il en conclut au « néant de certaines cultures intellectuelles[1]. » Le mot de Babel nous rappelle malgré nous, comme une contradiction flagrante, cette ruche immense, ce dédale dans lequel, contrairement à ceux de l'Antiquité mythologique ou biblique, on pouvait lire comme à livre ouvert, et retrouver, à l'aide de l'esprit de classification qui en a été l'âme, les produits les plus variés de tous les points du globe où le travail humain est en honneur. L'Exposition universelle de 1867 a été la meilleure œuvre de M. Le Play ; il y a trouvé la pleine application de son esprit pratique ; « il y a fait preuve, à la face du monde, comme on l'a écrit

---

1. Introduction, p. XXVI.

depuis, d'un génie tout moderne (ajouterons-nous) qui a su embrasser, diviser et distribuer en la coordonnant toute l'œuvre de la civilisation. »

Que deviennent en face des faits les théories et les systèmes ?

III

Comme certains esprits qui ont trop vécu dans le passé ou dans un monde étranger au nôtre, l'éminent auteur des *Ouvriers européens* a peut-être gardé, plus qu'il ne pense, la nostalgie des pays qu'il a habités pendant si longtemps; il a été frappé à sa manière de la poésie des lieux, et ses regrets s'expriment d'une façon tout à fait appropriée à ses aptitudes scientifiques. Écrivain, métallurgiste et savant, il a longtemps exploré les mines des monts Ourals, il a vécu de la vie patriarcale de ces contrées. Il y voit des conditions de bonheur inconnues à notre Occident, trop accidenté et bouleversé par un état de révolution en permanence, et il s'ingénie à nous présenter ces populations paisibles et pastorales des extrémités de l'Europe comme des modèles d'une vie heureuse et parfaitement calme. C'est un retour vers l'âge d'or qu'il est intéressant d'étudier sur nature, mais qu'il nous paraît bien difficile de mettre en pratique.

Nous pourrions ainsi nommer plus d'un historien, homme de conscience et de talent, en qui l'esprit du passé combat aussi l'esprit moderne, qui voudrait les combiner tous les deux, mais dont la haute raison admet, comme celle de M. Le Play, l'esprit de discussion et de tolérance. C'est l'inconvénient de ces fortes et absorbantes cultures prises à doses continues, dont M. Le Play a proclamé, comme nous l'avons dit, le néant : quand on a trop vécu dans un milieu intellectuel qui vous a été sympathique et favorable, on le voit partout par la suite ; on voudrait l'approprier aux besoins présents et nouveaux de circonstances qui n'y sont plus propres, et en dépit même des changements sans retour qui se sont opérés. — On ne se sépare pas ainsi volontiers, à chaque changement de port, du viatique qu'on s'est assimilé pendant de longues années ; on le porte avec soi à travers les cataclysmes et les révolutions ; il vous revient sans cesse, même quand on croit avoir du nouveau et de l'étonnant à présenter ; on est toujours tenté de l'appliquer à ce qui se passe.

IV

L'utopie de M. Le Play et un peu aussi sa panacée universelle est l'Orient. Nous en retenons naturellement ce qui est le plus conforme à nos vues :

« Il est une coutume sur laquelle s'accordent en Orient les

chrétiens et les musulmans : c'est que les populations ouvrières ne doivent jamais payer un loyer pour leur maison. Dans l'opinion commune, le pauvre doit jouir gratuitement du lieu qu'il habite, comme de l'air qu'il respire. »

Il faut bien rire un peu. Ceci nous rappelle un mot très-spirituel de Charles Monselet pendant la Commune. Nous le rencontrâmes un matin au Palais-Royal, dont les boutiques étaient fermées ; on sentait partout l'abandon et le désert. Il était à peu près l'heure du déjeuner. Monselet marchait souriant, gardant toute sa philosophie au milieu de ces événements graves ; il avait même son ruban rouge à la boutonnière : « Eh bien ! » nous dit-il, « la Commune vient d'abolir les loyers, et nous ne céderons pas un pouce de notre territoire, pas une pierre de nos forteresses. »

Mais M. Le Play ne base pas seulement l'extinction du paupérisme sur l'abolition des propriétaires et des portiers. Il y faut encore, comme première condition, la crainte de Dieu, la soumission aux dix commandements du Décalogue qui est professée naïvement dans le désert par ces pasteurs nomades, si voisins du temps d'Abraham et du berceau présumé du monde, qui a eu bien d'autres berceaux (car l'homme est né probablement en plus d'un endroit), et enfin, comme conséquence de ces mœurs antiques et pastorales, observées encore en 1855, l'institution universelle de la famille *patriarcale*.

V

Une des principales conditions de paix et de tranquillité chez ces peuples nomades est la jouissance gratuite du terrain et de ses produits dans les steppes qu'on leur abandonne. Ces steppes qui constituent la majeure partie de la Russie méridionale, de l'Asie orientale et de l'Asie centrale, sont encore plus considérables et mieux situées que celles de l'Afrique et même que les fameuses prairies de l'Amérique du Nord. Un jeune ménage doté par ses parents de tentes, de chariots et d'un troupeau est toujours assuré de trouver sur l'une de ces steppes inoccupées tous les moyens de subsistance. Le déménagement est bientôt fait. Quand l'herbe, commence à manquer, on va planter la tente ailleurs. L'habitation n'est elle-même quelquefois qu'un chariot, couvert d'un feutre. Telle *la Maison du Berger*, dédiée à Eva, dans Alfred de Vigny. C'est un véhicule plus poétique que commode. Un vers du poëte s'applique parfaitement aux steppes, quand il décrit d'avance les *joies* du voyage, assis au seuil de la maison roulante :

Les longs pays muets longuement s'étendront.

M. Le Play donne de ces steppes une description imagée, qui fait pâlir toute comparaison avec la Camargue et nos maigres *garrigues* :

« Les cours d'eau y sont rares, presque toujours encaissés au fond de ravins étroits ; le sol et le climat ne comportent guère la croissance des arbres ; ces régions sont exposées sans défense aux agents météorologiques et sont difficilement habitables durant les sécheresses de l'été et les froids de l'hiver. Les nomades qui les parcourent incessamment doivent donc momentanément se retirer dans quelques districts mieux abrités que les autres, et surtout près des montagnes qui y confinent çà et là. En revanche, il s'y développe au printemps une luxuriante végétation de plantes herbacées appartenant aux genres *poa, phleum, bromus, stipa, holcus, festuca, avena, veronica, salvia, lepidium, trifolium, melilotus, medicago, vicia, ervum, astragalus,* etc. Au mois de juin, lorsque le vent agite ces grandes herbes, où les chevaux, les bœufs, les chameaux eux-mêmes sont à demi plongés, la steppe ressemble à un océan de fleurs et de verdure. Cette comparaison, qui se trouve depuis des siècles dans la poésie de ces peuples, se présente tout d'abord à la pensée du voyageur. La vue des steppes asiatiques en cette saison est un des plus grands spectacles naturels dont il soit donné à l'homme de jouir. »

VI

M. Le Play donne ensuite le tableau de plusieurs familles qui vivent ainsi patriarcalement dans les *steppes*. C'est ce qu'il nomme des *monographies* et ce qu'il est le plus curieux d'étudier dans son livre. On y surprend, comme il l'a fait lui-même, la vie sur place ; il relève avec soin

chaque détail qui peut le mieux exprimer l'idée
d'un peuple ou d'une tribu ; il y apporte la même
précision qu'un interne des hôpitaux qui inscrit
les moindres phases d'un cas de pathologie confié
à sa garde. C'est ce que M. Le Play a appelé
photographier des types d'ouvriers et de familles ; et c'est en cela que son livre est indispensable à tous ceux qui s'occupent des questions sociales. Il commence par la description
exacte ; ses théories, qu'on les accepte ou non,
sont basées sur des faits. On est forcé de conclure avec lui que les pasteurs du désert et les
peuples nomades sont plus heureux que les habitants des villes.

On peut admettre encore qu'un peuple convaincu du Décalogue et qui l'observe strictement
à la lettre lui doit en partie ce bonheur. Le Décalogue, certes, ne donne que de sages conseils ;
mais comment est-il si impuissant dans notre
Occident, où il n'est pourtant pas inconnu ? Recommandez donc à M. de Bismarck d'observer
les septième et huitième commandements ? Commençons par les pratiquer nous-mêmes quand
nous serons de nouveau les plus forts, afin de ne
pas donner l'exemple et le prétexte aux autres
de les violer une autre fois..

Un voyage en Orient, chez ces peuples restés
primitifs, explique vraiment certaines paroles de
l'Évangile et particulièrement celles qui recommandent de ne songer d'avance ni aux vêtements

ni à la nourriture. La terre et le climat y pourvoient chez ces peuples encore enfants.

VII

Ce qu'on comprend mieux aussi, c'est la polygamie, à laquelle M. Le Play consacre un long chapitre de haute et sévère moralité, qui explique plutôt qu'il ne condamne la Loi du prophète sur ce point. Chez les nations frivoles et corrompues on est porté à juger légèrement ce qui se traite sérieusement ailleurs. C'est comme le divorce, qui est l'indice d'une moralité certaine et réfléchie parmi les nations protestantes. Chez les Orientaux, un chef de famille prend plusieurs femmes, parce qu'il en a besoin pour les travaux de son ménage.

« La domesticité féminine étant inconnue chez les paysans, les femmes ne peuvent avoir pour aides que des esclaves ou des parentes vivant dans la même communauté.... Les parentes peuvent faire défaut ; plus souvent encore l'occasion manque pour acheter des femmes esclaves. Celles-ci, d'ailleurs, deviennent le plus souvent concubines du chef de la famille où elles sont introduites, et rivales de la première femme, qui n'a ainsi aucune raison de les préférer à d'autres femmes légitimes. On conçoit que, dans ces circonstances, une femme conseille son mari de contracter un nouveau mariage, surtout si on réfléchit que déjà elle commence à vieillir et qu'elle est absorbée par les devoirs de la maternité. Du reste, les cas où une seule femme ne peut suffire aux travaux du ménage sont assez rares ; ils ne se présentent guère que chez les paysans les plus riches, qui tiennent à honneur de recevoir beaucoup d'étrangers comme hôtes de leur maison. A ce point de vue, on peut dire que, si la polygamie suppose toujours la richesse, il arrive aussi chez les paysans que la richesse entraîne presque nécessairement la polygamie. »

C'est le cas de cette famille de Bousrah (un village sur la lisière même du grand désert de Syrie) que cite M. Le Play. Cette famille, véritablement patriarcale, avec tous les devoirs et les charges qu'entraînent les conditions de cette qualité en Orient, se compose de trente-deux personnes, dont la nomenclature est donnée tout au long (page 310). Le Cheikh Mohammed, chef de la famille, a trois femmes dont la seconde, Ouatha Bente Kmedad, est dite *femme de fantaisie*. Voici l'explication que donne M. Le Play de ces trois mariages :

« Le Cheikh Mohammed s'est marié pour la première fois à dix-sept ans, avec une femme du même âge, dont il a eu sept enfants ; il n'occupait pas alors la première place dans la communauté, son père d'abord, puis son frère aîné Daoud, ayant été avant lui Cheikhs du village et chefs de la famille. Quand Mohammed fut substitué à son frère en cette double qualité, sa femme Sarah devint par cela même maîtresse de la maison ; les jeunes frères de son mari n'étant pas encore mariés, elle resta seule avec l'esclave Bahérié pour pourvoir aux travaux de ménage, dont elle partageait auparavant la charge avec ses deux belles-sœurs, femmes de Daoud. Sa tâche se trouva ainsi tellement accrue qu'elle ne pouvait l'accomplir et donner en même temps à ses jeunes enfants les soins dont ils avaient besoin ; elle demanda alors à son mari de lui donner une compagne pour l'aider dans ses travaux, et ce fut pour répondre à cette invitation que Mohammed épousa Ouatha, sa seconde femme. Il demeura ensuite pendant plusieurs années sans songer à un nouveau mariage ; mais, il y a deux ans, à la suite d'une querelle des habitants de Bousrah avec une tribu de Bédouins, il se décida, pour sceller la réconciliation, à épouser une des filles du Cheikh de cette tribu, Salkah la Bédouine. Cette dernière alliance a donc été évidemment contractée dans un but politique ; tout porte même à croire que, sans les circonstances qui l'ont amenée, Mohammed se serait contenté de ses deux premières femmes, car il parle avec un certain regret des dépenses qu'il a fallu faire pour ces mariages successifs. »

VIII

Il faut bien, du reste, que la polygamie soit dans les mœurs et la Loi de Mahomet, puisque rien n'a pu encore l'extirper non-seulement des Musulmans, mais même des Juifs indigènes, soumis à la loi française en Algérie par un décret promulgué par le gouvernement de la Défense nationale à Tours, le 24 octobre 1870. Un de ces Juifs, si l'on s'en souvient, nommé Sasportès, passait, en 1875, devant la cour d'assises d'Oran, pour avoir contracté un second mariage, sa première femme étant encore vivante.

« Notre loi (la loi mosaïque), » dit l'accusé devant le tribunal, « autorise la polygamie, et c'est la violer que de ne pas prendre une seconde femme quand, après dix ans de mariage, la première ne vous a pas donné d'héritier.... La loi française, » ajoutait-il en réponse à une observation de l'accusation, « ne peut pas changer ma loi religieuse. Je soutiens qu'on n'est pas un bon israélite quand on ne pratique pas tous les préceptes de notre loi. »

Je cite les paroles mêmes empruntées à un compte rendu des tribunaux du temps. Allez donc extirper de telles racines du cerveau d'un vieil enfant du désert!

Le jury admit que le législateur peut accorder la naturalisation, mais qu'il ne saurait l'imposer, surtout à des individus obéissant à une loi religieuse en dissidence avec le nouveau statut.

En conséquence, le juif Sasportès fut acquitté.

27 mars 1877.

LE COMTE DE CAVOUR

PAR M. CHARLES DE MAZADE [1].

I

De tous les griefs accumulés contre l'empire, il en est deux que nous n'épousons pas, et sur lesquels d'ailleurs l'opinion avancée est bien divisée. Il s'agit de la guerre de Crimée et de la guerre d'Italie. Notre sentiment là-dessus est celui du peuple : c'était celui de Barbès encore en prison au moment de l'expédition de Crimée, et qui disait en parlant de Napoléon III : « Ce b....-là nous prend tout notre programme. » C'était un peu la faute des républicains de 1848, et l'empire, qui se jouait à merveille à l'intérieur des principes de 89, profitait habilement à l'extérieur des fautes commises en s'appuyant sur la radiation des traités de 1815.

Nous esquissons un tableau de l'opinion de l'époque que nous avons parfaitement présente, et dont nous retrouvons le témoignage dans l'ex-

[1]. Un volume in-8º, chez Plon.

cellent livre qui a servi de sujet à cette chronique. Il y avait, dans l'opposition, des partisans de la Sainte-Alliance en pure haine du 2 Décembre ; ce parti renfermait tout ce que l'empire avait fait de mécontents, des doctrinaires et des libéraux de parade et de tous les bords réactionnaires et rétrogrades par essence, dont les représentants illustres se sont montrés de nos jours les plus acharnés ennemis de la République, quand une révolution, dont ils ont profité les premiers, les a ramenés au pouvoir.

En nous reportant aujourd'hui froidement aux temps dont nous parlons, c'est-à-dire à 1854 et à 1859, il nous est impossible de partager ces haines et ces colères, épousées pourtant un moment par quelques républicains, et contre lesquelles protesta Barbès dans une belle lettre qui lui valut ce qu'il ne demandait pas, — sa grâce.

Bouder la Patrie, à cause du porte-drapeau, dans les luttes où elle verse son sang, c'est faire preuve de sophiste encore plus que de bon citoyen. De telles aberrations menaient un jour le général Lamoricière à échanger une carrière glorieuse (nonobstant quelques peccadilles bien *romaines* toutefois) contre une brigade de soldats du pape.

Les bonapartistes n'ont pas agi autrement, du reste, quand ils ont, pendant l'invasion dernière, enrayé le mouvement patriotique par des capitulations successives, montrant ainsi qu'ils mettaient le salut du régime bien au-dessus de celui du pays. C'est contre de tels sentiments que nous nous élevons, en disant que nous, dont le vote n'avait contribué en rien à la guerre fatale de 1870, nous aurions payé encore de quelques années d'empire le maintien intégral du territoire national, au risque même des persécutions que le moindre triomphe militaire aurait pu attirer sur la tête des républicains.

Il nous semble qu'en pensant ainsi, nous sommes dans une ligne de saine politique, celle du moins que nous tenons de l'enseignement de nos pères et qui ne remonte pas au delà de la Révolution. Nous nous sentons patriote et même un peu jacobin, si l'on veut. Nous mettons le salut et l'honneur de la patrie avant toute autre considération.

II

Nous entendons aujourd'hui prêcher le désintéressement de la France dans la question d'Orient; nous déplorons que la France puisse avoir d'elle-même cette opinion qu'elle se croie désintéressée dans des événements aussi graves. Elle sera entraînée comme les autres dans le tourbillon. Une mappemonde ne tourne pas sans que tous les points qui la composent tournent à la fois. Qu'on agisse diplomatiquement, si l'on ne se suppose, pas en mesure d'agir autrement, mais qu'on ne se croie pas étranger à une question qui intéresse à un si haut degré toute l'Europe. On le verra bien, ou plutôt n'attendons pas que trois ou quatre vautours se partagent notre continent. L'existence de la Turquie est nécessaire pour arrêter les prétentions de la Russie. Nous le disons, parce que c'est notre conviction, au risque de nous faire de grands ennemis parmi nos propres amis qui ne pensent pas comme nous.

On a récriminé, il y a vingt-trois ans, contre la guerre de Crimée, et puis, quelques années plus tard, contre celle d'Italie ; ce sont à nos yeux les deux seules guerres légitimes de l'empire, et il ne pouvait les éviter. La première a traîné en longueur ; on a coupé court subitement à la seconde, au lendemain d'une victoire des plus sanglantés ; mais il était indispensable, dans le moment même, que ces deux guerres se fissent. Il fallait à tout prix en finir avec les empiètements de la Russie qui débordent encore et menacent la liberté européenne.

III

Nous n'ignorons pas que les conditions de la politique extérieure de l'équilibre européen — comme on dit — ne sont plus aujourd'hui, pour la France, ce qu'elles étaient en 1869. L'empire lui-même lui a fait perdre tous les bénéfices et le prestige de cette guerre libératrice en Italie, par cette néfaste et impolitique journée de Mentana. Cette seconde violation du territoire italien, au profit du pape et pour soutenir une vieille masure qui ne demandait qu'à crouler, nous a aliéné une nation qui a le sentiment de son existence propre et d'une vitalité bouillonnante. Nous avions tout fait pour les lui rendre, il fallait quand même la conserver notre alliée.

Qui dit *alliés* implique cette association dans laquelle chacun apporte sa part de cotisation et d'intérêts réciproques ; mais la solidarité ne saurait aller jusqu'à rendre ces liens indissolubles, le jour où l'un des deux intéressés tend à se précipiter de gaîté de cœur dans un gouffre.

Le parti clérical a beaucoup exploité le mot d'*ingratitude* contre l'Italie ; il est toujours prêt à compromettre la France dans ses alarmes ; il profite du moindre prétexte pour pousser des cris d'aigle : ces jours derniers encore, on l'a vu tout ému par une récente allocution du pape, et il a fallu que M. Decazes posât du baume sur ces saintes plaies.

La reconnaissance et le sentiment n'ont que faire en politique comme dans tous les intérêts privés ou publics de ce monde, quand ils ne sont pas basés sur un inébranlable bon sens. M. de Cavour avait cédé, comme gage et rançon d'amitié, la Savoie et Nice, — et nous ne voudrions pas les perdre aujourd'hui ; nous ne faisons pas fi de la grandeur *matérielle* d'une nation, et nous croyons que l'étendue du territoire contribue à son hygiène et à sa grandeur morale en présence des nations rivales. Nous ne sommes pas de ceux qui disent, en regardant la nouvelle carte de France : « Bah ! elle est encore assez grande. » Nous tenons à Nice, à la Savoie, comme à la Corse et à nos colonies. C'est plus qu'antipatriotique, c'est insensé de penser autrement, et nous savons que ces rêves hantent certains cerveaux, dans lesquels, si on grattait bien, on trouverait, peut-être à leur insu, un premier fond de rouille monarchique et cléricale.

IV

Le grand ministre, qui avait refait l'Italie, de concert avec la France, déchaîna sur lui une tempête de malédictions, le jour où l'abandon des deux provinces fut un fait accompli. Garibaldi ne le lui pardonna jamais ; Rattazzi l'assaillit en plein parlement. Le ministre avait, dans sa sage politique, et ne pouvant pas faire autrement, cédé deux diamants pour conserver la couronne entière, c'est-à-dire la délivrance de l'Italie. Le roi avait dit avec finesse, non sans un serrement secret, comme toutes les fois qu'on fait un grand sacrifice, rendu obligatoire : « qu'après avoir donné la fille (la princesse Clotilde), on pouvait donner le berceau (la Savoie) ». — Cette politique valait mieux et était plus sincère assurément que les ruses et atermoiements du duc de Savoie, Victor-Amédée, qui irritaient tant Louis XIV : — le moucheron piquant et déconcertant le lion, comme on l'a dit.

C'était à l'empire à tenir bon par la suite dans sa politique, et à n'en avoir pas une double, en présence des vœux et des tendances de l'Italie.

« *Les nations, les unes à l'égard des autres, n'ont d'autre règle que leur intérêt bien entendu.* » — N'en est-il pas de même, dans la vie pratique, dans toutes les relations où les intérêts sont en jeu ? On ne peut exiger d'aucun ami, associé ou allié, qu'il serve une cause mauvaise, qu'il croit contraire à ses intérêts. Le dévouement en amitié est sublime, mais quand il n'engage qu'un individu. De peuple à peuple, on n'a jamais vu le sacrifice aller jusque-là. Nous avions émancipé l'Italie, c'était à nous à nous tenir envers elle à la hauteur des circonstances.

Quant au reproche d'avoir créé, de nos propres mains, cette puissance rivale, il faut se demander si le génie de Cavour n'aurait pas fini par triompher des difficultés, même sans le secours de la France, et si la France n'aurait pas plus perdu que gagné à laisser l'Italie du Nord chercher un appui ailleurs ! — Qu'on ne l'oublie pas, la politique de la France en ces années fut couronnée d'un succès flatteur pour le pays, le jour où on la fit l'arbitre des destinées de la Vénétie. Mais le chef de l'État s'endormit sur ce triomphe, que la paix de Villafranca n'aurait jamais fait prévoir.

Ceux qui traitent encore la guerre d'Italie d'entreprise chevaleresque et de folle aventure, ne se sont jamais posé cette question : que serait-il advenu, dans le cas où Cavour, désespérant de rallier la France à sa cause, y aurait gagné une autre puissance ? Y aurait-il eu grand avantage pour nous ? Nous y perdions tout d'abord notre prépondérance en Europe ; nous cessions d'être l'arbitre des nations.

Il est impossible de supposer que le génie persévérant de Cavour fût resté inactif devant un refus de la France ; c'eût été une difficulté de plus pour lui, mais il aurait tout mis en œuvre pour la surmonter ; et, en définitive, il se serait adressé ailleurs. A qui ? Aux ennemis naturels de l'Autriche ; aux plus fins et aux plus politiques ; à ceux qui auraient le mieux compris le parti à tirer de la situation. Mais le rôle de la France était tout tracé, elle était toujours à cette époque la première puissance politique de l'Europe : elle venait encore de le prouver en Crimée ; il y avait eu déjà une alliance contractée avec le Piémont dans cette première guerre, où Cavour avait engagé quinze mille hommes, tout ce qu'il pouvait faire, « un bijou d'armée », suivant l'expression du maréchal Bosquet.

C'avait été un des actes les plus habiles de sa part, de mêler le sang du Piémont à celui de la France et de l'Angleterre dans cette entreprise contre la Russie, et comme toujours, dans les luttes parlementaires, le grand politique avait failli ne pas être compris. Fort heureusement son ascendant auquel on s'accoutumait l'emporta, sauf à encourir plus tard des reproches qui le remplissaient d'angoisses pendant les lenteurs de cette longue guerre.

« Un jour, vers l'automne de 1850, » raconte M. Charles de Mazade, « à la veille d'entrer pour la première fois au pouvoir comme simple ministre du commerce, Cavour visitait les provinces du Piémont et il s'arrêtait à Stresa, aux bords du lac Majeur, dans la maison du philosophe Rosmini, où il se rencontrait avec Manzoni. Ces esprits supérieurs s'entretenaient des destinées de l'Italie, regardant fixement, du haut de la villa Bolongaro, la rive opposée, qui restait pour le moment, qui semblait devoir rester pour longtemps autrichienne. Manzoni, dans l'ingénuité de son âme, ne cessait d'espérer ; Rosmini souriait tristement des illusions du poëte. Cavour se frottait les mains, — c'était déjà un de ses gestes familiers, — et il répétait avec une vivacité persuasive : « Nous ferons quelque chose. »

Il se le promettait dès ce temps-là ; c'était une vocation chez un homme de sa trempe, d'une volonté ferme et pondérée par un bon sens des plus remarquables qui se soit jamais trouvé dans une tête humaine. Il était bien difficile que l'unité de l'Italie ne se fît pas sous son impulsion.

L'Allemagne, qui allait prendre tant de prépondérance, sous une impulsion analogue, aurait aidé l'Italie tôt ou tard à accomplir l'œuvre commune contre l'Autriche. L'honneur de la France, en dépit d'une politique routinière qu'on nous vante encore et qu'on essaie de ressusciter, était de prendre les devants, mais aussi de les garder par la suite. Il fallait sans cesse rester à l'avant-garde et sur le qui-vive.

V

Sait-on quels adversaires la guerre d'Italie avait en France? Les lettres de Cavour, que cite M. de Mazade, vont nous les faire connaître. Il y avait alors à la Celle-Saint-Cloud un salon d'opposition, tenu par une femme des plus aimables et des plus spirituelles, la comtesse de Circourt, que tous ses amis, même ceux que des raisons politiques tenaient éloignés de son salon, ont vivement regrettée à sa mort. — J'ai en ce moment sous les yeux un buste de Bonstetten, légué par elle à l'un de ces derniers, dont elle prisait très-haut l'esprit et le talent. — Le comte de Cavour écrivait souvent à la comtesse de Circourt; M. de Mazade cite de lui, entre autres, cette belle lettre, datée de 1854 :

« Les événements ont amené le Piémont à prendre une position nette et décidée en Italie. Cette position n'est pas sans dangers, je le sais, et je sens tout le poids de la responsabilité que cela fait peser sur moi; mais elle nous était imposée par l'honneur et le devoir. Puisque la Providence a voulu que, seul en Italie, le Piémont fût libre et indépendant, le Piémont doit se servir de sa liberté et de son indépendance pour plaider devant l'Europe la cause de la malheureuse péninsule. Nous ne reculons pas devant cette tâche périlleuse; le roi, le pays, sont décidés à l'accomplir jusqu'au bout. *Vos amis les doctrinaires et les libéraux, qui pleurent la perte de la liberté en France après avoir aidé à l'étouffer en Italie*, trouveront peut-être notre politique absurde et romanesque. Je me résigne à leurs censures, certain que les cœurs généreux comme le vôtre sympathiseront avec nos efforts pour rappeler à la vie une nation renfermée depuis des siècles dans un affreux tombeau. Si je succombe, vous ne me refuserez pas un asile au milieu des *vaincus* éminents qui viennent se grouper autour de vous.... Recevez cet épanchement comme l'aveu que toute ma vie est consacrée à une œuvre unique : l'émancipation de ma patrie.... »

Dans une autre lettre, datée de Paris cette fois, en 1855, il écrivait :

« J'ai vu Thiers, il approuve la guerre, mais il voudrait maintenant la paix. Il désespère de son parti et presque du régime parlementaire. Cousin s'est fait fusionniste.... Je me suis trouvé avec Montalembert, et, malgré le peu de sympathie réciproque, nous nous sommes serré la main. J'ai vu aussi le nonce, à qui j'ai dit que nous désirions un accord sur la base du système français; il a fait semblant de ne pas comprendre.... »

C'étaient-là ces *doctrinaires* et ces *libéraux* dont Cavour parlait l'année précédente à Mme de Circourt. Ajoutons-y l'un des plus spirituels et peut-être aussi le plus sceptique, M. de Rémusat, pour faire plaisir à M. de Mazade, qui lance quelque part, dans ce volume, sa pierre à M. Barodet, à propos d'une élection dans laquelle avait échoué Cavour en 1849. Rémusat n'est pas Cavour, il n'a jamais cherché à *entraîner* la France, et à sa voix ne s'est jamais levée une légion. « M. Thiers approuve la guerre, mais il voudrait la paix... » Se tire de ce dilemme qui pourra. C'est bien là de la politique de *petit bourgeois*. Cavour, qui avait autant d'esprit que Thiers et plus de chaleur, le rendit un jour à Rothschild, qui était allé le voir pour le sonder, pendant son nouveau voyage à Paris en mars 1859.

« Le tout-puissant banquier, fort opposé à la guerre, » dit M. de Mazade, « intéressé à savoir où en étaient les choses, se montrait pressant. « Eh! eh! répliquait Cavour, il y a beaucoup de chances pour la paix, il y a beaucoup de chances pour la guerre.... »

C'est ainsi que les Normands disent qu'il y aura des pommes et qu'il n'y aura pas de pommes. Mais le baron James de Rothschild eut sa revanche.

« — Toujours drôle, monsieur le comte! répondit-il. — Tenez, monsieur le baron, reprit Cavour, je vais vous faire une proposition : achetons ensemble des fonds, jouons à la hausse, je donnerai ma démission, il y aura une hausse de trois francs. — Vous êtes trop modeste, monsieur le comte, vous valez bien six francs. »

Certes, c'était là jouer fin et gaîment entre gens d'affaires et d'esprit.

·VI·

Il a été tout à l'heure question du nonce dans la lettre de Cavour. Ce même nonce disait à l'empereur, à la suite de l'attentat d'Orsini, en 1858, que c'était là « le fruit des passions révolutionnaires fomentées par le comte de Cavour ».

Or, le premier mot de Cavour, en apprenant l'attentat, avait été celui-ci : « Pourvu que ce ne soient pas des Italiens! » C'étaient des Italiens! et ce n'était pas leur premier attentat : on se souvient du comte Piorri, qui avait déjà tiré une première fois sur l'empereur. Nous ne le regrettons pas pour la France, mais ce furent les républicains français qui payèrent encore une fois par de nouvelles lois d'exception, des arrestations, des condamnations, des déportations, etc. Nous n'avons pas oublié cet épisode.

VII

On a surnommé Napoléon III, le *taciturne*; on va voir combien ce surnom était justifié. L'attentat d'Orsini n'avançait pas les affaires de Cavour. La police française voulait étendre son action sur la presse italienne ; on demandait la suppression de certains journaux. Le ministère français, ayant à sa tête ce même colonel Espinasse que nous avions vu présider le conseil de guerre à Montpellier après le 2 Décembre, essayait d'exercer tant qu'il le pouvait une pression comminatoire sur le cabinet de Turin ; il multipliait les communications de plus en plus pressantes et menaçantes, si bien qu'un jour, raconte M. de Mazade, on arrivait, à quoi ?

« Le prince de Latour d'Auvergne (ambassadeur de France) avait été chargé de lire une nouvelle dépêche plus péremptoire au comte de Cavour. Celui-ci écoutait fort patiemment, sans la moindre émotion ; puis, la lecture achevée, il disait avec la plus grande tranquillité, d'un ton amicalement narquois : « Mais c'est fini, le roi a reçu hier de l'empereur une lettre qui termine tout. » Rien n'était plus vrai, et le prince de Latour d'Auvergne, homme bienveillant, éclairé, qui exécutait fidèlement ses instructions, mais qui commençait à être sceptique sur bien des choses, n'avait plus qu'à replier sa dépêche ; il s'en allait en méditant sur la difficulté de servir les souverains qui ont deux diplomaties. »

VIII

Avec de tels sujets, on n'en finirait pas : Nous nous sommes peut-être un peu trop étendus en commençant sur nos impressions personnelles, qui sont aussi des souvenirs rapportés de Turin en 1859. Notre admiration pour Cavour nous vient de ce temps-là ; nous partagions l'enthousiasme général pour ce ministre patriote qui eut en lui du Vauban et du Louvois — un véritable *leader* de la tribune — dont la parole vibrante et toujours juste trouvait tout de suite le nœud des difficultés que ses adversaires faisaient naître, le plus grand parlementaire peut-être des temps modernes, parce qu'il joignait l'action et la pratique à l'éloquence, un homme tel enfin qu'il en a manqué un de nos jours à la France.

Avec lui, il ne se serait jamais créé cet antagonisme qui va de plus en plus s'élargissant dans notre pays, qui sépare un peu plus la nation en deux classes, et qui est si inquiétant pour l'avenir ; — ennemi de toute violence, il aurait conjuré le cléricalisme en réconciliant le clergé avec la nation, en fondant l'un dans l'autre de façon à éviter tout esprit de caste et de prédominance. C'est là l'art de gouverner pour les grands politiques qui ne sont pas tenus d'être des philosophes.

Les philosophes sont toujours la minorité dans les nations, et quand on gouverne, c'est pour le plus grand nombre. Cavour était vraiment un homme de 89 dans son pays.

Le livre de M. de Mazade nous fait vraiment comprendre le régime parlementaire que Cavour a tant contribué à fonder en Italie ; il ne voulait rien faire sans la majorité ; mais il avait l'art de persuader son conseil au Parlement, et on savait que c'était toujours le bon. Le plus accessible des hommes d'État, il ne s'enveloppait pas d'un nuage et ne se gonflait pas d'une importance exagérée ; il s'intéressait à tout et il savait aussi profiter de tout. Le portrait qu'en trace M. de Mazade est des plus sympathiques :

« Il n'avait de dédain pour rien, ni pour les hommes ni pour les choses...; il savait tenir compte des petites gens, même des avis, des observations qu'il provoquait souvent, qu'il écoutait et qu'il s'appropriait. Après cela, sous cette apparence de facilité et de bonne humeur (car la bonne humeur est un de ses traits dominants), Cavour ne gardait pas moins les deux souveraines qualités de l'homme d'État, la netteté, la précision des idées, et une puissance de volonté qui, en certains moments, faisait tout plier, qui ne s'arrêtait ni devant le péril, ni devant les difficultés intimes. Seulement, cette volonté d'acier s'enveloppait de grâce ; la précision des idées se parait d'agrément ; le sentiment pratique, si développé, si sûr en lui, s'alliait à la grandeur, à l'étendue des conceptions ; et cette nature heureuse, enjouée, libérale, impétueuse, fascinatrice, devenait irrésistible : elle entraînait amis, dissidents, adversaires. »

N'oublions pas encore cette admirable qualité de l'homme politique et pratique : il disait que la rancune était absurde, et il prétendait qu'il n'y avait rien d'ennuyeux.

Au physique (car nous l'avons vu de très-près en ces années-là) nous lui avons trouvé de la ressemblance avec Proudhon sans barbe et avec M. Thiers, mais encore plus avec les portraits gravés de Manin ; il eut celui-ci pour ferme et constant ami de sa politique. Il avait conquis dès le premier jour tous les grands cœurs, amis de leur pays, qui avaient senti en lui le véritable libérateur de l'Italie, celui qui devait la faire sortir de ses limbes et de cette ornière de conspirations dans lesquelles elle était toujours vaincue, où elle s'épuisait en efforts impuissants, et qui n'aboutissaient qu'à des proscriptions et à des fusillades. Des esprits comme Cavour travaillent au grand jour ; il disait qu'il trompait la diplomatie en lui disant toujours la vérité : « mais on ne me croit pas », ajoutait-il.

« Un matin de cet hiver de 1858-1859, avant le jour, un visiteur inconnu s'était présenté chez le président du Conseil, qui avait été aussitôt prévenu par un valet de chambre un peu effaré. « Quel est cet homme ? disait le chef du cabinet « piémontais. — Il a un large chapeau, un gros bâton à la « main et il ne veut pas dire son nom, il prétend que « monsieur le comte l'attend. » C'était Garibaldi, qui était venu s'entendre avec Cavour en se rangeant sous les ordres de Victor-Emmanuel. »

Manin et Garibaldi, il y avait bien de quoi enflammer les cœurs patriotes de ce temps-là ; c'en était assez pour justifier notre enthousiasme de jeunesse.

2 et 3 avril 1877.

M. EDMOND DE GONCOURT

LA FILLE ÉLISA. — LA MASCARADE DE LA VIE PARISIENNE, PAR M. CHAMPFLEURY.

O Liberté ! que de crimes on commet en ton nom ! Ce cri de Mme Roland sur l'échafaud pourrait être appliqué de nos jours à la physiologie, avec la différence que les crimes au compte de cette dernière ne sont que de mauvais romans, dans lesquels on abuse de cette science. Toute œuvre d'imagination scabreuse, ou malsaine se met sous l'invocation de la physiologie, qui a vaincu et détrôné la phrénologie, à laquelle on a dû aussi tant de fausses inductions, gobées avidement par les prédécesseurs de M. Dumas fils et autres écrivains de son école. Le vice et le travers du temps en littérature est d'exposer, — au nom de prétendues notions scientifiques à données peu précises et qui n'ont pas été acquises dans les amphithéâtres de dissection ni dans les laboratoires de chimie, mais dans des conversations avec des médecins hommes du monde ou dans des lectures mal digérées, — les produits les plus graveleux de l'imagination, et de les couvrir d'une autorité scientifique ou soi-disant telle. L'auteur du *Demi-Monde* a le docteur Favre qui fait des conférences pour expliquer les élucubrations de son ami ; — ou bien, quand M. Dumas craint pour une de ces folles œuvres qu'il veut faire passer au Gymnase, il s'empresse de surexciter à l'avance la curiosité par un livre insensé, où la science le dispute à la Bible, en fait de prétentions absurdes, et qui est destiné à servir de préface à la pièce en préparation. Ç'a été le cas de *l'Homme-Femme* pour *la Femme de Claude*. Le spectateur était prévenu : il pouvait s'attendre, après le livre, à quelque chose de plus fort, — de plus *raide*, comme on dit. — Cette locution, devenue familière, est encore de M. Dumas fils.

La pauvre Déjazet faisait danser la *monaco* pour se donner le temps de changer de costume dans une pièce où elle remplissait plusieurs rôles ; elle jetait de la poudre aux yeux quelques instants, mais elle n'aveuglait pas. Les romanciers et dramaturges modernes ont des ficelles plus matérielles et plus grossières ; ils brutalisent l'opinion. Sous prétexte d'imiter Balzac, qui a mis de tout dans ses œuvres et a traité le roman en alchimiste, plutôt qu'en véritable chimiste, ils ont adopté tous ses tics. Cette ambition puérile et mal fondée de vouloir passer pour savant, comme s'il ne suffisait pas à la gloire d'un littérateur d'être avant tout homme d'esprit et d'imagination, date du grand romancier. Elle s'expliquait chez lui, à la rigueur, par d'immenses lectures, dans lesquelles il pouvait bien avoir puisé plus d'une idée fausse ; car dans le creuset de son vaste cerveau, cet insatiable abstracteur de quintessence, renouvelé du moyen âge, mettait bien des matières en fusion et laissait couler un peu de tout. Il en résultait parfois un singulier amalgame.

Il est rare que l'intrusion d'éléments étrangers au talent qui les met en œuvre ne se sente pas chez les esprits les mieux doués et les plus capables de combiner toutes les forces de la nature pour en tirer une œuvre de génie (vers ou prose). Le critique qui y regarderait d'un peu près — et qui aurait assez d'autorité pour cela — trouverait à tout moment, dans les productions les plus célèbres ou les plus retentissantes, de ces erreurs enfantines, de ces solécismes inconscients ou voulus uniquement en vue de l'effet ou de certaines assonances, et qui prouvent bien que l'homme universel n'existe pas ; qu'il ne suffit pas d'être un très-grand artiste pour être un parfait géographe ou un mythologue irréprochable ; que l'inspiration la plus grandiose rapproche parfois singulièrement les distances dans ses enjambées ou ses échappées de Micromégas à travers le globe et l'espace ; qu'elle invente même, dans sa mythologie imagée, de faux dieux ou des déesses inconnues de l'Antiquité, etc.

Ce que l'art *purifie* choque souvent les hommes spéciaux qui croient qu'il n'y a pas de vrai savoir sans bases certaines et positives. Le poëte, il est vrai, peut toujours répondre à certains d'entre eux comme le peintre de l'Antiquité : *Ne sutor ultra...* (Cordonnier, ne regarde pas au-dessus de la semelle ; tu n'es pas juge de l'ensemble). Mais quand il ne s'agit pas d'œuvres où l'essor de la pensée et de la fantaisie a plus de part que la réalité, — où c'est un romancier qui déclare lui-même, en tête de son livre, qu'il « s'est imposé les études et les devoirs de la science », ces grands mots font dresser l'oreille. On se demande si c'est bien là le but d'un roman. C'est donner beaucoup d'appareil à de petites choses. La science n'est admissible, en pareil cas, qu'à la condition qu'elle aide à l'intérêt du roman et qu'elle ne se sente pas.

Les écrivains qui empiètent avec préméditation sur un terrain qui n'est pas le leur, exposent leurs enfants de prédilection à ce qu'ils périclitent le jour où les frêles arguments scientifiques sur lesquels ils ont étayé leurs créations auront été démodés. Car la science elle-même a ses changements et ses variations. Une découverte chasse l'autre. On le voit bien par l'exemple du sulfate de cuivre, dont il vient d'être démontré qu'il n'était pas un poison. Que deviennent cependant tous les romans, basés sur cette antique donnée de l'empoisonnement par le cuivre ?

Mais ce qui ne varie pas, ce qui est éternellement vrai, parce que la nature humaine (en dehors de l'étude des sucs, qui fait la gloire des Claude Bernard) reste éternellement la même, et qu'il n'y aurait qu'une révolution dans les conditions atmosphériques qui pourrait la changer, c'est la science des Molière, des La Fontaine, des La Bruyère : — Racine et Le Sage n'ont pas eu besoin de microscope pour lire dans le cœur humain, et si le premier n'a pas été dépassé comme admirable psychologue, le second a jeté les bases du roman de mœurs dans ce roman si profondément humain et si vrai de *Gil Blas*. En un mot, rien n'a ébranlé la science des grands moralistes qui ont le mieux percé à jour toute la perversité et aussi la bonté de notre espèce. Leurs observations restent vraies comme au premier jour.

Ce qui reste aussi, en dépit des changements de la mode et des gouvernements, c'est un vieux tableau de fleurs. La rose est toujours la rose, et laisse la même impression de fraîcheur avec sa goutte de rosée, que si elle venait d'être cueillie le matin. Comparez cette étude de Redouté, peinte en 1830, avec le meilleur tableau de genre ou d'histoire de la même époque : ce ne sont pas les fleurs qui auront vieilli.

Ce qui ne vieillit pas non plus, c'est la bonne humeur, cette fleur et cette jeunesse de l'esprit, qui fait passer sur certains défauts salés de nos pères, des Montaigne, des Rabelais et même de

Mathurin Regnier. Que nous en sommes loin avec la littérature actuelle et particulièrement le livre de M. de Goncourt, *la Fille Élisa!* [1].

Nous pataugeons décidément dans un courant insalubre et putride, manquant tout à fait de gaîté. Un Gérard de Nerval, qui aimait aussi à fréquenter les bouges, à la manière des Villon, mais sans y laisser de son honnêteté, y porterait au moins plus d'*humour* et de tempérament. M. Edmond de Goncourt en est complétement dépourvu.

Nous pourrions citer encore un Anglais, le peintre Guys, qui a peint des aquarelles très-caractéristiques en ce genre et fort appréciées des amateurs, mais qu'on n'exhibe pas dans les salons des familles. M. Edmond de Goncourt ne nous a donné qu'une étude froide et désagréablement pénible. On voit qu'il manquait de conviction et qu'il n'a voulu que tenir une gageure, accomplir un tour de force, une bravade, dont le secret remonte sans doute à une vieille histoire arrivée à Louis Bouilhet, et que nous ne raconterons pas par respect pour nos lecteurs. Une perle dans un fumier, c'est ce que trouva un jour cet auteur dramatique, mort il y a quelques années, et le souvenir de son aventure n'est peut-être pas étranger à l'un des épisodes les plus particuliers (nous n'osons dire *piquants*, car rien

---

1. Un vol. gr. in-18, chez Charpentier.

n'est piquant dans cette fange) du livre de M. de Goncourt. Aussi ne nous y arrêterons-nous pas longtemps.

A la prétention affichée et signalée plus haut d'avoir écrit une étude scientifique, appuyée sur les rapports de deux médecins qu'il nomme, M. de Goncourt ajoute celle d'avoir obéi à « un sentiment de curiosité intellectuelle et de commisération pour les misères humaines ».

Dans tous les cas, c'est un sentiment de curiosité malsaine, et qui rend la lecture de son livre absolument impossible à haute voix. On n'y retrouve pas non plus ce sentiment de pitié que l'auteur prétend avoir eu pour les misères dont il parle. Il n'a fait, comme il le dit, qu'un livre de curiosité, — de cette *curiosité* dont il se pare, et qui est un des tics de l'école morbide à laquelle il appartient, — un dernier vestige de ce petit clan romantique de la rue du Doyenné où l'on affectait de lire le dimanche les œuvres du marquis de Sade. On croyait s'y élever ainsi fort au-dessus de l'humanité.

Les deux frères de Goncourt (dont l'aîné est seul survivant) sont des *classiques* dans leur genre ; ils le sont de toute cette génération qui les a précédés et qu'ils ont prise tout de suite au sérieux en entrant dans la littérature. Ils sortent de leur élément quand ils signent des romans de barrière, tels que *la Fille Élisa*. Ils ont voulu encore une fois mentir à leur nature, et ils en sont punis. Le *Tintamarre* les a châtiés l'autre semaine par une ignoble parodie.

Leur tempérament d'écrivain n'allait pas jusqu'à la passion. Ils ont donné un jour une Vie de Marie-Antoinette, qui les fit passer pour plus royalistes qu'ils n'étaient, jusqu'au moment où la princesse Mathilde les prit en grande amitié, leur envoya des cadeaux, comme elle faisait à tous ses amis, et les convia souvent à Saint-Gratien.

Sainte-Beuve aussi les aimait tendrement à cause de leur gentillesse et de leurs prévenances; mais il renonça, en 1869, à un article qu'il préparait sur l'un de leurs livres, *Madame Gervaisais*, parce qu'un mot, échappé au plus jeune sur les observations qu'il leur avait faites à propos de ce livre, lui avait été répété. Il aurait écrit, à l'occasion de ce roman, où l'on retrouvait le procédé habituel et les défauts des Goncourt, une grande étude dans laquelle il aurait embrassé tout le roman moderne, — ce genre libre, mais qui pourtant a ses règles qui doivent être au moins celles du bon sens et de l'honnêteté.

M. Edmond de Goncourt, en publiant *la Fille Élisa*, qu'il a signé seul, a traité un peu trop la société comme ce philosophe qui tenait certains propos devant des femmes à qui il avait dit que leur honnêteté leur permettait de tout entendre. « Vous nous traitez un peu trop en honnêtes femmes », lui dirent-elles à un moment en lui imposant silence.

Ce n'était pas la peine de recommencer en sous-œuvre et en renchérissant *l'Ane mort et la Femme guillotinée*. L'œuvre de jeunesse de Janin, qui n'était pas déjà très-saine en soi et qu'il a répudiée plus tard, gagne à être relue à côté de *la Fille Élisa*, où ne perce pas un rayon de soleil. Le moindre défaut littéraire de l'œuvre de M. de Goncourt est d'être mal écrite, heurtée, haletante, fatiguée ; les notes et les tons pittoresques s'y accumulent comme des taches sur la palette d'un peintre. C'est d'un style bizarre, on dirait des hachures ou des coups de brosse. L'auteur paraît avoir été pressé d'en finir avec cette besogne rebutante; il n'aimait pas son sujet, et on le comprend du reste. Mais qui l'y forçait ?

Il n'est passé par là que pour prendre quelques notes. Il en a fait des esquisses. Ce livre me rappelle un mot d'Edmond About à l'un de ses plus illustres amis, un écrivain célèbre et un philosophe, qui se croyait très-fort sur l'article des femmes : « Toi, tu es allé un jour (dans un *café* célèbre du quartier latin) ; tu y as dépensé vingt francs, et, en sortant, tu as dit : je connais les femmes. »

Aucun enseignement ne se détache du livre de M. de Goncourt. L'avertissement moral, que l'auteur fait pressentir dans sa préface, reste enfoui sous l'amas des couleurs voyantes et des descriptions à outrance. Son type n'est nullement intéressant. En fait de Gil Blas femelle, il a été devancé depuis longtemps par M. Champfleury, dans *la Mascarade de la vie parisienne*, un beau livre et qui porte sa moralité consolatrice, — le remède à côté du mal. Nous demandons la permission d'en détacher un passage mis par M. Champfleury dans la bouche d'un médecin, qui est un personnage du roman :

« Le courage, tous les êtres ne l'ont pas ; et cependant chacun en a besoin, du petit au grand, car la société est organisée pour la lutte. Or, tout le monde n'étant pas organisé pour lutter, qu'arrive-t-il ? C'est qu'il y a une certaine quantité de gens broyés en route. Les femmes, quoiqu'on ait placé leur paradis à Paris, comptent encore plus de victimes que les hommes. J'ai beaucoup vu de ces malheureuses dans la situation de la pauvre fille dont vous vous occupez, et je peux affirmer qu'il y a moins de débauche que de paresse, et moins de paresse que d'impuissance dans les organes cérébraux. Ces femmes n'ont pas le cerveau assez développé pour lutter. Que voulez-vous qu'elles deviennent après une faute ? Ce sont des enfants dans la vie ; elles restent enfants et meurent enfants. Vous me direz qu'elles ne devraient pas commettre la première faute ; mais leur état de faiblesse intellectuelle les y prédispose. Quel est celui qui ne commet pas de fautes dans sa jeunesse ? Mais la raison arrive avec ses contre-poids qui l'emportent sur les vices. Une fois sortie de chez ses parents, la jeune fille qui vous intéresse devait aboutir à ce triste résultat. Il lui fallait la vie de famille, un soutien, un mari pour la guider. N'étant pas capable de se conduire elle-même, peu à peu elle s'est laissé entraîner ; pour l'arrêter dans sa chute, un homme qui aurait eu assez d'empire sur elle, pouvait peut-être la protéger. Il est présumable que cet homme ne s'est pas rencontré. »

Il nous est bien permis de nous arrêter sur ces quelques lignes d'une morale douce, humaine et sans prétention.

17 avril 1877.

LE PRINCE DE BISMARCK

SA CORRESPONDANCE, TRADUITE EN FRANÇAIS, D'APRÈS UN RECUEIL ALLEMAND, PAR M. ANTONIN PROUST· DÉPUTÉ DES DEUX-SÈVRES [1].

I

Nous sommes mal à l'aise pour parler en toute liberté de la Correspondance de M. de Bismarck. Juger son ennemi n'est pas commode, et pourtant, à la façon dont ce livre se présente, nous ne pouvons que rendre hommage, avec M. Antonin Proust, à la « largeur de vues et à la franchise parfois brutale qui sont les traits caractéristiques de ce puissant homme d'État ». Il a ce point commun avec Cavour de tromper la diplomatie en ne dissimulant pas la vérité. « Le principal artifice de M. de Bismarck, » a dit un de ses biographes, « a toujours été de dire très-haut ce que d'ordinaire on pense tout bas. » Et la diplomatie s'y laisse prendre, parce qu'elle ne peut croire à tant de franchise. C'est la ruse de ces esprits pé-

[1]. Un vol. gr. in-18, chez Georges Decaux, éditeur.

nétrants et fins, supérieurs à leur entourage, — ce qui ne les empêche pas d'être, à leur manière, profondément *roués* (pour me servir d'un mot vulgaire et qui n'est pas à leur hauteur), — des calculateurs, en un mot, toujours sur la brèche pour la défense des intérêts patriotiques qu'ils représentent, craignant sans cesse d'accorder trop à l'adversaire, de le laisser entrer par quelque fissure. Des hommes de cette trempe se dévouent à l'œuvre qu'ils ont entreprise et que la fortune les a mis à même de poursuivre. Qu'ils soient à la source des grandes choses ou qu'ils restent dans les petites, il y a plus de rapport qu'on ne croit entre tous ceux de même nature, vigoureuse et puissante, entre un Bismarck et un Buloz, par exemple (pour prendre un nom à notre portée). Ce dernier avait toujours peur qu'on ne créât à côté de lui une *Revue* plus importante que la sienne ; il n'en dormait pas.

Des natures comme celles-là n'excitent pas toujours la sympathie de leurs contemporains ; elles se savent même *cordialement* détestées. C'est l'expression de M. de Bismarck, quand il parle des haines qu'il a acquises au service de l'État. « Je suis l'homme le plus cordialement détesté de ce temps », dit-il en 1874, dans un discours où il répondait avec habileté à une interpellation embarrassante. Il parle encore ailleurs de la « haine vraiment cordiale » vouée à la Prusse par l'Alsace-Lorraine. Il ne se fait pas d'illusion et il envisage froidement les choses. « Mais, » dit-il encore, « ce n'est pas pour rendre heureuse l'Alsace-Lorraine que nous avons fait l'annexion. » On est donc averti avec lui : c'est même une de ses qualités que cette froideur avec laquelle il avoue les choses : « Rarement, » dit M. Proust, « on a vu une volonté plus ferme et une conscience plus docile mises au service d'une tête plus froide. »

Nous disions dernièrement : il nous a manqué un Cavour ; aujourd'hui nous dirons : M. de Bismarck n'a pas eu son partenaire en France pour tenir le jeu de la diplomatie sur ce tapis vert où nous étions encore les maîtres. Il y avait là un rival digne de nous : il fallait se l'associer. C'était de la politique digne d'une grande nation qui ne veut pas baisser pavillon, s'incliner au niveau des petites ; qui n'aime pas que ses destinées dépendent d'autrui, mais qui dispose de ce niveau d'eau qu'on appelle l'équilibre européen, — qui peut le hausser ou le déplacer à volonté. Il fallait conserver notre rang à la tête des nations, savoir tenir compte des aspirations rivales et toujours inquiétantes des nations voisines, les obliger à temps à compter avec nous. Mais pour cela, il fallait aussi des esprits ayant la volonté ferme, la tête froide et le cœur chaud d'un diplomate dévoué au bien public. Nous n'en avons pas eu en France depuis Richelieu peut-être et Louis XIV, qui, lui du moins, s'il n'avait pas le génie persévérant et transcendant du cardinal, était un grand patriote : on ne saurait le contester.

II

Le dernier régime a été particulièrement fatal à la France en ce sens qu'il s'est *endormi,* qu'il n'a rien compris à ce qui se passait autour de lui en Europe ; quelques velléités de résistance, et puis c'est tout. Et encore ces résistances allaient-elles parfois en sens inverse de l'impulsion qu'on avait déjà donnée. Il y avait deux politiques sous l'empire : celle de l'empereur et celle des ministres. La première ne s'imposait pas et la seconde contrecarrait la première, après quoi les choses en restaient là. On ne donnait pas suite à une idée. Il n'y avait pas à côté du régime, à son chevet, un de ces esprits, l'œil au guet, pour le réveiller à temps, le tirer de sa torpeur, l'avertir : c'eût été la providence de la France que cette *âme damnée* de l'empire ; l'esprit frondeur, qui ne règne pas seulement dans notre pays, mais partout où il existe un régime parlementaire et de l'opposition, l'aurait maudite, exécrée, lui aurait tendu des piéges : mais elle aurait tiré la France de plus d'un mauvais pas. Elle ne l'aurait pas laissée surtout s'engager follement et inopportunément dans la guerre de 1870. L'occasion de jeter son épée dans la balance avait été manquée après Sadowa : il fallait encore attendre, et surtout ne pas provoquer.

Celui qui se serait imposé cette mission de prévoyance auprès de l'empire aurait bien mérité de la patrie, mais nous en étions bien loin avec ce mandarin qui s'intitulait lui-même *Je m'en f...* (on sait qu'il s'agit de M. Rouher). Ce n'est pas en laissant aller les choses qu'on les dirige.

Nous sommes fâché d'avoir à prendre modèle de l'homme d'État sur un ennemi implacable de la France comme M. de Bismarck, mais il faut bien reconnaître que nous n'avons vu aucun des nôtres s'exprimer avec cette intelligence parfaite des devoirs et des sacrifices qui lui incombent comme ministre dirigeant :

« Répondant en 1867 au député Dunker qui lui reprochait d'avoir été, en 1848 et 1849, l'un des plus énergiques défenseurs de l'étroite réaction prussienne, le comte de Bismarck s'exprima ainsi :

« L'orateur que nous venons d'entendre s'est occupé de mon passé politique. Je ne parle pas volontiers de ma personne, je n'ai pas l'habitude de le faire, mais j'éprouve à cette place où je suis ici le plus vif besoin d'inspirer la confiance, et c'est ce qui m'engage à m'expliquer. Je suis entré dans la vie politique avec les idées que j'avais apportées de la maison paternelle, et surexcité à cette époque contre le mouvement de 1848, qui attaquait un régime qui m'est cher et que je crois utile à mon pays. Depuis, durant les seize années que j'ai passées dans la politique pratique, je me suis convaincu qu'à toute place de spectateur dans un théâtre on voit les choses entièrement différentes de ce qu'elles sont pour celui qui se trouve derrière les coulisses, et que la diversité des impressions n'est pas seulement due à l'éclairage.... »

Plus récemment, répondant encore à une objection analogue, M. de Bismarck, mis en demeure de s'expliquer sur d'anciennes opinions à lui qu'on lui reprochait et qu'on lui opposait, développa de nouveau sa théorie large et belle de l'homme d'État qui ne doit pas apporter des préventions anticipées dans la conduite des affaires, — c'était dans la discussion sur l'introduction du mariage civil obligatoire. Il y a là de la chaleur d'âme et de la conviction, il faut bien le reconnaître, — et c'est une leçon plus vraie que jamais en France à cette heure et à l'adresse du même parti. Ce discours fut prononcé à la Chambre des députés de Prusse le 17 décembre 1873. Nous le citerons dans ce qu'il a toujours d'*actuel* pour notre pays :

« C'est une situation fort grave, » s'écrie M. de Bismarck, « que celle en vertu de laquelle, depuis le concile du Vatican, aucune loi ne peut être édictée qui n'ait reçu l'approbation du pape (*Dénégations au centre*), ou, tout au moins, en vertu de laquelle on conteste à l'autorité civile le droit d'édicter une loi condamnée par le pape. Cette situation n'est possible, à vrai dire, que dans l'État clérical. Ainsi, on arriverait fatalement, non-seulement à maintenir l'État clérical, — ce qui, au fond, serait une prétention sans importance, mais à étendre ce système à l'univers entier (*Murmures au centre*), c'est-à-dire à tout pays où résiderait seulement un catholique (*Marques d'agitation au centre*). Vous contestez l'exactitude de cette parole, mais ce n'est point par des sons inarticulés que vous devez manifester votre indignation. Vous avez pourtant, en fin de compte, le devoir de vous en tenir à la décision souveraine du pape. Ces messieurs exigent que l'on respecte leurs convictions, mais ils ne nous accordent pas à nous, chrétiens évangéliques, le respect que nous réclamons pour nos convictions (*Très-vrai! à gauche*). »

L'orateur en vient maintenant à refaire sa profession de foi d'homme d'État, qu'on peut bien rattacher à tout ce qui a été dit de plus convaincu sur la matière, à commencer par le *Testament* de Richelieu :

« Lorsque j'entends, » continue M. de Bismarck, « le préopinant (M. de Gerlach) citer plusieurs passages d'un discours que j'ai prononcé à une autre époque, je serais tenté de lui adresser, au préalable, cette question : — Puisqu'il attribue tant d'importance à la conviction que j'ai exprimée il y a vingt-cinq ans, d'où vient qu'il ne veuille pas aujourd'hui s'en rapporter aux paroles qui sont l'expression vivante de ma pensée? Si, pourtant, il m'en fait un reproche, admettons que l'un de nous, non pas le préopinant, mais moi-même, soit affaibli par l'âge (*Bruyante hilarité*). Il est possible que j'aie changé, mais je n'ai jamais eu honte de faire cadrer un changement d'opinion avec ma situation, chaque fois que les circonstances m'ont amené à reconnaître que les choses ne peuvent pas aller comme je le voudrais. Il serait injuste d'exiger de moi, pendant un quart de siècle, une opinion absolument invariable.

« Depuis que je suis ministre, je ne fais plus de la politique parlementaire, mais j'ai appris à subordonner aux besoins de l'État mes convictions personnelles. Je crois qu'il doit en être ainsi, et que c'est une funeste fidélité à ses convictions que de dire : « Périsse l'État, cela m'est indifférent ! je persiste dans ma conviction et dans mes votes de membre d'un groupe. » — Je tiens une telle logique pour mauvaise, et je me souviens, à ce propos, de la fausse mère jugée par Salomon, laquelle disait : « Coupez l'enfant en deux, je le veux bien, pourvu que ma volonté soit satisfaite! » Voilà ce que je ne puis faire. Il y a là un luxe de logique que le membre d'un groupe, que le préopinant, par exemple, peut se permettre, et en agissant ainsi, il ne compromettra pas gravement son groupe, mais qu'un homme d'État ne saurait se permettre....

« .... Ce n'est pas de la dogmatique que j'ai à faire ici, mais de la politique. Me plaçant au point de vue de la politique, j'ai acquis la conviction que, eu égard à la situation dans laquelle l'attitude révolutionnaire des évêques catholiques a mis l'État, l'État est contraint par la nécessité même à édicter cette loi (*sur l'obligation du mariage civil*) pour éloigner d'une portion de ses sujets les dangers que la rébellion des évêques tient suspendus sur leurs têtes et, dans toute la mesure de ses forces, à faire ce qu'il peut. En agissant ainsi, l'État fait une concession à la paix en ce sens qu'il éloigne le conflit aussi longtemps que cela est possible.

« Je crois que l'État, placé dans le cas de légitime défense, a besoin de cette loi, et je suis résolu à la soutenir comme à soutenir maintes choses qui peuvent ne plus répondre à mes convictions personnelles, à celles notamment que j'avais étant jeune. Je suis un homme d'État qui se discipline et se subordonne aux besoins généraux, aux exigences de la paix et aux intérêts de la patrie. » (*Vifs applaudissements à gauche.*)

N'est-ce pas que c'est parler avec fermeté le langage du bon sens et de la netteté ? Il n'y a pas de brouillard dans cette parole convaincue d'un Allemand qui ne saurait se départir des saines leçons de l'expérience, et qui y puise même tant d'éloquence pratique. Allons ! messieurs nos hommes d'État français, Martel, Méline, Jules Simon, prenez exemple sur Bismarck, — ce n'est pas un révolutionnaire ni un *démagogue* (comme vous dites), — tant s'en faut, et ne vous laissez pas intimider par les évêques, qui ne sont que vos subordonnés, des fonctionnaires que nous payons.

Ne laissez pas la France se réduire de plus en plus à l'état de colombe (rien n'est plus bête qu'une colombe), quand elle doit avoir place et rang au conseil des nations qui ont bec et ongles pour se défendre. C'est le sort des colombes d'être mangées, après avoir été saignées et plumées. Mieux vaut encore être oiseau de haut parage et planer parmi les vautours et les aigles ; nous y rencontrerions (ne l'oubliez pas) la grande République d'Amérique, qui ne demande qu'à s'allier avec les forts et qui ne fait pas de la politique de sentiment dans ses préférences. Soyons de la race de Caïn, le grand maudit, le calomnié, et non pas de celle d'Abel, qui n'a rien produit.

On ne saurait mieux définir le parti clérical, — c'est-à-dire ceux qui poursuivent des tendances politiques sous le manteau de la religion, — que ne l'avait fait précédemment M. de Bismarck dans une séance de la Chambre des seigneurs (10 mars 1873) :

« La lutte du prêtre contre le roi, » avait-il dit, « et dans le cas présent, du pape contre l'empereur d'Allemagne, telle que nous l'avons déjà vue au moyen âge, doit être jugée comme toute autre lutte ; elle a ses conclusions de paix, elle a des temps d'arrêt, elle a ses armistices. Il n'est pas toujours arrivé, d'ailleurs, que les puissances catholiques fussent exclusivement les alliées du pape ; les prêtres n'ont pas toujours été du côté du pape. Il y a eu des cardinaux premiers ministres de grandes puissances dans un temps où ces grandes puissances suivaient une politique nettement antipapale et la poussaient jusqu'à l'emploi de la force. (*Certes, voilà un rappel à nos annales d'histoire de France*). Ainsi, ce conflit du pouvoir est soumis aux mêmes conditions que toute autre lutte politique : c'est donc un déplacement de la question, calculé pour produire de l'impression sur les gens dénués de jugement, quand on présente ce conflit comme une persécution contre l'Église. Il s'agit de la défense de l'État ; il s'agit de délimiter jusqu'où doit aller le pouvoir des prêtres, jusqu'où doit aller le pouvoir du roi, et cette délimitation doit être faite de telle sorte que, de son côté, l'État puisse subsister en ces limites. Car, dans l'empire de ce monde, il a le pouvoir et la prescience.

« Je n'ai jamais voulu susciter de conflits confessionnels. Si pourtant j'en suis arrivé à le faire, la cause, dans ma très-ferme conviction, a dû en être que par l'action, non pas de l'Église catholique, mais d'un parti aspirant à la domination cléricale et temporelle, on a pratiqué, au sein de cette Église, une politique qui touchait aux bases de l'État.... »

Ce qui se conçoit bien s'énonce clairement, et ce qui nous frappe encore une fois, dans ces discours, c'est la clarté parfaite d'expression : elle est aussi nette que ferme [1].

1. Nous trouvons encore, page 343 du livre de M. Antonin Proust

III

Cette subordination aux besoins de l'État, cette abnégation complète et raisonnée que M. de Bismarck préconise dans ses discours et dans ses actes, il la réclame en vain de l'ambassadeur de Prusse à Paris, M. d'Arnim ; il lui en exprime plusieurs fois son mécontentement en termes sérieux et sévères au fond, mais bien mérités, quand on voit, par la lecture des pièces produites dans le livre de M. Proust, la politique tortueuse de ce ministre dévoué à d'autres intérêts que ceux du pays qu'il représentait, et qui cherchait, contrairement même à ses instructions, à fomenter la division des partis en France par des moyens que le grand chancelier de l'empire n'approuve pas. C'est un des chapitres les plus intéressants de ce livre, que celui où sont contenues toutes ces dépêches de M. de Bismarck à M. d'Arnim. Il y a aussi plus d'un avertissement dont une sage po-

---

dans une dépêche de M. de Bismarck au comte d'Arnim, datée du 14 mai 1872, cette appréciation sur l'intrusion de l'ultramontanisme dans l'État : « Les évêques, » écrit M. de Bismarck à l'ambassadeur de Prusse à Paris, « ne sont plus que les instruments du pape, ses fonctionnaires sans responsabilité propre ; ils sont devenus vis-à-vis des gouvernements les fonctionnaires d'un souverain étranger et d'un souverain qui, en vertu de son infaillibilité, est complétement absolu, plus absolu qu'aucun autre monarque de la terre. »

litique française doit tenir compte, celui-ci entre autres, à la date du 18 janvier 1874 :

« Nous ne souhaitons nullement un conflit entre l'Italie et la France, parce que, s'il éclatait, nous ne pourrions nous soustraire à la nécessité de soutenir l'Italie. »

« Je suis convaincu, » écrit encore M. de Bismarck à son ambassadeur quelques jours après (le 23 du même mois), « que nous ne pourrions pas laisser l'Italie sans secours, si elle était attaquée par la France sans motif ou pour des motifs qui toucheraient aussi à nos intérêts. »

Ces intérêts, on vient de le voir, sont intimement mêlés aux questions religieuses.

A cette époque, M. de Bismarck venait de tancer vertement *son* ambassadeur, qui entravait sa politique, comme il le lui avait écrit nettement en 1873. Dans une lettre du 21 janvier 1874, il lui dit encore plus nettement :

« Je ne puis m'empêcher de faire remarquer que le temps et les forces me manquent pour donner suite à des correspondances politiques comme celles auxquelles la façon dont sont rédigés les rapports de Votre Excellence m'oblige depuis un an et plus. Si mes relations épistolaires avec les autres ambassadeurs de Sa Majesté dégénéraient en de pareilles controverses, ma situation ou celle des ambassadeurs serait déjà devenue insoutenable. Si je veux rester en état de continuer à diriger les affaires que Sa Majesté m'a confiées, je dois exiger de tous les agents de l'empire à l'étranger, même des plus haut placés, une plus grande obéissance à mes instructions et moins d'initiative, d'indépendance et de fécondité, quant aux idées politiques personnelles, que Votre Excellence n'en montre jusqu'à présent dans ses rapports et dans sa conduite officielle. »

Ce M. d'Arnim était, somme toute, un brouillon ayant des accointances avec le parti clérical.

IV

M. de Bismarck ne sépare pas l'idée de patrie du gouvernement de son pays. On a de lui une simple et très-belle profession de foi de sa jeunesse prononcée, à la fin de 1848, devant trente-deux électeurs à Rathenow :

« Messieurs, » dit-il, « celui qui aime sa patrie doit servir le gouvernement. Et pour moi, qui n'ai d'autre objectif que le bonheur de mon pays, je me rangerai à côté du roi si vous me donnez mandat d'être votre député. Vous voyez par là que vous ferez peut-être mieux de nommer quelqu'un de votre milieu, soit un fabricant ou un commerçant, qui connaisse vos besoins et qui représente vos intérêts.

« Si cependant vous désirez à la Chambre un représentant qui soit fermement décidé à placer les affaires de la patrie au-dessus de toutes les autres, à servir son pays de toutes ses forces, nommez-moi. »

Sur les trente-deux votants de Rathenow, trente et un donnèrent leur voix à M. de Bismarck. Il nous semble que, sur cette déclaration nette et formelle, nous aurions fait comme eux. Le roi, c'est son levier, c'est son instrument;

mais il ne cesse pas d'insister sur l'idée de patrie :
« Noyez cela dans quelques phrases creuses, »
dit-il en donnant des bouts d'articles à la *Nouvelle Gazette prussienne,* « et n'oubliez pas la note
patriotique. »

« En 1848, » dit M. Antonin Proust, « la Révolution allemande s'était trouvée en présence de difficultés bien plus grandes que celles qu'avait rencontrées à la fin du dernier siècle la Révolution française. Il ne s'agissait pas seulement pour elle de renverser les fragiles obstacles que lui opposait à Francfort, à Vienne, à Berlin, le vieux droit, rétabli en 1815, il lui fallait encore détruire ce qu'il y avait de factice et de faux dans les divisions arbitraires de son territoire. En d'autres termes, elle ne trouvait nulle part, excepté en Prusse, l'unité administrative, indispensable à son unité politique.

« Dans de telles conditions, l'Allemagne pouvait-elle, à l'aide des institutions républicaines, substituer un État fédératif à une fédération d'États? M. de Bismarck ne le pensait point. Il estimait, au contraire, qu'il fallait passer par l'épreuve monarchique et que la royauté seule pourrait réaliser l'unification désirée. La Révolution allemande, tout en le traitant de réactionnaire, semble cependant avoir pris à tâche de justifier son opinion. »

Elle a compris qu'il fallait avant tout déblayer le terrain, et elle a laissé faire. L'Italie l'a compris de même à l'égard de son ministre et de son souverain, qui ne marchaient pas l'un sans l'autre.

En France, c'est la République qui a hérité directement des folies de l'empire, et il ne pouvait en être autrement. Elle a déjà déjoué plus d'une prévision de ses ennemis du dehors et du dedans. Nous pensons que le bon sens, le sens commun, sont encore la vraie ligne droite en politique, et, autant que possible, nous tâchons de ne pas nous en écarter dans ces chroniques où nous abordons des sujets qui nous dépassent un peu.

V

Nous avons négligé la partie pittoresque de la Correspondance de M. de Bismarck, celle où il se montre *nageant littéralement dans le bleu,* en pleins flots du Rhin et par le clair de lune ; c'est tout à fait idyllique et poétique. L'amour de la mer et de Beethoven, le sentiment parfois douloureux de la famille s'y mêlent à des charges et à des croquis tout à fait dignes du dessin de Daumier ou d'un grand caricaturiste allemand. On y trouve aussi certaine histoire de chope brisée sur la tête d'un mécontent qui causait politique dans une brasserie ; cette façon de défendre son roi sent un peu trop le Germain, ainsi que la partie de chasse et de griserie qui la suit. Sainte-Beuve avait bien raison de dire que, de même que les Français auraient eu besoin d'aller se fortifier à Berlin dans l'étude des sciences, de même les Prussiens auraient eu besoin de venir fondre un peu de leur barbarie au contact de nos mœurs douces et faciles. On n'en est pas encore arrivé en France à assommer ainsi les gens dans un café, de propos délibéré, pour quelques critiques politiques. C'est un procédé *bonapartiste* à l'usage des étudiants prussiens et dont M. de Bismarck a usé dans sa jeunesse. Nous lui en laissons tout l'honneur. Nous trouvons dans une de ses lettres à sa femme un paysage bien prussien, très-finement dessiné, et qui nous fait songer à Frédéric II, le véritable fondateur de cette formidable puissance militaire. — M. de Bismarck est pour le moment l'hôte de l'empereur d'Autriche, dans un château près d'Osen, sur le Danube ; il entend de sa fenêtre tinter les cloches du soir de Pesth. Il écrit à Mme de Bismarck (24 juin 1852) :

« Je suis gardé par un grenadier à bonnet à poil. Je vois six pouces de sa baïonnette dépasser le bord de la fenêtre à la distance de deux bras de l'endroit où je suis, et j'en vois un pied se réfléchir dans la vitre. Il est en faction au-dessus de la terrasse qui est au bord du Danube; et pense peut-être à sa Nanette. »

Oui, mais il n'avait pas le loisir de lui écrire, comme M. de Bismarck à la sienne.

1er mai 1877.

PROMENADE AU SALON

PEINTRES ET SCULPTEURS MÉRIDIONAUX

RÉPONSE A DES CRITIQUES A PROPOS DE NOS DEUX CHRONIQUES PRÉCÉDENTES. — LE SALON DE CETTE ANNÉE. — *LEVER DE LUNE*, PAR M. DAUBIGNY. — LE *MARCEAU* DE M. JEAN-PAUL LAURENS. — LE PORTRAIT DE M. THIERS, PAR M. LÉON BONNAT. — *LUCRÈCE ET SEXTUS TARQUIN*, PAR M. ALEXANDRE CABANEL, ETC., ETC.

I

Nous avons pris pour habitude de penser tout haut dans chacune de ces chroniques et de ne pas reculer devant ce que nous croyons l'expression de la vérité, au risque de compromettre ce qu'un journaliste a le plus à cœur, et ce que nous n'aurons pas la fatuité d'appeler notre *popularité*. On nous a reproché d'avoir manqué de *patriotisme* et même de *républicanisme* dans nos deux derniers articles sur l'Italie et sur l'Allemagne. Nous répondrons que, dans tout ce que nous avons écrit, nous n'avons eu en vue que de faire connaître l'ennemi de la France, tel qu'il est. Nous en avons un surtout à l'intérieur que nous portons tous plus ou moins en nous-même et qui consiste à nous faire illusion. C'est peut-être, du reste, un défaut commun à l'humanité tout entière; mais en ce moment nous ne jugeons que le nôtre ; chez nous, en particulier, il faut que les rayons arrivent toujours convergés. Nous n'aimons pas qu'ils viennent nous frapper en ligne droite et en pleine poitrine. La vérité toute nue nous fait peur, tandis que nous accueillons volontiers les préventions qui la déguisent et qui nous flattent. En voyant certaines peintures qu'on a faites de lui et qui ont cours dans notre pays, l'ennemi du dehors pourrait dire comme le lion de la fable : « Nous serions les plus forts, si la chanson de Marlborough était dans notre esprit et dans notre langue ; mais nous avons autre chose à faire que des gamineries et des mazarinades. » Il nous envoie parfois des avertissements qui nous émeuvent vingt-quatre heures ; puis le lendemain, il fait patte de velours, il a l'air de se justifier et presque de s'amender en mettant sur le compte d'une erreur du télégraphe les paroles de la veille. Il y a eu imprudence ou tactique de sa part, peut-être l'une et l'autre à la fois, pour voir l'effet que produirait le bruit du tocsin à la frontière. Mais nous aurions tort de nous endormir dans une fausse sécurité, ce à quoi nous sommes enclins. S'il y avait un *leader* parmi nous et à notre tête, un de ces esprits qui veillent pour tous, — et comme nous en désirions un l'autre jour pour la France, — nous serions moins inquiet ; mais nous ne le sentons dans aucune des déclarations publiques qu'on nous fait, et nous avons plus de confiance (nous l'avouons) dans le patriotisme latent, mais plein de flamme, que nous savons exister au fond de certaines poitrines, toujours prêtes à se faire trouer pour la patrie. Elles se sont aguerries aux dangers de l'invasion et grondent sourdement au souvenir de la défaite. Nous savons les jeunes générations acquises à la République, dont le culte naissant, contracté sous les drapeaux, a fait partie de leur première éducation militaire. Nous comptons sur elles comme sur la meilleure sauvegarde de l'avenir. On voit que nous avons confiance dans l'armée, aujourd'hui surtout que le courage civil ne saurait se séparer du courage militaire, puisque tout le monde est soldat. Il s'en trouverait encore, comme il s'en est trouvé il y a sept ans, qui ne se croiraient pas exempts pour avoir dépassé la limite d'âge. C'est là la ressource de la France, et ce en quoi on peut dire qu'elle a toujours été féconde. Les dents du dragon que semait ce héros de la mythologie antique, repoussent toujours, dans notre terre gauloise, sous la forme de soldats patriotes, et c'est un esprit que nous ne saurions combattre dans un moment où tant de puissances militaires s'ébranlent en Europe. Restons l'arme au bras, je le veux bien, mais tenons-nous sur le qui-vive, et défions-nous des optimistes. Nous n'avions pas voulu dire autre chose dans nos deux précédentes chroniques qui nous ont valu des lettres de reproches auxquelles nous répondons.

Nous ne combattons que les préjugés, dont nous ne nous croyons pas nous-même parfaitement exempt et à l'abri ; mais il n'y a que le pape qui se soit arrogé le don de l'infaillibilité en ce monde, et encore n'est-on pas bien sûr qu'il n'en ait pas parfois douté un peu tout le premier, *in petto,* car on le dit spirituel et malin. Gardons-nous de l'imiter en nous cantonnant comme des clercs du moyen âge dans un cercle de données restreintes, — en nous en tenant à des formules de bréviaire. La véritable mission du journaliste est de devancer le lecteur et de le guider dans le dédale d'opinions erronées et d'idées fausses qui ont tant de prise sur l'esprit public. Il en est aussi qui sont surannées et qu'il est temps d'extirper une fois pour toutes. C'est ce à quoi nous nous efforçons, en tâchant d'étendre nos connaissances intellectuelles et de leur donner le plus d'ouverture et d'envergure possible.

II

A présent que notre cœur est soulagé par ce préambule nécessaire, nous allons aborder un autre sujet qui ne nous a pas moins passionné cette semaine que la littérature et que la politique, — qui n'est du reste complétement étranger ni à l'une ni à l'autre, — et qui va encore nous fournir l'occasion de fronder un préjugé. Il est de mode, tous les ans, à chaque ouverture du Salon, de le déclarer inférieur à ceux des autres années. Certes, nous sommes parfaitement d'avis que les hommes de génie manquent ; les grands inventeurs ne sont plus, mais enfin, faute de grives, on se contente de merles (c'est encore un assez joli oiseau dans la verdure et le feuillage), et vraiment, quand on aborde le Salon de cette année sans parti pris, on trouve le moyen de s'y intéresser grandement. Ah ! il ne faut pas y chercher ce qu'on sait bien d'avance ne pas y être : ce serait insensé de vouloir y trouver quand même des œuvres de grands maîtres, puisqu'il est convenu qu'il n'y en a plus. Et cependant le *Lever de Lune* de M. Daubigny nous apparaît comme une de ces œuvres poétiques et magistrales qui rentrent ordinairement dans la catégorie des chefs-d'œuvre. Nous demandons ce qui manque à cette composition d'une majesté sereine et tranquille, comme le sujet même qu'elle représente, pour figurer à la tête du paysage dans le Salon de cette année.

M. Daubigny a surpris la nature à un de ces moments solennels où la lune resplendit comme un soleil *couchant* dans l'espace au-dessus de l'horizon ; l'astre est déjà élevé et brille d'un éclat qui n'aura sa pâleur habituelle que dans quelques heures ; il est encore tout éclairé des derniers reflets du soleil qui lui envoie des rayons dorés et presque rouges de par delà l'espace où il a disparu. Autour de la lune, les vapeurs de l'air se colorent des mêmes feux, qui se répercutent et illuminent toute l'atmosphère comme dans un miroitement céleste. C'est le dernier combat du jour contre la nuit. Mais bientôt la nuit sera victorieuse ; une étoile, la première, celle du berger, sans doute, est déjà levée et brille comme un point éclatant de blancheur dans ce ciel pur, à l'autre extrémité de l'œuvre de M. Daubigny. Le drame est engagé et commence de toutes parts. La nuit, une de ces nuits de printemps, où une lumière succède à l'autre et qui reste chaude des baisers du jour, descend sur les plaines où les grands blés semblent avoir besoin de sommeil ; le calme se répand dans la nature à travers cette obscurité crépusculaire : on entendrait chanter les grillons dans ces hautes herbes, qui ondulent à peine, légèrement couchées par les zéphyrs du soir. Une idylle champêtre entre deux personnages assis au pied d'un arbre, et dont les tons se confondent dans cette grande harmonie, complète ce tableau, auquel il ne manque que l'admirable chant de l'Étoile, chanté par un berger au premier acte du *Tannhauser*.

On comprendra que nous n'indiquions, dans

ce compte rendu sommaire, que ce qui nous a particulièrement frappé au Salon. Nous n'aurions pas assez du mois de mai pour parler de tout, et le Salon aurait depuis longtemps cessé que le nôtre durerait encore. Nous ne voyons pas l'utilité de ces éternels comptes rendus, comme en faisait la plume merveilleuse mais un peu monotone à la longue de Théophile Gautier. Un Salon remplaçait l'autre dans ses feuilletons. Nous n'en avons ni le talent ni l'envie, ayant à renouveler notre sujet chaque semaine. Nous continuerons donc à ne prendre que la fleur du panier dans cette Exposition, où la peinture seule compte 2192 numéros sur le livret.

III

La grande médaille d'honneur paraît devoir être incontestablement cette année l'œuvre très-belle de M. Jean-Paul Laurens, dont le Midi a le droit de s'enorgueillir, car il est né à Fourquevaux, dans la Haute-Garonne. M. J.-P. Laurens, qui tient le premier rang depuis quelques années parmi les peintres d'histoire, a exposé cette fois, croyons-nous, son œuvre la plus considérable. Elle rentre dans le programme d'enseignement historique par la peinture et par les beaux-arts en général, qu'ont patronné Béranger et tous les esprits éclairés et rationnels de ce temps-ci[1]. M. J.-P. Laurens a évoqué une des scènes les plus glorieuses et les plus douloureuses de notre histoire nationale : *Le corps de Marceau visité sur son lit de mort par l'état-major autrichien.*

Ce n'est pas la première fois que des artistes patriotes sont tentés par ce sujet qui fait le plus

---

[1]. En fait de questions d'art et de morale, nous souscririons volontiers au vœu suivant d'éducation intellectuelle qu'émet l'auteur du *Sublime.* Tous ceux qui se sont occupés du peuple et qui l'ont aimé, ont voulu faire servir l'art à son éducation ; c'était l'idée de Béranger, voulant que le théâtre fût une chaire d'enseignement politique et patriotique, « pensant même qu'une route immense serait ouverte à l'auteur qui oserait tenter de donner, par le spectacle, une direction à l'esprit public. » M. Denis Poulot adresse un conseil analogue aux peintres : « Un lundi, nous écou-
» tions un ajusteur, racontant à trois ou quatre de ses copins l'im-
» pression que lui avait faite le tableau du *Massacre de Varsovie*
» *en 1861,* par Robert Fleury fils, qui était au Salon de 1866
» rien ne lui avait échappé : le fils mort, le père désespéré, la
» mère, la femme mourante, jusqu'aux moines, étaient décrits d'une
» façon pathétique et très-émouvante ; comme conclusion : l'exé-
» cration des Cosaques et Moscovites massacreurs. — Le dimanche
» suivant, les quatre auditeurs étaient devant le tableau. — La
» peinture, » ajoute M. Poulot, « est l'art par excellence pour déve-
» lopper les bons sentiments de la classe laborieuse. Le peu d'his-
» toire que connaît le *sublime,* il l'a apprise sur les estampes que
» mettent en montre les marchands, et autour desquelles on voit
» des groupes de travailleurs. (Le commis et la grisette, soit dit en
» passant, l'ont apprise dans les romans d'Alexandre Dumas.)
» Pour la classe laborieuse, le sujet est tout : regardez ces groupes
» de gens du peuple, ils passent avec indifférence devant les Vénus
» endormies ou au bain ; ils savent trouver ce qui leur plaît :
» une scène de l'Inquisition, une Mère pleurant son enfant, une
» Inondation, une Famine. Que le tableau soit une croûte ou non,
» si le travailleur a compris, soyez convaincu qu'il est ému et que
» pour lui cela vaut mieux que dix romans de bagnes ou de for-
» çats. Malheureusement, c'est le petit nombre qui visite l'Expo-

grand honneur à la France. On connaît le tableau célèbre de Bouchot, représentant les funérailles de Marceau. On a de M. Auguste Préault une statue de l'héroïque et sympathique général à Chartres, où il était né [1].

M. Laurens a traité son sujet d'une façon sobre, grandiose et sévère ; on est tout pénétré de respect et d'attendrissement en présence de cette scène où tous, amis et ennemis, viennent rendre hommage aux restes inanimés du jeune général, tué à vingt-sept ans, au combat d'Altenkirchen. En tout l'émule de Hoche! — Sa gloire était si pure, sa réputation de désintéressement et de bravoure était si grande, que le deuil en fut général jusque dans le camp autrichien. Les ennemis s'unirent aux Français pour lui rendre les honneurs militaires. Un Rapport officiel, daté de l'armée de Sambre-et-Meuse (21 septembre 1796), raconte ainsi l'épisode dont s'est inspiré M. Laurens :

« Tous, pleins d'estime pour sa valeur et son beau caractère, s'empressèrent de le visiter ; l'Archiduc lui-même vint

» sition. Allons, messieurs les peintres, qu'un plus grand nombre
» parmi vous se fasse peintres d'histoire ; retracez la grande
» épopée révolutionnaire, les actes de vandalisme et de patrio-
» tisme ; que les travailleurs viennent devant vos toiles trouver le
» frisson bienfaisant qui rend grand et l'émotion instructive qui
» rend meilleur. Allons, les artistes du peuple, grandissez-nous
» par vos conceptions, il en restera toujours assez pour peindre
» les Vénus, les Psyché, les saintes et les descentes de croix. »
Il nous semble qu'il y a dans cette page un souffle à la Michelet.

1. Le tableau de Bouchot est aussi à Chartres.

le voir. Kray, ce vieux et respectable guerrier, donna des marques touchantes de ses regrets, placé près du lit de Marceau... »

L'œuvre de M. Laurens est exécutée avec un grand soin et la plus scrupuleuse conscience. Aucun détail n'y est négligé pour rendre avec vérité cette scène navrante.

Il est là, étendu sur la couverture d'un petit lit de camp très-étroit et des plus simples ; pour seul ornement, un drap rouge, qui est peut-être la doublure du manteau du général, est placé jusqu'à mi-corps à partir de la tête au-dessous du cadavre. La tête repose sur des oreillers blancs. La lividité de la mort est répandue sur ce visage sans en altérer la beauté. La mort semble au contraire ajouter un charme funèbre à ces traits d'une délicatesse féminine. Une ombre à peine de moustache sur la lèvre ; une légère ligne de favoris blonds, formant comme un nuage sur la joue. Les yeux fermés ont l'air de dormir, et la forme en est encore très-belle : il y a de la noblesse et de la distinction de traits jusque dans ce voile naturel que le sommeil et la mort font également retomber sur l'organe de la vue. Le nez est fin et régulier ; les cheveux blonds, coupés courts, sont partagés par une raie au milieu du front, selon la mode du temps ; il y a une fossette au menton. Le charme de cette physionomie douce et sympathique devait encore ajouter à l'attrait qu'inspirait le nom de Marceau. Il ne paraît pas avoir été grand dans sa taille, mais le corps est celui d'un jeune homme bien fait de toute sa personne. Il est mince et fluet presque comme un adolescent. Les jambes sont admirablement dessinées et fines dans leur pantalon collant, qui se perd dans des bottes fortes à embouchures ornées de broderies et d'un gland d'or.

On a revêtu Marceau de son uniforme vert à passementeries d'or et d'argent sur la poitrine ; il tient à la main, dans son gantelet en peau jaunâtre, la lame nue d'un sabre recourbé. Une écharpe rouge entoure sa ceinture. Près de lui, à son chevet, est assis un officier (Kray, sans doute) dont la douleur poignante est communicative, bien qu'on n'aperçoive pas sa figure, cachée dans sa main par un mouchoir. Certes, celui-là ne pose pas. Les autres personnages du tableau sont dans des attitudes qui expriment toutes d'une manière différente le respect et l'affliction. On est tenté de s'incliner comme ce personnage du premier plan, à écharpe verte, qui est peut-être l'Archiduc lui-même ; une indication des noms n'aurait pas été inutile au-dessous, dans un tableau qui, à une haute valeur artistique, ajoute celle d'une peinture d'histoire ; car nous ne pouvons croire que toutes ces figures soient de pure fantaisie. Dans tous les cas, nous aurions voulu connaître, même à cet égard-là, l'idée de l'artiste.

IV

Nous aurions aussi à parler des deux autres œuvres qui nous paraissent les plus remarquables en peinture dans le Salon de cette année, et qui le sont sans conteste. Il s'agit d'abord du portrait de M. Thiers, par M. Léon Bonnat (encore un Méridional); la figure de M. Thiers est trop connue pour que nous la décrivions de nouveau ici. M. Bonnat est l'un des premiers peintres de portraits du temps, et, de l'avis de tous, ce portrait de M. Thiers, en pied, vu jusqu'à mi-jambe, en redingote noire boutonnée, ajoute encore à la réputation de l'artiste. — Un homme de beaucoup d'esprit nous disait devant cette toile : « C'est le portrait d'un avoué romain de première instance. » Le mot est typique.

V

Nous avons hâte d'en arriver à l'autre chef-d'œuvre du Salon, qui est, aux yeux des artistes compétents, le triomphe de notre illustre compatriote, M. Alexandre Cabanel.

Pour admirer son tableau de *Lucrèce et Sextus Tarquin*, il faut commencer par se défaire de toute prévention à l'égard du classique. Il faut se rappeler qu'Ingres et Raphaël sont dans la nature aussi bien que le romantisme et le réalisme, — Eugène Delacroix et Gustave Courbet (deux antipodes eux-mêmes). Si l'on a présent tout ce que l'on a été élevé à aimer dans sa jeunesse et aussi ce qui en découle en grande partie, et qu'on vient de retrouver à l'instant même en parcourant le Salon, on est devant la *Lucrèce* de M. Cabanel comme un fanatique de *Tragaldabas* devant la *Lucrèce* de Ponsard. On n'en sent pas tout d'abord les beautés. On a besoin de se recueillir et de faire mentalement son chemin de Damas, afin d'être bien en état d'admirer une œuvre d'une gamme aussi juste, d'une harmonie aussi parfaite, où, pas un pli, pas une note ne détonent ni ne jurent, d'un si haut sentiment artistique en un mot. Notre ami Baudouin, qui a beaucoup travaillé à notre conversion dans ce sens, nous disait : « On ferait une statue de cette *Lucrèce*. » Et, en effet, il y a là de la statuaire antique ; à force de nous y arrêter, nous avons fini par revenir de loin et d'une prévention à l'égard de ce qui nous avait paru (nous l'avouons) d'abord un peu froid.

Nous ne connaissons pas d'œuvre d'art supérieure au Salon comme suavité et comme goût. Nous ne parlons que de la peinture. Quant au sujet, l'artiste l'a groupé de façon à établir un parfait contraste, par le rapprochement des tons, entre les deux personnages qu'il a mis en scène.

Nous ne pouvons nous empêcher de songer à l'Odéon, mais qu'importe ? Lucrèce est assise, filant de la laine avec un grand fuseau qu'elle tient à la main ; près d'elle est une sorte de rouet antique, que nous admettons comme couleur locale sans nous informer où l'artiste en a trouvé le modèle. Dans tous les cas, il est aussi loin du légendaire rouet qui file dans la *Dame Blanche* ou dans *Faust* que de notre machine à coudre. On dirait plutôt l'intérieur d'un piano avec des cordes fines et fluettes, dont on aurait envie de pincer. Je viens de parler de *Faust* ; il y a bien un peu de cela (pour si disposé qu'on soit à reconnaître l'originalité complète de M. Cabanel) dans l'attitude de ce Tarquin, se penchant sur le dossier du siége de Lucrèce, pour lui parler de plus près et pour ainsi dire dans le tuyau de l'oreille. Ce qu'il lui coule ainsi tout bas dans sa tentative de séduction, se devine sur la figure de la grande dame dont les lèvres se plissent avec une expression froide et noblement indignée.

On nous fait observer que Faust est jeune et beau ; c'est juste, mais alors ce Tarquin se rapprocherait par sa physionomie anguleuse et osseuse de celle de Méphisto. Ses yeux noirs, serpentins et tortueux, ont cette expression maudite qui fait songer à cet autre damné du moyen âge, Claude Frollo, devant les charmes de la Esmeralda.

Quoi qu'il en soit, la beauté de Lucrèce est bien faite pour inspirer des désirs, même à de plus vertueux que Tarquin ; c'est une beauté chaste et fière, mais elle dessine, sous les plis de la robe montante, ce que d'autres mettent tant d'art à ne pas cacher. C'est une poitrine admirable, tellement collée à l'étoffe, qu'elle semble moulée dedans, et rarement on rencontre (même dans ces conditions voilées) quelque chose d'aussi pur et d'aussi beau. Ce n'est pas au Salon toujours, où tant d'échancrures en forme de cœur, retenues seulement par une rose, en guise d'épingle ou de broche, ont l'air de dire : « Tu n'auras pas ma rose, » pour vous inviter à la dégrafer (en peinture seulement, bien entendu). La *Lucrèce* de M. Cabanel les distance toutes, ces beautés fardées, factices, frelatées et travaillées, que l'école impressionniste a mises à la mode. Ce que Tarquin a de vraiment beau, ce sont ses cheveux noirs sur une peau brune, huileuse, et condamnée par cela même, d'après certains physiologistes modernes, aux vices et aux crimes qu'engendre la bestialité. Mais, en regard de ces cheveux bien romains, l'artiste a créé, sur la tête de Lucrèce, la plus idéale chevelure rousse qu'on ait imaginée depuis le Titien ou Eugène Sue, qui en a donné une pareille à Adrienne de Cardoville. Cette chevelure chaude, crêpée, doit avoir des senteurs qui montent à la tête de Tarquin et lui inspirent des projets criminels. On comprend qu'il se grise en dépit des airs froids et sévères que la vertu outragée donne au visage de Lucrèce : mais ses grands et longs yeux, ses cils bruns, la délicatesse même de ce cou, si beau, si droit, si bien planté, si correct, tout dans sa personne la condamne à être l'héroïne immortelle d'une tragédie amoureuse.

Il nous reste juste assez d'espace pour signaler dans la même salle le beau portrait de Mme X..., une Juive brune, vêtue en satin blanc, et dans lequel M. Cabanel donne encore une leçon de goût et de bon ton à deux portraits qui font face aux siens.

Il y a un abus de gorges cette année-ci au Salon ; M. Benjamin Constant, le voisin de M. Cabanel, Mlle Abbéma et M. Pinchart ont tout montré par cette petite échancrure dont nous parlions tout à l'heure et auprès de laquelle la robe décolletée devient parure de première communion. Cela a même donné lieu à un plaisant quiproquo : le portrait par M. Pinchart se trouvant placé à côté d'un paysage de notre compatriote, M. Node, quelqu'un a demandé : « Qu'est-ce que cela représente ? — Ce sont les gorges de la Mosson, » a répondu un passant. — « Vous vous trompez, » a dit alors une autre personne qui regardait à côté ; « c'est le portrait de Mlle X. » Voilà où conduit la confusion des gorges.

Nous nous proposons de revenir au Salon la

semaine prochaine, et de consacrer notre chronique au département de l'Hérault, dont le nom y est très-honorablement porté.

8 mai 1877.

LE
DÉPARTEMENT DE L'HÉRAULT AU SALON

I

M. EUGÈNE BAUDOUIN. — UN SONNET DE M. XAVIER DE RICARD. — LES DEUX ÉLÈVES DE M. FRANÇAIS. — M. RAPIN. — LES SUJETS RELIGIEUX AU SALON. — M. HENRI BOUCHET-DOUMENQ. — M. CHARLES BRUN. — M. PIERRE CABANEL.

Allons ! la Cigale, puisque c'est dans ce symbole d'un art étranger à la peinture qu'on a personnifié le Midi, est bien représentée, cette année, au Salon. Le département de l'Hérault, en particulier, a fourni son contingent en bonne mesure : quinze peintres, trois sculpteurs, cinq dessinateurs. On voit que le goût des arts ne se perd pas dans la contrée qui a donné naissance à Sébastien Bourdon, à Vien, à Fabre, etc.

Nous ne venons pas ici faire notre petit Gustave Planche en jugeant des amis qui dînent avec nous une fois par mois. Nous sommes fort peu prédisposés à la sévérité, et si nous avons besoin d'indulgence, c'est pour nous-même, qui parlons d'un art qui s'impose aujourd'hui à l'actualité, mais qui ne nous est familier en aucune façon. Tout critique qui se mêle de parler de peinture sans en connaître les éléments, rappelle un peu cet aveugle qui parlait de couleurs : on n'est bon juge dans un art quelconque que lorsqu'on peut mettre la main à la pâte. Hoffmann, l'auteur des Contes, exprimait le même sentiment à l'égard de la musique, quand il écrivait à un ami : « Ton S... a tout à fait raison ; tu perds beaucoup de félicité à ne jouer d'aucun instrument. Ne le prends pas en mauvaise part. L'audition n'est rien du tout ; les sons étrangers font entrer en toi des idées ou plutôt des sentiments muets ; mais quand tu *exhales* des sensations individuelles, langue inarticulée du cœur, au moyen des sons de ton instrument, alors seulement tu sens ce que c'est que la musique... [1] »

Cette sainte ignorance où nous sommes du métier, par rapport à la peinture, doit du moins nous préserver (ce que nous avons le plus à cœur) de tout pédantisme. Nous ne nous considérons encore, plume en main, que comme le commensal et comme le compatriote de bons camarades assis avec nous autour d'une table ronde ou ovale, où chacun a plus ou moins ses degrés de chevalier; — tout le monde est gentilhomme dans un pays libre (en Angleterre même tout le monde

---

1. Hoffmann, *Contes posthumes*, traduits par Champfleury (1856), p. 100.

est *esquire*) — mais où personne ne cherche à faire prévaloir ses titres sur son voisin. Nous procéderons donc, si on nous le permet, en vertu de ce sentiment confraternel et égalitaire, par la méthode naturelle, qui n'implique ni prédilection ni préséance, et qui est l'ordre même indiqué par le livret ; nous suivrons l'ordre alphabétique dans ce compte rendu où nous n'avons d'autre ambition que d'interpréter la pensée artistique de nos compatriotes et amis.

I

Rien ne ressemble à un site provençal comme un site languedocien, et ceci n'est point une critique à l'adresse de la campagne du Midi. Ces analogies de caractère tiennent à des questions de climat. Nous avons été frappé l'an dernier, en parcourant la Provence, dans les environs de Roquemaure, d'y retrouver (sauf le grand fleuve qui la traverse et la fertilise sur ses bords) ces rochers couverts par places d'une végétation touffue et rabougrie, qui font des plaques vertes sur des teintes grises, et qui s'harmonisent si bien avec ce ciel d'un bleu implacable, tellement incandescent à de certaines heures, qu'on dirait du plomb dans l'air. L'olivier pâle, au feuillage grêle, n'a pas, dans ces plaines poussiéreuses de notre Midi, l'aspect grandiose qui poétise l'arbre de la province de Nice ou des célèbres jardins de Judée. Nous n'avons chez nous que l'olivier nain et un peu monotone, surtout dans les champs ou les vignes, côtoyant les chemins battus. Il lui faut la lande stérile, la *garrigue*, le rocher nu, à arêtes vives ou à dos arrondi et bleuâtre, où la mousse elle-même ne croît pas, pour reprendre ces contorsions pittoresques qui sentent l'énergie et l'effort et lui donnent un caractère particulièrement maigre et nerveux. L'arbre utile se transforme alors en arbre de luxe ; il crée autour de lui un site attrayant et mystérieux, d'une souriante mélancolie ; ses formes frêles et élancées, couronnées de ce feuillage dont la tendre nuance à reflet d'argent rappelle un peu celle du saule, font illusion. Il est proche voisin, dans ces lieux, du chêne-liège et de l'yeuse : c'est un arbre libre, un arbre des bois : il est planté, ou plutôt il est venu pour ainsi dire tout seul, en se tordant, à mi-côte et presque sur les hauts sommets ; tout est relatif dans les contrées où il n'y a pas encore de hautes montagnes. Il nous fait penser, par ses allures fières et indépendantes, au fameux sonnet, lui-même si tourmenté mais si énergique, de M. de Ricard sur *la Garrigue*, nous ne l'avons jamais mieux compris qu'en regardant en ce moment le tableau de M. Eugène Baudouin : *la Cueillette des olives dans le bas Languedoc* ou (pour mieux localiser) dans les environs de Montpellier, sur ce versant de la colline de Castelnau, si propre à tenter en effet un peintre ou un poëte. Nous nous répétions tout bas les vers de M. de Ricard, dont nous avions l'image vivante sous les yeux :

> Puisse ma libre vie être comme une lande
> Où, sous l'ampleur du ciel ardent d'un soleil roux,
> Les fourrés de kermès et les buissons de houx
> Croissent dans des senteurs de thym et de lavande !
>
> Que, garrigue escarpée et sauvage, elle ascende
> La Liberté d'un air fouetté par les courroux
> Du mistral, tourmenteur fougueux des arbres fous,
> Puis, dans l'isolement, s'allonge toute grande ;
>
> Heureuse de la paix grave des oliviers,
> Du miel doux de la figue et des micocouliers
> Jaillissant de ses rocs, roussis aux ćtés fauves,
>
> Et, rêvant, arrivée au flux d'un souffle amer,
> Sous les horizons fins mouillés de vapeurs mauves,
> Regarde s'aplanir dans le lointain — la mer !

C'est de la poésie *impressionniste,* et c'est aussi étrange que du Baudelaire, inspiré par le souffle sain de la lande. — M. Eugène Baudouin avait ce paysage sous les yeux quand il a fait son tableau, mais il l'a pris à un autre moment, non pas à une heure plus sereine, — car on est nécessairement en hiver pour la cueillette des olives, — mais par un ciel calme et bleu où le soleil chauffe et dore les toits des *mas* voisins, si reconnaissables, pour qui les a vus jadis, à leur tonnelle verte.

. L'œuvre de M. Baudouin n'est pas seulement une scène locale, c'est un tableau de genre intéressant tout le Midi. Il est particulièrement montpelliérain, par le costume de la femme qui abat les olives à coups de gaule ou de celles qui les recueillent en bas sur un drap étendu à terre, suivant la coutume ; — il y a aussi une échelle à trois pieds, appelée *chèvre* — d'autres détails encore, tels que la bourrique paissant et broutant, et le panier aux provisions (ce qu'on appelle *lou recaté*), enfoui dans l'herbe maigre et hérissée, qui caractérisent bien certains usages locaux ; — mais par l'ampleur de la composition ; l'étendue du paysage, plein de soleil et de lumière ; l'étincelant miroir du fond, formé par la mer, dont le bouquet d'arbres du premier plan coupe la ligne horizontale qui brille encore par places à travers les intervalles libres, M. Baudouin a agrandi son œuvre et lui a donné pour limites les extrêmes confins de la Provence et du Languedoc, de toute la contrée, en un mot, où l'olivier est en honneur. Hors de là, cette toile reste encore comme une œuvre originale et bien *française,* — parce qu'elle a ses racines dans le sol, qu'elle en est sortie, qu'à l'exemple des Le Nain, l'artiste a aimé la réalité et s'est inspiré fidèlement de ce qu'il a voulu peindre. Il a fait à sa façon son jardin des Oliviers ; seulement il ne l'a pas imaginé, il l'a découpé en pleine nature, et a montré ce rival du chêne croissant partout entre les interstices des rochers. Il a fait de son sujet une peinture d'autant plus *historique,* qu'elle retrace une scène de la vie de campagne qui se renouvelle tous les ans à la même époque. Supposez que l'olivier vienne à disparaître comme la vigne sous un froid rigoureux ou meurtri par un autre fléau : il restera la toile de M. Baudouin, représentant *la Cueillette des olives.* « Des tableaux comme celui-là ne se démodent jamais, » nous disait M. Auguste Préault, et c'est le sentiment du public devant l'une des œuvres les plus sincères du Salon.

M. Baudouin n'a pas dit adieu à ces environs si agrestes de Montpellier sans en emporter une autre page, qu'il avait sous les yeux et qu'il a prise, pour ainsi dire, à vol d'oiseau. C'est comme jeté d'en haut sur la toile : nous n'imaginons rien de plus accidenté, de plus pittoresque et de plus gigantesque à la fois que ce paysage du *Mas du Diable* et du *Rocher de Substantion.* Tout le monde connaît cela à Montpellier, et y ajoute instinctivement le nom de l'abbé Favre. M. Baudouin s'est approprié le site à son tour, et il en a fait l'une des œuvres les plus émouvantes de son pinceau de paysagiste. Nous ne pouvons passer devant sans y jeter un long regard, et c'est pour nous d'un attrait tout particulier et comme inexprimable. Cette eau profonde et verdâtre de la rivière du Lez qui coule au fond d'un abîme, encaissé d'un côté par d'énormes rochers taillés à pic, et de l'autre par les bosquets de Monplaisir ; cette route poudreuse et blanchâtre du premier plan, qui traverse le paysage, court sur des précipices et les contourne, formant ainsi deux terrasses opposées et vis-à-vis comme les deux extrémités d'un bastion ; partout au loin des rochers parsemés de verdure ; le moulin de Navitau, émergeant d'un bas-fond au milieu des arbres ; le Mas du Diable à droite ; le village de Clapiès plus loin par derrière ; puis, plus loin encore, le village de Montferrier tout recrépi en ce moment des rayons du soleil au sommet de sa colline, sur l'autre rive du Lez, dont on suit les sinuosités aux contours que la cime des arbres trace au-dessus des rochers entre lesquels le lit du fleuve est creusé ; enfin, la ligne bleue des montagnes du fond, qui semblent, à cette distance, ne former qu'une chaîne avec le mont Saint-Loup, et dont le ton franchement cru de bleu de ciel (tel qu'il est dans la nature) fait le plus harmonieux et le plus doux contraste avec les tons verts et blanchâtres du premier plan... tel est ce tableau ; nous ne pouvons attribuer uniquement à des souvenirs d'enfance l'impression profonde qu'il a laissée dans notre esprit.

II

Un de nos plus célèbres paysagistes, et l'un des maîtres les plus délicats du genre, qui, tout en prenant la réalité pour base, cherche avant tout à en exprimer le rayonnement, M. Français, qui s'est contenté d'envoyer au Salon une admirable aquarelle, nous disait : « Je suis heureux et fier de deux de mes élèves qui sont au premier rang cette année parmi les paysagistes : c'est Baudouin et Rapin. » — Ce rapprochement de noms de deux artistes dont l'un excitait naturellement notre curiosité comme compatriote, et dont l'autre avait été signalé à l'attention publique par les journaux depuis l'ouverture du Salon, nous a donné envie de nous rendre compte de l'œuvre de M. Rapin ; et si nous nous écartons en ce moment de notre programme régional par un aperçu hors barrière, c'est par pur esprit d'examen, et parce que nous aimons à tout connaître. La place occupée du-reste par M. Rapin justifie bien qu'on s'arrête devant ses deux toiles. Ce sont deux vastes paysages, qui n'ont d'autre sujet que le spectacle de la nature à deux saisons et à des heures parfaitement opposées. — La pointe de sentiment, comme on voit, mêlée à la réalité : c'est en cela que l'artiste est peintre et poëte. —

L'un représente le matin au printemps, et l'autre le soir, en décembre, dans les bois de Cernay. Le *Matin* est un paysage frais, une idylle qui n'a pour acteurs visibles que la verdure et l'eau gazouillant sous bois sur les cailloux. La nature encore tendre se réveille ; les dernières vapeurs du crépuscule, mêlées aux premiers rayons du soleil, estompent le sommet des arbres au fond du bois. Il y a là comme un reste de brouillard qui va disparaître, et c'est ce qui constitue la poésie du tableau. Sur le premier plan, au contraire, la terre est plantureuse et d'une végétation touffue, qui n'a rien eu encore à souffrir des baisers trop brûlants de l'été. On a envie de se retremper là dans un bain d'isolement, au murmure d'une eau courante. Le merle siffle dans les branches ; on entend partout des roucoulements et des appels de la nature en travail. Il nous semble que nous avons fait souvent cette promenade à la même heure, dans les bois de Clamart, — tant il est vrai, comme nous le disions plus haut, à propos des paysages du Midi, que la nature ne varie guère sous un même climat.

L'autre paysage de M. Rapin, qui fait pendant et contraste à un matin de printemps, évoque des souvenirs fantastiques à cette heure où la nuit descend, en décembre, à travers les grands arbres dénués de feuilles. Les géants de la forêt, debout et bien droits, entre-croisent leurs branches dans un inextricable fouillis ; l'un d'eux, plus haut que les autres, se détache dans le ciel de toute l'envergure de ses grands bras, affectant la forme de la pomme d'une canne de tambour-major. Le ciel est rempli de lueurs rouges du soleil couchant, qui percent la forêt et semblent allumer un incendie sous bois. Il y a comme des bruits de fanfares et des sons de cymbales lugubres qui s'affaiblissent, dans ces tons cuivrés du ciel auxquels les nuages ont l'air de se heurter en résistant à ces dernières clartés du soir qui s'éteignent et meurent. Quelques éclaircies de bleu, légèrement teintées de lueurs blanchâtres et jaunissantes, complètent un vrai ciel d'hiver. L'obscurité pénètre dans les régions inférieures, où toute la forêt se reflète de bas en haut dans une eau dormante et trouble, vraie bauge à sangliers, toute chargée elle-même d'une végétation malsaine. Une sombre colline à droite envoie aussi au fond de la vallée ses ombres noires, qui prêtent à la nuit leurs teintes funèbres et font ressortir, à cette heure crépusculaire, la valeur de certains arbres grêles, au feuillage frêle et jauni par l'hiver. Si nous n'étions en Seine-et-Oise, nous nous croirions en Berry, dans une de ces vallées noires dont parle Mme Sand. L'enseignement à tirer des leçons d'un paysagiste, pour un homme sédentaire et qui n'est pas peintre, est d'apprendre, par la vue de ces toiles, à connaître la nature et à s'identifier au moins par l'imagination avec les spectacles qu'elles nous rendent.

III

Nous signalions l'autre jour certains abus dans la toilette des femmes. Nous pourrions peut-être reprocher aussi au Salon un peu trop de peintures religieuses ; ainsi nous avons vu deux immenses toiles, presque identiques, placées presque aux deux extrémités du vaste bâtiment de l'Exposition, et représentant l'une et l'autre deux saints qui ressuscitent et se promènent moins gracieusement que les nonnes de *Robert le Diable* qui ont soulevé la pierre du sépulcre. Ces sujets ne sont plus de notre temps et ne peuvent aujourd'hui passionner personne : ce ne sont que des thèmes exécutés à froid, comme les tragédies que les écoliers tentent encore au sortir du collége. Le moindre sujet vivant, un charbonnier dans sa cabane, nous intéresse davantage que ces exhibitions de miracles en faveur desquels on ne peut pas invoquer l'histoire. Elles n'ont d'autre excuse que le talent quand il y en a (même sans croyance), et, à ce titre seul, nous rendons toute justice à M. Henri Bouchet-Douménq, qui a exposé une sainte Cécile martyre. « Longtemps après sa mort, » dit le livret, « des chrétiens retrouvèrent son corps miraculeusement conservé et recueillirent son sang. » C'est ce sang qu'étanchent deux vierges chrétiennes, et c'a été un beau prétexte à M. Henri Bouchet pour peindre des étoffes et des figures de femmes de grandeur naturelle. Une grande suavité de tons règne dans cette toile. Il y a de la poésie et du sentiment. Nous avons cru reconnaître un portrait (que nous avons salué d'en bas avec respect) dans la tête de ce vénérable apôtre à barbe fine, qui lève les yeux au ciel et les mains en l'air, avec une expression douce et inspirée, à la vue du miracle.

IV

M. Charles Brun, de Montpellier, a exposé une jeune fille, — encore une cigale, qui est bien tout le contraire de celle de M. Villa dont nous parlerons plus tard. — Ici la cigale, ayant chanté et joué du violon, n'a pu ramasser que quelques pièces de monnaie, qu'on peut compter sur une chaise. La pauvre enfant, une jeune fille blonde et pubère, est assise sur un grabat, — elle a gardé dans les mains son archet et son violon, et se livre au découragement. On sent qu'elle a froid ; ses genoux sont serrés. Il y a dans sa pâleur un souvenir de Tassaërt. Elle porte au cou un scapulaire, qui devrait bien la préserver de la misère et peut-être aussi des mauvaises pensées qui en seront la conséquence.

Dans un autre tableau, M. Charles Brun a

peint une porte orientale, souvenir de Constantine. C'est un joli motif d'architecture moresque : un Arabe cause, le pied sur le pas d'une porte, avec des dames qui n'ont pas l'air de vouloir la lui ouvrir plus grande. Cette porte a un marteau et une batterie de gros clous qui la rendent mystérieuse. Qu'est-ce donc ? Le préjugé oriental voulant que les verroux et les grilles gardent la vertu des filles, il est étonnant que ces dames causent avec un voisin ou un passant, le nez à découvert et la porte entre-bâillée.

V

M. Pierre Cabanel marche sur les traces de son oncle, non pas qu'il aborde les mêmes sujets, mais il a témoigné d'un véritable talent et de grands efforts dans l'importante composition qu'il a exposée cette année. C'est une œuvre bien moderne, d'un intérêt saisissant et très-dramatique. Huit personnes, dont deux femmes, ont pu échapper au naufrage d'un navire sur les côtes de Bretagne, en se réfugiant dans une chaloupe. La frêle embarcation aborde contre un rocher, le long duquel il faut hisser l'une des malheureuses femmes très-pâle, les cheveux défaits et évanouie. L'autre femme n'a pu résister à tant de secousses, et elle gît mourante dans la nacelle, la main inerte et baignant dans la mer. Un pauvre soldat a le front tout ensanglanté et porte les traces d'une grande faiblesse sur son visage. La mer, qui secoue la chaloupe au flanc du rocher où on a de la peine à la retenir, se soulève comme un sein gonflé avec des teintes grises. Il y a une grande énergie dans cette toile, dont tous les personnages sont de grandeur naturelle. Nous félicitons M. Pierre Cabanel de s'être tiré avec honneur d'un sujet où la tradition ne pouvait lui venir en aide, car il n'y a que des costumes et des physionomies d'hier et d'aujourd'hui dans cette grande composition.

Nous ne pouvons faire entrer dans cette chronique tout ce qui nous reste à dire encore des artistes de notre département ; nous demandons la permission de consacrer au Salon une troisième chronique. Nous commencerons dans la prochaine par parler de M. Eugène Castelnau.

15 mai 1877.

LE DÉPARTEMENT DE L'HÉRAULT AU SALON

II

(SUITE)

M. EUGÈNE CASTELNAU. — M. COFFINIÈRES DE NORDECK. — M. NODE. — M. COT. — Mlle DE VOMANE. — M. GLAIZE FILS. — M. GLAIZE PÈRE. — M. GONZAGUE-PRIVAT. — M. JULES LAURENS. — M. BONAVENTURE LAURENS. — M. MARSAL. — M. MATHIEU. — M. ROUSSY. — M. TRINQUIER. — M. VILLA.

Un vent de Ligue souffle sur la France. C'est une tâche ingrate et difficile, dans de telles circonstances, d'avoir à parler beaux-arts. L'esprit public, à bon droit, a d'autres préoccupations plus urgentes. Fidèle cependant jusqu'au bout au devoir que nous nous sommes imposé, et considérant même tout coude au milieu du chemin, sous un prétexte quelconque, comme une trahison envers le public, notre juge, nous reprendrons nos promenades au Salon, où nous les avons laissées la dernière fois, et nous continuerons à parler des artistes du département de l'Hérault.

I

M. Eugène Castelnau a exposé un grand tableau religieux représentant la Vierge-Mère et la Madeleine devant le cadavre du Christ, descendu de la Croix. Nous ne répéterons pas ce que nous avons déjà dit de ces sujets archaïques, et qui nous laissent toujours un peu froid. M. Castelnau est un peintre italien plus que français : il s'inspire du moins du sentiment des maîtres classiques. Nous ne nous permettrons pas de lui en faire un reproche, car il pourrait nous rendre la pareille, et nous dire à qui nous ressemblons ou du moins auprès de qui nous avons contracté des plis notables d'esprit et de style (si tant est que nous ayons tout cela). Dans tous les cas, nous reconnaissons nous-même qu'ils sont acquis plutôt qu'innés en nous. Ce que M. Eugène Castelnau possède bien en propre et qu'on ne saurait lui contester, c'est l'entente de l'anatomie. Le corps inanimé de son Christ paraît peint d'après nature. La pâleur livide et blafarde du cadavre est éclairée par un rayon pâle et lumineux qui répand une teinte d'harmonie sur ce beau corps. Les jambes étendues sont d'une remarquable finesse et d'un dessin élégant. Une blessure rouge sous le pied gauche et une autre au-devant du pied droit marquent la place percée par les clous meurtriers qu'on voit à terre, de l'autre côté du tableau, portant encore des traces de sang. La poitrine aussi est marquée de rouge à l'endroit du cœur, — là où a été donné le coup de lance. — D'autres taches ensanglantées font une auréole à cette chevelure blonde et légendaire bien connue. La barbe fine, emmêlée, la bouche fermée, le nez, les yeux, le lobe de l'oreille droite dont on ne voit que la partie supérieure, la main gauche, admirablement modelée, et sur laquelle aussi le clou fatal a creusé sa cruelle empreinte, tout cet ensemble de physionomie est émouvant et laisse une impression douloureuse. C'est un poëme d'agonie et de souffrance qu'on lit encore sur chacun de ces traits blêmes, éclairés çà et là par des points d'une lumière douce et blanche, que projettent les lugubres lueurs d'un ciel d'orage au-dessus de l'horizon gris et noir.

La Vierge-Mère — véritable *Mater dolorosa* — soulève la main droite de son Fils et montre sans doute la plaie saignante qui la traverse à la Madeleine, dont l'expression de visage est tout éplorée. Nous essayons d'expliquer le sujet de ce drame qui nous rappelle, hélas! d'autres drames sanglants et lugubres encore peu loin de nous. Il nous semble que nous avons vu naguère ce cadavre d'un jeune homme autre part qu'en peinture ou sur une table de dissection. Cette poitrine, ces mains et ces pieds troués et percés, évoquent en nous des souvenirs qui appellent aussi le mot Pardon que le Sauveur avait sur les lèvres en expirant. La couronne d'épines est tombée de la tête et gît à terre à côté des clous.

M. Eugène Castelnau n'a pas fait le signe de la croix; il n'a peint que les pieds des arbres de supplice, et encore n'est-il entré dans son plan que d'en peindre deux. On ne voit que deux pieds de croix sur son Calvaire; nous ne le chicanerons pas sur son idée, bien que nous ne la comprenions pas. Il a supprimé un des larrons. Cela le regarde. Le paysage est sombre et sévère, fermé par des montagnes noires et sans végétation. La tradition le veut ainsi, bien que M. Renan nous ait peint les paysages de la Judée tout riants; mais sans doute le site du Golgotha présente cet aspect sinistre. Les crucificateurs s'en retournent gravement à quelque distance par un détour de la montagne, emportant l'échelle et la lance. La Madeleine est revêtue d'un large vêtement bleu et très-étoffé, sur lequel retombent en arrière les longues tresses de ses cheveux blonds, qui *déchristianiseraient* le sujet, si l'amour divin et platonique ne remplaçait à tout jamais, en ce moment, l'amour humain et terrestre. Un pan de riche manteau, d'une étoffe jaune et telle que les odalisques seules peuvent encore en montrer en Orient, recouvre une partie du vêtement bleu. Elle a un très-beau bracelet au bras gauche. Le visage ridé et vieilli de la Vierge-Mère, — une femme d'un certain âge en deuil dans un voile noir, — nous a rappelé par son expression désolée une de ces bonnes vieilles grand'mères, — qu'on appelle des *mamétes* dans le Midi, — pleurant un petit-fils perdu. On sait quel sentiment naturel en fait des secondes mères pour l'enfant né de leur fils ou de leur fille. La Vierge de M. Eugène Castelnau est bien deux fois mère par la douleur à ce prix.

II

Le nom de M. Coffinières nous rappelle la place du Petit-Scel à Montpellier et un ami de collége; mais celui de Nordeck qui le suit de près nous a toujours dérouté. Quoi qu'il en soit, M. Léon-Gabriel Coffinières de Nordeck, un des exposants de cette année, est notre compatriote, et fils, si nous ne nous trompons, d'un général que l'empire avait placé à l'École polytechnique, et qui a depuis joué un certain rôle à Metz.

M. Coffinières de Nordeck est un homme du monde et vise à être un peintre à la mode, à en juger par le choix de ses sujets et la peinture chatoyante et distinguée d'un paysage aristocratique, intitulé : *la Source du lac de Dampierre, effet de matin*. M. de Nordeck aime la nature propre et brillante : il y a là un effet de brouillard qui peut rivaliser avec celui de M. Node dans ses *Gorges de la Mosson*. De tels paysages ne présentent pas un grand caractère. Celui de M. Coffinières ressemble d'en bas à un miroir dans un beau cadre. Il y a bien aussi un peu quelque chose de cela dans le tableau de M. Node. Cependant les arbres pommelés à la fine taille, élancée et grêle, qui s'élèvent au bord du lac de Dampierre, dans le tableau de M. Coffinières de Nordeck, ont une certaine grâce et de l'élégance, qui rachètent jusqu'à un certain point le manque de caractère du reste de la composition. Les joncs aussi ondulent bien dans le lac comme une forêt marécageuse. Des ronds lumineux brillent et glissent sur l'eau au soleil levant, comme ceux que l'on voit produits par ces insectes insaisissables et nerveux qui diamantent la surface d'un lac ou d'une mare, quand le soleil donne.

Mais il serait injuste de n'apprécier le talent de cet artiste que d'après son paysage. Comme certains journalistes ou vaudevillistes et autres hommes d'esprit peu ou point inspirés devant la nature, M. Coffinières de Nordeck traite à merveille les petits sujets de genre. Il a exposé un éventail peint à l'aquarelle, qui est un adorable kaléidoscope de fantaisie, où les tons les plus fantastiques se mêlent aux bizarreries les plus fines et les plus spirituelles. Cette œuvre a pour titre : *La journée d'un homme du monde.* C'est un écheveau embrouillé et compliqué, où l'on voit que l'artiste est passé maître et plein de son sujet. Tout ce qu'accomplit dans sa journée un homme à la mode est figuré par de petites scènes très-mêlées et parfois d'un haut comique. Mais on deviendrait fou à vouloir le décrire, bien que tous les épisodes en soient parfaitement nets et clairs. Mme la princesse Mathilde est propriétaire de ce chef-d'œuvre. Cela n'étonnera personne que M. Coffinières de Nordeck soit bonapartiste.

III

C'est dans la peinture de portraits surtout qu'il est nécessaire d'être peintre soi-même pour bien apprécier les qualités et les difficultés de l'œuvre qui échappent au simple amateur. Aussi ne nous arrêterons-nous pas à décrire le beau portrait de M. T..., doyen des notaires de Paris, exposé par M. Cot, de Bédarieux. M. Cot n'en est pas d'ailleurs à faire ses preuves, et puis de quoi le louerions-nous plus particulièrement? Nous ne doutons pas qu'il n'ait fait un portrait fort ressemblant, et ce n'est plus une qualité à louer dans un portrait, ou plutôt c'est la première, mais elle est tellement essentielle, qu'il est banal de la constater. Quant au tableau de M. Cot, c'est, toute proportion gardée, comme si quelqu'un s'avisait de découvrir que Cabanel a du talent dans le même genre.

IV

Nous profiterons de cette occasion pour parler tout de suite de Mlle de Vomane, autre peintre de portraits, née à Montpellier. Mlle de Vomane a exposé deux très-beaux portraits, l'un d'une jeune femme blonde, l'autre, en pied, d'une grande dame brune. C'est une excellente peinture, sobre, juste, très-délicate, d'un sentiment exquis, d'une élégance d'un grand et haut goût. Mlle de Vomane est, sans contredit, un de nos meilleurs peintres de portraits, et sans rien de détonant ou de choquant. La toilette de ses modèles est simple, du meilleur ton et du meilleur monde : c'est encore une leçon pour tous les *pétards* à la mode, dont nous parlions l'autre jour et qui s'étalent effrontément sous la signature de peintres hors concours, tels que M. Benjamin Constant. C'est indécent encore plus pour le goût que pour la morale.

V

Arrivons à M. Glaize père, puisqu'il y a aussi M. Glaize fils, né à Paris,— ce qui nous dispense de parler de ses *Fugitifs* ou plutôt de ses *Fugitives*, qui se glissent la nuit, mais non sans bruit probablement, par de grosses cordes hors des remparts d'Athènes. Si M. Glaize fils a peint des cordes, nous verrons tout à l'heure que M. Glaize père a peint des ficelles. Ce qu'il y a de plus caractéristique dans le gigantesque tableau des *Fugitifs*, c'est l'effet d'une ombre projetée sur le mur. Guignol et Shakespeare auraient tiré parti de cette ombre. Mais nous sortons de notre programme. M. Glaize fils n'est pas notre compatriote. M. Glaize père, au contraire, est né à Montpellier, où son nom est resté populaire. Il nous souvient d'avoir vu dans notre enfance deux charmants panneaux, peints par lui, qui servaient de devanture au confiseur Volle dans la rue de la Barralerie. Plus tard, nous les retrouvâmes chez notre regretté ami et coreligionnaire politique, le docteur Rosière. M. Glaize père se présente cette année au Salon avec des béquilles. Il a envoyé un sujet tiré d'une fable de Florian et qui n'est pas bien nouveau, *l'Aveugle et le Paralytique*. C'est l'aveugle portant sur son dos le paralytique et lui disant :

Je marcherai pour vous, vous y verrez pour moi.

C'est une toile de haute dimension, comme on le pense bien, pour peindre les deux personnages de grandeur naturelle. Le paysage est sobre, monotone même. Quelques teintes grises ou rougeâtres projettent leurs reflets lugubres sur des montagnes lointaines et effacées, sans verdure, qui font paraître longue la route que parcourent les deux mendiants, l'un portant l'autre. Le chemin est pavé de dalles larges et usées, comme les anciennes voies romaines. Tout cela ne se trouve point ainsi au hasard. Nous essayerons de dégager tout à l'heure la pensée philosophique du peintre, qui a approprié ses accessoires au sujet. Mais, à propos de ses deux mendiants suivant ensemble le chemin de la misère et se faisant assez allègrement la courte échelle, on se rappelle malgré soi la conversation de deux voyageurs qui traversaient l'Écosse à pied, et pour cause ; l'un d'eux, pour passer le temps, dit à l'autre : « Ce n'est pas gai, l'*Émile* de Rousseau. — Les milles d'Écosse non plus, » répond son compagnon.

Dans le tableau de M. Glaize, le paralytique, perché sur le dos de l'aveugle comme au sommet d'un observatoire, a une de ces figures à la Thomas Vireloque, de Gavarni. Dame ! il n'est pas payé pour voir la vie en rose. L'aveugle, au contraire, qui ne voit rien, a la mine plus confiante et plus gaie. Son visage est illuminé, et cela se comprend, comme celui d'un homme qui porte un lourd fardeau et qui marche depuis longtemps; mais il y va de bon cœur tout de même.

Son camarade, le paralytique, le dirige à l'aide d'un système de ficelles qu'il lui a attachées au bras droit et qui s'enroulent autour d'un long bâton recourbé en forme de crosse d'évêque, qui leur sert de gouvernail et de point d'appui. Ce bâton tient beaucoup de place dans le tableau de M. Glaize. Mais on n'y voit que bâtons et béquilles. Le paralytique a remisé ces dernières derrière son dos, en travers, de manière qu'elles forment, avec le grand bâton recourbé, une sorte de croix ou de figure symbolique, égalitaire ou triangulaire. Et il n'y a pas même un chien, cet autre compagnon de la misère, à tout cet attelage. Les deux compères se suffisent l'un à l'autre :

> Benedicite de sen Guillen,
> Sen prou per manja ce qu'aven [1],

comme aurait dit l'abbé Favre.

VI

M. Gonzague-Privat, de Montpellier, critique lui-même, comme on sait, peut défier la critique avec sa *Liseuse,* une des charmantes œuvres du Salon. C'est un tableau de petite dimension, dans lequel une jeune femme blonde lit, accoudée sur une table. Ses cheveux tombent gracieusement en

---

1. Benedicite de Saint-Guillem,
    Nous sommes assez pour manger ce que nous avons.
 Mais en français, la traduction ne rime pas.

boucles sur ses épaules et sur un petit fichu bleu. Elle est tout à fait absorbée par un livre à couverture jaune, et qui doit être par conséquent une nouveauté littéraire. Elle paraît sourire à sa lecture. Ses yeux baissés sur le livre ne montrent que le voile des paupières longues et fines, ombragées par de jolis cils à leurs bords. Il n'y a nulle pose dans cet abandon gracieux et tellement naturel qu'on ne sait comment l'exprimer. Un romancier de l'école anglaise, chaste et délicate, qui n'exclut ni le sentiment, ni la passion, y trouverait le sujet d'une création charmante. Le fond du tableau est exquis avec sa teinte un peu nuageuse, qui entoure cette jeune femme comme une émanation radieuse de sa beauté.

VII

Bien que M. Jules Laurens soit de Carpentras, trop de souvenirs l'attachent à notre pays pour que nous ne le considérions pas comme des nôtres. Il se présente au Salon avec deux peintures et deux lithographies. La porte d'Uscoup, en Asie Mineure, est un monument en ruine et des plus élémentaires, à l'entrée d'une ville ; on dirait qu'on s'est contenté, pour la construire, de poser trois pierres, dont deux verticales, l'autre horizontale. Les habitants vont et viennent sous ce pont improvisé. Un vieillard à barbe blanche médite tout à côté, à l'ombre ; le ciel est d'un bleu à défier le nôtre. Une femme, qui mène un âne chargé de légumes, me fait l'effet de venir de Pignan ou de Saint-Jean de Védas. L'illusion serait possible sans les minarets et les dômes orientaux, qui se découpent en blanc à travers de très-beaux arbres. M. Laurens a déployé là des qualités de savant orientaliste ; c'est une composition très-lumineuse et d'une coloration charmante.

Ses *Chrysanthèmes* blanches et rouges, dans un vase bleu, se fanent mélancoliquement et poétiquement. C'est le tableau de la *Chute des fleurs*.

Avec ses deux lithographies, d'après Gridel, il a fait la fortune de deux tableaux fort intéressants et qui le méritaient bien. Le *Sauve qui peut !* et *Une patrouille en famille* sont tout simplement deux études de mœurs de la vie des marcassins, dont l'une représente une troupe de ces animaux surprise par l'approche d'une locomotive et fuyant affolée. L'œuvre de M. Gridel était oubliée ; M. Jules Laurens l'a remise en honneur avec ses deux lithographies, et il s'est surpassé dans son interprétation spirituelle et fine sur la pierre.

Un recueil littéraire[1] nous montrera prochainement M. Jules Laurens observateur, plume en main, du langage et des mœurs du Midi. Pour

---

1. Le volume de la Cigale (chez Sandoz et Fischbacher).

aujourd'hui, nous devons un salut à son frère, M. Bonaventure Laurens, bien connu à Montpellier, qui a envoyé une aquarelle, dont le sujet est un effet de roseaux et de marécages pris à Palavas.

VIII

Nous ne pouvons passer devant *le Brigand,* de M. Édouard Marsal, sans fredonner un air connu de *Fra Diavolo : Voyez sur cette roche,* etc. Hé quoi! c'est là cet artiste qui illustre si gaîment *le Siége de Caderousse, le Sermon de M. Sistre,* et qui va chercher des types de convention dans les opéras comiques démodés, quand il n'a qu'à regarder autour de lui pour y trouver des types intéressants et vivants! Après tout, M. Marsal a peut-être voulu peindre Pomarède[1] déguisé en brigand calabrais. Nous nous demandons pourquoi les bandits de ces montagnes affectent des costumes si voyants, si compromettants, quand il serait si simple et si prudent de prendre la couleur des arbres et du terrain, comme font certains animaux qui se déguisent sous les feuilles. M. Marsal a de bonnes qualités de peintre, et il nous enverra une autre année une scène de mœurs locales.

1. Célèbre brigand, guillotiné à Pézenas.

IX

Nous félicitons très-sincèrement de son idylle M. Mathieu, de Saint-Jean-de-Fos. C'est une œuvre pleine de poésie et de fraîcheur. Voilà ce que c'est que de s'abandonner à la nature : avec elle, on n'a pas à craindre d'être trahi. Deux jeunes bergers, un garçon et une petite fille, se sont réfugiés, pendant qu'il fait trop chaud, dans une grotte toute tapissée de vigne vierge, d'iris et de bouillons fleuris.

Rien n'est plus doux à l'œil que l'intérieur de cette salle naturelle de verdure, où se passe une charmante idylle. Le jeune berger joue de la flûte et tient à charmer sa compagne, une innocente enfant encore toute jeune, et qui n'entend pas plus malice que lui à ces jeux charmants de Daphnis et Chloë. Elle est étendue à terre à ses pieds, vêtue seulement d'une peau de mouton blanc, en harmonie avec la couleur de ses cheveux blonds, tandis que l'adolescent n'est couvert à son tour que d'une peau noire de bouc ou de chèvre, qui cadre aussi avec la couleur de ses cheveux d'un noir de jais et de ses yeux qu'il a spirituels et malins. Il s'ingénie à jouer de son instrument : ses doigts cherchent les notes sur la flûte. Autour d'eux, tout sourit dans la nature;

leurs moutons, moins innocents qu'eux, paissent au dehors à l'entrée de la grotte. On chercherait cependant, pour que l'idylle antique fût complète et moins réaliste, un pied fourchu à ce jeune satyre qui ignore encore, mais dont la physionomie promet. Quant à la jeune fille, elle est dans toute sa candeur naïve.

X

M. Trinquier, du Vigan, et M. Roussy, de Cette, ont exposé, l'un une table de cuisine, l'autre un pot de raisiné. Sur la table de M. Trinquier, nous trouvons un chaudron où aura certainement cuit le raisiné de M. Roussy. Quant au pot de ce dernier, il nous paraît emprunté à la patrie de M. Mathieu, dont nous venons de parler : c'est de la poterie de Saint-Jean-de-Fos. On en voit à Sèvres, comme échantillon, dans la collection de céramique de tous les pays.

XI

Nos amis abusent un peu du sujet de la Cigale en peinture. Voilà M. Émile Villa qui en donne une à son tour, comme M. Charles Brun; mais la Cigale de M. Villa a dû trouver une fourmi moins avare que celle de La Fontaine, car elle n'a pas l'air de crier famine. Elle est, au contraire, des plus riches, des plus élégantes, dans sa chape historiée et surchargée d'ornements. Elle pince d'un petit instrument de musique qui paraît être aussi un objet d'art fort délicat et d'un grand prix, comme son costume.

En pendant à sa Cigale, M. Villa a peint une jeune fille habillée dans une robe à la Watteau, et donnant l'essor à des papillons enfermés dans une boîte. C'est une idée, cela. Est-ce aussi un symbole? Les papillons représentent-ils les amants de la dame retenus dans ses liens de soie et rendus un jour à la liberté? Ou bien sont-ce les maux qui s'échappent de la boîte de Pandore?

> O emme, emme, que de maux
> Tu causes dans un régiment!

Il faudrait s'expliquer; mais M. Villa songe sans doute avec raison qu'avant tout les qualités de peintre doivent dominer dans de telles études, et les sujets de ses tableaux ne sont que des prétextes à faire valoir la richesse de sa palette. Le succès a récompensé M. Villa, car sa Cigale a été une des premières toiles achetées par M. Goupil.

Il ne nous reste plus qu'à parler de la sculpture; mais il est trop tard pour aujourd'hui. Nous la remettrons à un autre jour.

23 mai 1877.

LE
DÉPARTEMENT DE L'HÉRAULT AU SALON
III
(SUITE ET FIN)

LES SCULPTEURS. — LE GROUPE DE M. MERCIÉ. — LE *SARPÉDON*, DE M. HENRI PEINTE. — M. CHAPU. — LA STATUE DE BERRYER. — LE MONUMENT DE Mme D'AGOULT. — M. INJALBERT, DE BÉZIERS. — SON GROUPE D'*ADAM ET ÈVE*. — LE *COUP DOUBLE*, DE M. AIGON, DE MONTPELLIER. — M. RÉLIN, DE BÉZIERS. — LA *BACCHANTE*. — M. GABRIEL FARAILL, DE SAINT-MARSAL. — M. HERCULE, DE TOULON. — L'*IXION*, DE M. HENRI PONTIER. — M. AUGUSTE PRÉAULT.

Pendant le second siége de Paris, nous nous hasardions quelquefois le long de l'avenue des Champs-Élysées, jusque tout près de l'arc de triomphe de la barrière de l'Étoile, que les obus de l'armée de Versailles battaient en brèche. Il n'était pas précisément sain de se promener alentour; mais si la curiosité nous poussait alors à ce point, on comprendra que la crise actuelle, que nous avons ressentie vivement comme tous les bons patriotes, ne nous empêche pas d'achever nos comptes rendus artistiques du département de l'Hérault. Il n'y a pas péril en la demeure aujourd'hui aux Champs-Élysées, et la crise d'ailleurs sévit partout. Décidément, ces Épiménides de la politique ont le réveil mauvais au printemps, et ils choisissent toujours le même mois pour faire du mal à la France. Espérons qu'ils en seront, cette fois encore, pour leur coup de sabre ébréché, et qu'ils ne parviendront jamais qu'à se couper eux-mêmes. La République vit et vivra.

Nous avons besoin de nous raffermir dans cette idée pour nous promener sans trop de fièvre au Salon, où il nous reste à visiter la Sculpture. Si quelque chose pouvait nous donner bon espoir et bon courage en entrant, c'est le gigantesque groupe de M. Mercié.

I

Nous sommes heureux, disons-le tout de suite, d'avoir encore à saluer un Méridional dans l'auteur de cette œuvre grandiose, car M. Mercié est de Toulouse, et compatriote, par conséquent, de M. Jean-Paul Laurens, dont le beau tableau de la Mort de Marceau a remporté, ainsi que nous l'avions fait pressentir, la médaille d'honneur du Salon pour la peinture. Certes, les Méridionaux glorifient le monde des arts cette année, et leurs succès retentissent jusque sur la scène du Théâtre-Français, où M. Charles Lomon a triomphé de toutes les cabales avec son drame républicain de *Jean Dacier*.

Sans insister outre mesure sur ce contingent de puissants créateurs, fournis par le Midi à la France, il est permis cependant d'en être frappé et de le faire remarquer en passant.

Le groupe de M. Mercié représente le Génie des Arts : c'est un haut-relief en plâtre ; on peut juger de ses proportions, quand on saura que la vaste composition de M. Mercié est destinée à remplacer, sur la façade du Louvre, en face le pont des Saint-Pères, cette grotesque statue équestre de Napoléon III, une erreur de Barye, que l'empire y avait collée comme une pièce de cent sous et dont la place est restée vide depuis le 4 septembre.

C'est un des étonnements du public, non prévenu, de se trouver subitement face à face et presque nez à nez avec ce groupe colossal, déposé pour ainsi dire sur la cimaise, si ce mot, cher aux peintres, pouvait s'appliquer à la sculpture. M. Mercié a voulu qu'on vît son œuvre de près, mais les badauds de Paris et de province reculent épouvantés à première vue. Ils ne se rendent pas compte qu'elle est faite pour être regardée de haut.

Un Génie, sûr de lui-même dans son allégeance

à monter Pégase, l'étoile au front, un flambeau symbolique en main, un doigt en l'air montrant l'espace et l'infini, est à peine assis, les jambes en dehors, sur l'aile du coursier qui prend son vol dans les airs. Une grande figure de femme vue de profil, une sorte de profil dantesque, à la Béatrix, avec plus de sérénité peut-être et de calme majestueux dans le visage, un air de grande dame romaine ou florentine, précède Pégase comme pour lui montrer le chemin. Elle tient un rameau emblématique de la main droite ; de l'autre, elle montre un point indéfini, mais qui ne l'est pas pour elle sans doute, l'avenir calme et serein, un avenir de paix et de prospérité, propice aux beaux-arts (M. Mercié n'avait pas prévu le 16 mai). L'ondulation régulière de l'air, fouettant avec énergie, mais sans trop de violence, les draperies flottantes et laissant presque à nu ou dessinant, sous le pli collant de l'étoffe, ces deux beaux corps humains, annonce que la brise est douce et légère à ce noble couple, fendant l'espace, et personnifiant le génie fier et doux de la France.

II

Mais nous avons hâte d'en venir au *Sarpédon* de M. Henri Peinte, qui a eu, comme on sait, le prix du Salon (un prix d'encouragement équivalent à une pension de 4,000 francs pendant trois ans). C'est la première fois que ce prix est décerné à un sculpteur. Nous n'aurions garde de contredire à la délibération du jury, si elle ne nous avait d'abord profondément étonné, et nous croyons n'avoir pas été le seul dans ce cas. Dans le premier moment, nous nous sommes demandé tout bas, avec l'appréhension d'un homme qui a peur de passer pour ignorant : qu'est-ce que c'est que Sarpédon? Mais comme nous regardions notre voisin et que nous lisions les journaux, et que tous parlaient de Sarpédon, sans donner d'autre explication et comme d'un personnage connu de l'univers entier, — qui n'a pas entendu parler de Sarpédon? — nous avons furtivement feuilleté un dictionnaire de Bouillet, et nous y avons trouvé que c'était un prince crétois, le frère de Minos, qui vint au secours de Troie et fut tué par Patrocle : « Mais Apollon enleva son corps du champ de bataille et l'envoya en Lycie, lavé, parfumé d'ambroisie et revêtu d'habits immortels. »

Nous nous doutions bien qu'il y avait, dans le sujet, un peu de ce vice grec ou troyen (antique dans tous les cas), en regardant la statue de M. Peinte. C'est le corps d'un jeune homme nu, à tête de femme, d'une beauté virile, mais dont les traits manqueraient de grâce, — une beauté hybride, en un mot. La chevelure même est celle d'une femme : c'est un énorme chignon bien moderne, touffu et élevé avec art comme un petit monument sur la tête, et qui tomberait sans l'aide d'un bandeau. Il n'y a que Minerve ou Vénus qui aient décemment de ces casques naturels, qui faisaient dire à un sage que la beauté sans dents et sans cheveux n'était plus la beauté. Celle-ci, — le corps du jeune Sarpédon, veux-je dire, — a trop de cheveux pour un guerrier : il est vrai qu'il fallait bien qu'il eût quelque chose pour être aimé d'Apollon. Quant à la bouche, elle est frémissante, mais complétement imberbe.

Le regard darde et perce déjà de loin un ennemi que le jeune guerrier va viser avec son arc qu'il tend à la manière antique, — je veux le croire. — Un carquois est à ses pieds.

Le choix du jury, qui a décerné à cette statue le prix annuel du Salon, ne peut être justifié que par des qualités de haute expression classique qui nous laissent un peu indifférent : nous l'avouons à notre honte. Dans la semaine des étonnements qui vient de s'écouler, ç'en a été un de plus que cette distinction, tombant justement sur une œuvre à laquelle les artistes eux-mêmes n'avaient pas pris garde.

Allons! Sarpédon aura été désormais tiré de l'oubli par le jury du Salon de 1877 :

> Oh! le plaisant projet d'un poëte ignorant
> Qui de tant de héros va choisir Childebrand!

III

M. Chapu, qui a eu la médaille d'honneur pour la sculpture et à qui l'Institut n'attend qu'une vacance pour ouvrir ses portes, est un artiste d'une très-haute valeur, dont la réputation n'est plus à faire. La statue de Berryer était une des œuvres les plus incontestables du Salon : elle nous a rappelé ces gros traits, ce grand nez, ces grosses lèvres de l'orateur *antique,* qui gravaient à jamais la physionomie du puissant tribun de la légitimité dans le souvenir de ceux qui ne l'avaient vu qu'une fois. L'*ore rotundo,* exigé des orateurs anciens, en faisait le cachet indélébile ; c'était sa marque et sa distinction caractéristiques, comme de tous ces lions de la tribune. Aussi n'avons-nous pas eu besoin de chercher longtemps la statue de Berryer, nous l'avons trouvée sans peine. Il n'a pas fallu la demander aux gardiens, comme ce monsieur que nous avons entendu disant à l'un d'eux : « Je désirerais voir le buste de *monseigneur* le comte de Chambord. »

M. Chapu s'est magnifiquement inspiré de son sujet : il a rendu cette envergure du maître, la tête en arrière, la main droite sur le cœur, l'autre en avant. Un pied sculpté de tribune et la robe d'avocat rappellent les deux grands théâtres des triomphes de l'orateur à la Chambre et au barreau, — là où il dominait. Cette robe d'avocat laisse voir sous ses plis un habit noir boutonné, et voilà aussi le triomphe de la statuaire moderne qui ne recule pas devant la réalité, en dépit du préjugé qui veut que le costume moderne ne se prête pas à la beauté sculpturale. Mais il ne s'agit pas toujours de rendre la beauté devant le buste ou la statue d'un grand homme, et à ce compte il n'y aurait encore que les Sarpédon qui auraient droit à la statue.

Berryer est là dans toute son ampleur et sa majesté; M. Chapu a fait la statue d'un aigle. Il était tellement oiseau de haut vol, disait Sainte-Beuve, que lorsqu'il voulait parler à l'Académie, comme il ne pouvait s'empêcher de déployer ses ailes, il se trouvait dans un milieu trop restreint, et sa parole retombait lourdement comme un trop grand oiseau enfermé dans une volière trop étroite, et qui n'a pu prendre son essor. Ce milieu académique et ces discussions de dictionnaire ou de grammaire ne convenaient pas à l'amplitude du génie de Berryer; ils n'étaient pas plus faits pour l'arrêter et la fixer qu'une toile d'araignée pour prendre une hirondelle au passage. Il aurait enlevé et emporté le sujet d'un coup d'aile.

Le monument de Mme d'Agoult, par le même artiste, est encore une des œuvres les plus remarquées du Salon : M. Chapu n'a pas fait le portrait du célèbre écrivain qui signait Daniel Stern, mais il s'est inspiré de son grand esprit. Son monument est intitulé *Pensée*, et représente une statue de jeune femme gracieuse et grave, inscrivant les titres des principaux ouvrages du vaillant écrivain, une des gloires littéraires de notre temps : *Mes Souvenirs, Esquisses morales, Essai de Liberté, Révolution de 1848, Dante, Gœthe, Mélida, Spinoza, Marc-Aurèle.* Tous les titres des ouvrages de Mme d'Agoult n'y sont pas : nous n'y trouvons pas mentionnée, entre autres, son Histoire des Pays-Bas ; mais ce n'est pas là une critique qu'on doive adresser à un artiste. Nous voudrions seulement le mettre en garde contre un mauvais conseil qui lui a été donné par le critique d'art du *Figaro*, M. Albert Wolff. Cet éminent chroniqueur et salonnier, notre confrère, voudrait que M. Chapu effaçât du fond de son monument cette *forme* de Gœthe, qui apparaît comme une ombre ou comme un fantôme dans un miroir magique, et qui est une des personnifications les plus intimes de la pensée de Mme d'Agoult. Quant à nous, loin de nous laisser aller à la plaisanterie d'un vaudevilliste comme M. Albert Wolff, nous voudrions maintenir au contraire sur cette tombe ce souvenir à peine esquissé du maître qui fut l'un des dieux de Daniel Stern. Il y a là comme un complément de la pensée poétique de l'artiste, et qui plane à travers son œuvre.

IV

Mais il est temps d'en venir à nos chers compatriotes du département de l'Hérault. La ville de Béziers, dont un correspondant revendiquait dernièrement, contre d'injustes critiques, le mérite d'un Christ en croix d'Injalbert, est fière à bon droit de cet artiste. Son grand *tableau* sculptural de *la Tentation,* acquis par l'État, est une œuvre très-hautement appréciée dans le monde des arts. Nous ne pouvons que nous incliner devant l'opinion des maîtres, que nous avons consultés en face de cette composition, dont le sujet nous avait d'abord un peu repoussé. Pourquoi ne l'avouerions-nous pas ? nous ne récusons pas l'idéal, quand il est sincère, parce qu'il nous apparaît encore comme une des formes de la *réalité,* puisqu'il est sorti tout armé du cerveau du poëte ou de l'artiste ; mais nous avons peine à vaincre notre répugnance pour tout ce qui est convention classique ou mythologique.

Le mérite de M. Injalbert est dans la possession pleine et entière de son art. Son envoi de Rome, qui est son œuvre du Salon et qui lui avait déjà acquis une juste réputation depuis quelques mois, était un beau prétexte à faire deux statues d'Adam et Ève avant le péché, dans toutes les conditions requises par l'École. Ce qu'on ne peut nier, c'est la puissance et la beauté plastique de cette Ève nue : on regrette que le cadre un peu bas l'oblige à se tenir courbée; quant à Adam, il ne pourrait se relever sans crever le cadre. Mais c'est là sans doute une des conditions de la destination de ce haut-relief. C'est ainsi que nos grands écrivains du XVIIe siècle ont été gênés dans leurs entournures et n'ont pu toujours dénouer leur pensée, à cause des conventions classiques. M. Injalbert se dégagera quand il sera rendu à la liberté et qu'il ne se verra plus obligé, par respect pour Michel-Ange, de donner à un serpent la forme d'une sirène, moitié femme, moitié poisson. *Desinit in piscem.* Du reste, le haut du corps de ce serpent n'a rien qui effarouche, au contraire. Il est parfaitement *lubrique,* en ce sens que c'est un être glissant et perfide, dans le vrai sens du mot latin *lubricus.* Quant à Adam, placé entre Ève et ce serpent, que vouliez-vous qu'il fît contre deux...? Le serpent le tente et le fascine avec ses yeux de flamme et sa poitrine de démon; Ève le séduit avec des arguments non moins irrésistibles.

V

Si nous avions une salle à manger, nous voudrions acquérir le *Coup double* de notre compatriote de Montpellier, M. Aigon. C'est un groupe en bronze qu'on dirait découpé en plein marécage. Le coup double, hélas! est figuré par deux macreuses, tombées au milieu des joncs. Elles ne sont que blessées, mais n'en valent guère mieux et tirent la langue en signe de détresse. L'une a les pattes en l'air et semble demander grâce; l'autre nage encore en étendant les ailes et levant le bec. On plaint ces pauvres bêtes, et on félicite l'auteur d'avoir si bien saisi sur le vif ce drame aquatique. La Société protectrice des animaux trouverait là un argument de plus contre ces chasses meurtrières, qui entretiennent la férocité parmi les hommes et même parmi les évêques, tous les ans, pendant le carême.

VI

M. Rélin, de Béziers, se présente à la fois comme dessinateur et comme sculpteur. Il a envoyé un fusain, sous le titre de *Miss*, que nous regrettons de n'avoir pas vu dans l'immense quantité de dessins qui remplissent la galerie. Quant à sa *Bacchante* en cire rouge, elle a de la couleur, non pas seulement à cause de la matière dont elle est pétrie, mais aussi parce que c'est bien là une véritable offrande au dieu Priape. Une gaillarde et vigoureuse jeune fille (mettons que ce soit une bacchante, — je la prendrais plutôt pour une Flamande) se renverse en arrière en essayant de rapprocher de sa lèvre la tête du Faune à barbe fauve et au large sourire, qui lui fait risette sur son piédestal. Elle tient dans les doigts un sifflet antique, à forme symbolique, qu'elle va suspendre à l'autel du dieu.

VII

Nous arrivons au bout de notre sujet, et nous trouvons que nous avons commis bien des lacunes, malgré tout le développement que nous avons donné à ces articles. Nous aurions aimé à signaler encore le buste d'un vieux croyant, par M. Gabriel Faraill, de Saint-Marsal (Pyrénées-Orientales). C'est un vieillard tout à sa prière et dont les vues ne se portent plus qu'au ciel. C'est sa dernière volupté, il y met toute son âme.

VIII

M. Hercule, de Toulon, nous inspire aussi beaucoup de sympathie. Sa statue de marbre de Daphnis, en proie à la tristesse depuis qu'il a perdu Chloé, ravie par les pirates, est une académie très-distinguée, très-fine et d'un joli sentiment. Le dessin en est très-serré; les mouvements de ce jeune berger sont très-souples; il y a dans toute cette composition une très-grande distinction de formes. Du reste, nous connaissions déjà M. Hercule par un médaillon très-vivant de notre ami M. Jean Aicard, le poëte de la Provence et des enfants.

IX

L'*Ixion,* de M. Henri Pontier, d'Aix, nous attire aussi en passant. C'est une statue de plâtre, peut-être un peu plus grande que nature, et qui ne déparerait pas un musée ou un jardin public. Le malheureux roi des Lapithes, qui expie sa coupable pensée d'avoir voulu séduire la femme de Jupiter, est étendu sur sa roue, qui doit tourner éternellement. De la main gauche, il écarte comme il peut un affreux reptile à tête triangulaire qui vise à le piquer au cœur; d'autres serpents sont enroulés en tous sens autour du malheureux Ixion. La tête du condamné, penchée, hors d'état de se relever, exprime une horrible douleur. Les pieds sont crispés et comme cramponnés au sol, sous un effort musculaire et surhumain fait pour se détacher. Partout les muscles et les veines sortent du corps. C'est une belle étude et une anatomie michel-angesque.

X

Avant de quitter définitivement la sculpture et le Salon, nous voudrions saluer, en sortant, l'envoi d'un grand artiste, qui est, de nos jours, le dernier représentant dans les arts de l'école romantique de 1830 : nous avons nommé M. Auguste Préault. Depuis sa statue de Jacques Cœur, actuellement à Bourges, et dont l'idée première en plâtre a été promise au musée de Montpellier, M. Auguste Préault s'est contenté d'envoyer ce qu'il appelle lui-même sa carte de visite au Salon. L'année dernière, c'étaient deux bas-reliefs funéraires, dans cette façon grandiose et sévère dont il a seul les grandes lignes et le secret. Il n'est pas besoin d'en faire l'éloge dans une ville qui possède l'admirable bas-relief de la statue d'Aristide Ollivier. Cette année, M. Auguste Préault est représenté par un plâtre bronzé, appartenant à M. Carolus Duran, et qui est la reproduction effrayante du visage d'une femme morte. On parle beaucoup de certains artistes qui ont la spécialité du cadavre : M. Préault est le sculpteur le plus dramatique qui existe : il interprète avec des effets très-simples et d'autant plus saisissants l'aspect grave et paisible de la mort. Ce visage froid, aux plis calmes, détendus, aux cheveux dénoués et immobiles, aux paupières fermées, vous suit partout et reste gravé dans l'esprit comme une page récente d'Holbein transporté dans les temps modernes.

28 mai 1877.

LA MORT DE LOUIS XVI

PAR LE PEINTRE HAUER [1].

Le mois passé, pendant l'Exposition universelle (de 1867), je fus attiré par un tableau d'histoire des plus rares, à l'exposition rétrospective de la *Société des Amis des Arts de Seine-et-Oise*, à Versailles. Vous auriez retrouvé là, en peinture, la représentation la plus authentique, par un pinceau contemporain, du drame le plus saisissant, le plus émouvant, le plus solennel de la Révolution française, de celui qui eut lieu sur la place de la Révolution, le 21 janvier 1793, — de l'exécution de Louis XVI. — C'était l'œuvre d'un artiste allemand nommé Hauer, officier de la garde nationale à cheval, et qui doit figurer parmi les personnages de cette arme qui sont rangés dans un coin du tableau, à droite du spectateur. Le tableau portait la date de 1795 et la signature

---

[1]. Cet article avait paru en 1867 dans la *Chronique des Arts*, annexe de la *Gazette des Beaux Arts* : il a été reproduit depuis dans l'ouvrage de M. le baron de Vinck d'Orp, *le Meurtre du 21 janvier 1793* (un vol. in-8º, avec fac-simile et gravures du temps, etc., chez Calmann Lévy, 1877).

J.-J. Hauer *fc*. S'il n'a pas été fait le lendemain même du terrible drame, il n'en est pas moins l'œuvre d'un témoin et l'expression du plus ineffaçable des souvenirs, dont aucun détail ne peut être perdu. J'en juge par la vue même de cette peinture : je n'ai pu m'en détacher.

C'est qu'il y a là un cachet de *réalisme* dont ne sont guère empreintes les œuvres de l'époque, à l'exception du *Marat* de David, qui est une grande œuvre, — presque un tableau de sainteté révolutionnaire. Les artistes sacrifiaient à des convenances traditionnelles, et l'on se prend à regretter que les grandes scènes de la Révolution n'aient pu être reproduites avec la froide, mais impassible et infaillible exactitude, par quelque procédé mécanique analogue à la photographie. Quoi qu'il en soit, on sent ici, à mille détails, que la part du souvenir a dû l'emporter sur celle de l'imagination.

D'après nos souvenirs et des notes prises à la hâte, je vais essayer de décrire ce tableau. Le nom du peintre Hauer est cité par M. Jules Renouvier dans son beau livre posthume de l'*Histoire de l'Art pendant la Révolution;* mais la peinture dont il s'agit ici n'est pas mentionnée par lui [1].

---

[1]. Un livre comme celui de M. Renouvier est la meilleure réponse à ceux qui accusent toujours la Révolution d'avoir été une époque de vandalisme artistique. Il est indispensable d'y joindre désormais, comme complément, l'*Histoire des Faïences patriotiques sous la Révolution*, par M. Champfleury.

Vous avez devant vous la place de la Révolution, bien reconnaissable à ses ministères. C'est la façade de l'hôtel dit du Garde-Meuble qui fait le fond du tableau. Au-dessus flotte un drapeau tricolore dont les couleurs sont en long au lieu d'être en travers de l'étoffe. L'échafaud dresse ses deux bras rouges, rappelant le vers d'André Chénier :

Allons, lève tes bras, sanglante guillotine !

Il occupe le milieu du tableau. Sur l'estrade, nous comptons dix personnages. Le peintre, les désignant par des numéros correspondant à des noms placés en un coin à part du tableau, donne à sa représentation l'intérêt même de la ressemblance des personnages. Les voici :

L'ex-roi Louis XVI ;

3 bourreaux ;

1 garçon bourreau ;

3 gendarmes ;

Un personnage désigné sous la simple qualification de *Marseillais* ;

Le *confesseur* (c'est ainsi qu'il est écrit au-dessus même de la tête du prêtre).

Louis XVI est entre deux des bourreaux, dont l'un, m'a-t-on dit, est le portrait même du fameux Sanson. Le ci-devant monarque a le cou nu ; la chemise blanche entr'ouverte laisse voir la poitrine ; quoique le roi soit encore debout, la tête est prête pour le couteau. Cette tête est grisonnante; est-ce l'effet de la poudre? La physionomie est plus fine ici qu'on ne la représente et qu'on ne se la figure d'habitude. Le roi porte un pantalon blanc, qui dessine un gros ventre ; les jambes sont grosses et courtes, les mollets fortement accusés.

Blanc de pantalon, blanc de chemise, tel il apparaît entre ses deux bourreaux, qui, eux, sont revêtus comme en grande cérémonie pour leur profession. Il semble qu'ils achèvent de lier les mains de la victime : du moins ses bras sont derrière le dos.

L'un des bourreaux, celui qu'on m'a dit être Sanson, paraît avoir une main sur l'épaule du roi ; tous regardent en face le spectateur. Ce bourreau a la tête nue, recouverte d'une chevelure qui pourrait bien être, à la façon dont elle est emmêlée et frisée, une perruque, qu'il me semble avoir vue blonde. Il est placé, pour le spectateur, à la gauche de Louis XVI, à sa droite dans sa situation réelle. Il porte une large cravate blanche, au-dessous de laquelle tranche un coin de gilet rouge, presque tout entier recouvert par une redingote d'un vert foncé. La physionomie de ce personnage n'a rien de hideux; elle est très-ordinaire et même bourgeoise. On regrette d'avoir à employer, en telle circonstance, une expression triviale pour exprimer ce que l'on veut dire; mais sa tenue, son vêtement sont irréprochables.

Il n'y a rien de déguenillé d'ailleurs, rien de débraillé non plus dans le costume d'aucun des acteurs qui assistent à ces horribles apprêts.

L'autre bourreau, qui se tient à la gauche du roi, a une grosse tête et une grosse figure, dont le menton est encadré par une vaste cravate blanche à jabot. Il garde son chapeau, un chapeau comme les nôtres, un tuyau de poêle, sur la tête. Sa redingote marron est croisée sur la poitrine.

Çà et là sur l'estrade où a été dressée la guillotine, sous les numéros marqués par le peintre 6, 9 et 2, sont trois gendarmes.

N° 7. A côté de l'un des bras de l'échafaud, est le troisième bourreau, tête nue, cravate noire.

Du côté de l'autre bras, au bord de l'échafaud, le numéro 8 représente un garçon bourreau, coiffé d'un bonnet rouge pointu et qui n'a pas du tout la forme connue du bonnet phrygien. Ce personnage, celui dont les spectatrices qui s'approchent de cette peinture supportent le moins la vue, et qui n'est après tout que l'instrument et la main même du personnage officiel, exécuteur des hautes œuvres, est en manches de chemise; il a un gilet déboutonné et de couleur rouge, comme on les portait alors. Ce rouge n'ajoute pas peu à l'effroi qu'inspire aux femmes la physionomie d'un garçon bourreau, ainsi vu à l'œuvre. Mais ce qui vraiment est horrible, c'est qu'il a le doigt, bien que la victime soit encore debout, déjà placé à un certain endroit du bras rouge de la guillotine. Le fer est tout au haut, immobile entre les deux branches.

Éloignons-nous. A l'autre extrémité de l'échafaud, ce prêtre, que le peintre désigne par ces deux mots écrits au-dessus de sa tête : *le Confesseur*, revêtu de son costume ecclésiastique, détourne ses regards. Il est penché sur le bord de l'estrade, du côté du carrosse qui l'a conduit jusque-là ; un mouchoir blanc qu'il tient sur ses yeux exprime qu'il pleure.

J'oubliais le *Marseillais*, élevant de la main gauche au-dessus de sa tête son chapeau tricorne, tenant son sabre nu et comme abaissé de la main droite devant l'ex-roi. Il porte le costume militaire, collet rouge et parements rouges aux manches.

Entre l'échafaud et le spectateur, sur un petit espace, tout à fait au premier plan et au milieu du tableau, est le général Santerre à cheval, sabre en l'air, dans un costume d'apparat, regardant du côté des tambours, placés à gauche du spectateur, dans un coin et tout au bord du tableau. Le chef des tambours, debout au-devant de Santerre et comme attendant son ordre, est un très-beau garde française. Au fond, derrière les gardes françaises, la place est couverte d'une forêt de baïonnettes.

Le général Santerre est très-vivant, très-énergique ; sa figure, vue de profil, exprime un commandement impérieux. Je ne sais s'il existe d'autre portrait de lui aussi authentique : dans tous les cas, c'est là, il me semble, que les historiens devraient le prendre. Deux chiens figurent aussi sur cette toile ; l'un, couché près du cheval de Santerre ; l'autre, debout entre les jambes du trompette de la garde nationale, rangée à droite et du côté opposé aux gardes françaises. — J'ai déjà dit que le peintre Hauer, auteur du tableau qui nous occupe, était officier dans cette arme.

Ces gardes nationaux à cheval, rangés par ordre et en file autour de l'échafaud, portent le costume de l'ancienne garde royale, uniforme où le bleu domine et qui est fort brillant. Le trompette à cheval, qui est au-devant du tableau et presque à côté de Santerre, — un soldat à la figure spirituelle et fine, et qui, dans la pensée du peintre, a dû être un portrait, — le trompette embouche un instrument auquel est appendue l'écharpe bleue, frangée d'or, absolument comme sous le ci-devant régime.

Un détail qui a bien son intérêt aussi, c'est qu'un drapeau porté par les gardes françaises, derrière les tambours, a ses couleurs dans les coins seulement de l'étoffe : un coin est rouge, un coin est bleu. Le milieu a pris une teinte noirâtre, qui vient sans doute des ravages du temps et peut-être aussi des restaurations du tableau. C'est là que l'artiste Hauer a placé les indications des personnages correspondant à leurs numéros.

Cette peinture a dû souffrir, à cause même de son sujet. Elle aura été reléguée par prudence ou par d'autres motifs. Aujourd'hui elle est un document historique de la plus haute importance. Une seule physionomie du tableau m'a paru véritablement ignoble et basse, c'est celle du cocher qui a conduit le carrosse jusqu'au pied de l'échafaud entouré de soldats et qui regarde du haut de son siége sur la fatale estrade. Son nez long, son œil de fouine pourraient bien être aussi l'expression de souvenirs qui avaient frappé l'artiste.

Nous avons pris ces notes à la hâte, pensant qu'elles intéresseraient le lecteur. Il a pu s'y glisser des erreurs. Il en est une que je tiens à prévenir, c'est qu'à personne ne plaise de croire que tracer la description d'un drame juridique que l'humanité réprouve de nos jours, ce soit s'y complaire et vouloir en faire l'apologie. Cette idée-là doit être repoussée plus que jamais, aujourd'hui surtout que, dans les esprits les plus avancés de la civilisation, la hideuse peine de mort est décrétée d'abolition.

Mais l'on ne peut se défendre, quand on revient de cette exposition rétrospective (qu'il ne faut pas confondre avec celle de Trianon [1]) et

---

1. L'exposition de Trianon était presque tout entière consacrée à des souvenirs réels ou apocryphes de Marie-Antoinette. C'était

qu'on repasse ensuite devant le château aujourd'hui si triste et si solitaire de Versailles, d'être frappé du contraste ; on a vu, à deux pas l'un de l'autre, l'un en nature, l'autre en peinture, l'apogée et la fin d'une des plus puissantes monarchies d'Europe.

15 août 1867.

(comme on dirait aujourd'hui) la *toquade* de l'impératrice, et son bon plaisir avait été satisfait. Le *bibelot* ne manquait pas à cette exhibition, préparée par les soins de M. le baron Feuillet de Conches.

SOUVENIRS DE JEUNESSE

LE PEINTRE GUSTAVE COURBET. — M. CHAMPFLEURY. —
J.-B. SOULAS. — LE PRINCE PIERRE BONAPARTE.

I

L'auteur des *Derniers Bohèmes*, M. Firmin Maillard, possède évidemment de nombreux dossiers sur ses contemporains, gens de lettres plus ou moins célèbres. Il a été l'ami d'Alphonse Duchesne, un rédacteur du *Figaro*, avec lequel il dînait quelquefois (qu'il me permette ce souvenir biographique sur lui-même) dans une crémerie de la rue Lamartine. Alphonse Duchesne s'est signalé un jour dans la feuille de M. de Villemessant, alors purement littéraire, par une théorie paradoxale et fort à la mode, qu'il a intitulée *Philosophie de l'éreintement*. Partant de ce principe, il s'est avisé une autre fois d'*éreinter* le soleil, qui n'a pas paru s'en apercevoir et a continué à *verser des torrents de lumière sur son obscur blasphémateur* (comme dit Lefranc de Pompignan).

Voici l'opinion de Sainte-Beuve sur l'*éreintement* érigé en principe par feu Alphonse Duchesne.

Le critique des *Lundis* n'aimait pas ce mot

éreintement : il en était choqué comme d'un néologisme odieux, moins pour le mot en lui-même que pour l'idée qu'il représente. « Ce sont, » disait-il, « de nouvelles mœurs introduites dans le journalisme : en 1830, nous entendions la critique autrement ; tout ce qui est du bâton répugnait aux vrais littérateurs ; aujourd'hui les goûts intellectuels ont baissé, et la violence matérielle, la brutalité prend la place de la discussion : on assomme d'un seul coup, on *éreinte,* comme on dit. C'est plus tôt fait et cela fait plus de bruit ; mais c'est un vilain métier : voilà B... (il citait un littérateur *brillant* en ce genre [1]) : chez lui, cela atteint un degré de folie qui a fini par remplacer le talent ».

Et puisque j'ai dit l'opinion de Sainte-Beuve, je demande encore la permission de raconter à ce sujet une petite anecdote peu connue qui intéresse l'histoire littéraire de notre temps. Ce sera une indiscrétion de plus. En 1869, année de sa mort, l'illustre critique, qui écrivait alors dans le *Temps,* et qui était brouillé à cause de cela avec la princesse Mathilde depuis le 1ᵉʳ janvier, apprit un jour qu'elle avait demandé de ses nouvelles, la veille, à MM. Edmond et Jules de Goncourt pour lesquels il éprouvait une réelle et très-vive sympathie et qui le visitaient souvent.

---

[1]. Pourquoi ne le nommerions-nous pas aujourd'hui ? — M. Barbey d'Aurevilly.

Il étudiait même en ce moment-là la dernière de leurs œuvres, *Madame Gervaisais,* pour en faire un article, et il leur avait fait part de ses observations amicalement et de vive voix : il voulait établir à ce sujet une théorie du roman, et de l'intérêt et du charme sans fatigue qu'il demandait avant toute chose à une œuvre d'imagination, destinée surtout à être lue des femmes. « En art, » avait-il déjà dit ailleurs, justement à propos des deux frères, « j'aime surtout ce qui est agréable. » MM. de Goncourt se montrèrent fort émus de ses critiques orales : et l'on vint dire à Sainte-Beuve qu'ils avaient répondu à la princesse Mathilde, quand elle leur avait demandé de ses nouvelles, qu'il était en train de les *éreinter.*

Ce fut un mauvais service rendu à la fois aux lettres et aux Goncourt, car Sainte-Beuve suspendit immédiatement l'étude qu'il avait entreprise sur eux. Il n'en est resté que des notes prises au courant de la lecture.

Mais j'en reviens au livre de M. Firmin Maillard, qui m'a fait faire cette digression. Ce qui m'a particulièrement touché dans ce livre, c'est le souvenir personnel qu'il accorde à un ami dont la destinée littéraire a été courte, et qui n'a dû un peu de retentissement qu'à un article inséré en 1858 dans le *Figaro,* contre les écrivains, anciens élèves de l'École normale et déserteurs de l'Université.

Je ne viens point défendre aujourd'hui cette

théorie qui consistait alors à refuser à un professeur, ou à un garçon destiné à le devenir, le droit d'être à son tour un homme d'esprit et de talent, autre part encore que dans sa chaire. Je ne fais que constater et rappeler ce mouvement insurrectionnel, cette levée de plumes, dans la petite presse, contre de prétendus envahisseurs. L'officier de fortune qui a porté le sac au dos n'aime pas de prime abord le jeune lieutenant sorti des écoles. Plus tard on s'habitue et l'on fraternise. C'est ce qui est arrivé au bout de dix ans entre les représentants les plus célèbres des deux écoles littéraires aux prises en 1858 ; mais c'est mon ami Bonaventure Soulas qui ouvrit le feu dans le *Figaro*, au nom des écrivains arrivés par eux-mêmes. M. Francisque Sarcey répondit de Grenoble, où il était encore professeur, au nom de l'École normale contre laquelle était dirigé l'article, et força tout d'abord la note en parlant de *littérateurs de brasserie*, ce qui était complétement injuste et faux pour Bonaventure Soulas. Mais Alphonse Duchesne, qui était l'auteur d'une chanson sur la Vigne, revendiqua aussitôt, comme une gloire, — citant d'illustres ancêtres, tels que François Villon et cet autre François (Rabelais), — le titre de littérateur de brasserie et de cabaret.

Les circonstances qui avaient entouré en province les débuts littéraires de ce jeune écrivain (Soulas), mort à vingt-huit ans en 1859, rendent aujourd'hui sa courte biographie intéressante. Je passe sur les événements politiques de 1851, auxquels Soulas avait été mêlé à Montpellier, sa ville natale, et qui ne sont pas du domaine de cette Revue [1]. Son histoire est celle de beaucoup d'autres : Soulas avait été arrêté au 2 décembre et conduit, la chaîne au poing, au fort Saint-Pierre à Cette. Sa grande jeunesse (il n'avait pas vingt ans) le sauva de la déportation. Il se maria par amour, au sortir de prison. Ce qui décida plus tard de sa vocation en littérature fut l'apparition d'une petite feuille locale, le journal *le Furet*, un vrai joujou de théâtre, fondé en 1854 à Montpellier par M. Achille Kühnholtz et M. Edmond Gondinet, qui préludait dans cette ville, par des pièces de circonstance, à ses futurs succès du Palais-Royal.

Je n'entrerai point dans l'analyse de ce que furent les *Physionomies littéraires* : c'est ainsi que Soulas appelait ses études, où il passait fort sérieusement en revue toute la littérature d'alors. Il y apportait de véritables instincts de critique, et certaines analogies m'ont frappé depuis, qui prouvent que, dans l'échelle des êtres, la nature a des moules semblables pour créer des individus de même vocation. Des germes identiques se retrouvent du moins dans les produc-

---

[1]. La *Revue illustrée dans les deux mondes*, dirigée par M. Moquin-Tandon, fils de l'illustre savant.

tions du critique géant et du critique nain.

Le défaut principal de ces articles, que je viens de relire, est qu'ils se ressentent nécessairement de l'éloignement de Paris. Là-bas, les œuvres étaient mieux connues et mieux étudiées que les hommes : de là des erreurs de jugement et des préventions qui se rectifient et s'effacent de près. Mais M. Saint-René-Taillandier, le critique de la *Revue des Deux Mondes,* qui professait alors la littérature à la Faculté des lettres de la même ville, n'était guère mieux placé pour bien observer les hommes et les choses de l'Allemagne. Il avait du moins pour lui les souvenirs que lui avait laissés sa chaire de Strasbourg.

Quoi qu'il en soit, Soulas, dans sa ville natale, de tout temps dévouée au culte des lettres, était, à son moment, l'esprit le plus nourri de littérature contemporaine : pour ne prendre que quelques-uns des noms qui ont passé sous sa plume, je citerai Jules Janin, Gérard de Nerval, Eugène de Mirecourt, Ponsard, Raousset-Boulbon ; — ces noms-là marquent une époque. — Il fit aussi des études sur Lamartine, Sainte-Beuve, Théophile Gautier, Arsène Houssaye, Champfleury, Maxime Du Camp, etc. Le jeune critique avait pris un rôle d'initiateur, et il ne lui manqua pas même la récompense qu'ont tous les *prophètes* ou *poëtes* dans leur pays.

Cependant deux témoignages flatteurs lui arrivèrent un jour, et ils prouvent, par leur ton qui n'a rien de banal, qu'il avait été pris au sérieux, comme son esprit et son intelligence le méritaient. Je copie textuellement :

« Paris, le 27 février 1855.

« Monsieur,

« Je reçois et je lis avec beaucoup d'intérêt, comme vous devez bien le penser, et avec reconnaissance, les articles que vous m'avez fait l'honneur de me consacrer. Il ne m'appartient pas de les juger et d'avoir un avis sur moi-même, mais ce que je sais bien, c'est que la bienveillance que vous m'y montrez est extrême et faite pour me toucher; car, en étant de ceux qui la ressentent le plus vivement, je n'ai jamais été au-devant plus qu'il ne convenait, et je n'ai pas toujours été *gâté* sur ce point-là. Vous-même avez rappelé des jugements plus que sévères et que j'ai droit d'appeler injustes (*allusion à ceux de Balzac*). Il m'est donc doublement agréable de voir mes efforts appréciés et de recevoir ces marques de sympathie de la part de lecteurs éclairés et de bons juges. Veuillez agréer, Monsieur, l'expression de mes sentiments les plus distingués,

« Sainte-Beuve. »

Et cette autre lettre

« Monsieur,

« Je suis tout à fait charmé de voir ma *physionomie* dans votre cadre d'or, si finement ciselé. On n'est pas plus poétiquement prosateur, et je vous ai lu gaiement, comme s'il m'arrivait en pleine poitrine un coup de soleil de Montpellier.

« Si vous venez à Paris, frappez à ma porte, et de près ou de loin, croyez-moi tout à votre cause,

« Arsène Houssaye. »

« Paris, 6 juin 1855. »

Je trouve encore, mais dans ma mémoire seulement où ils sont restés gravés, des lambeaux d'autres lettres ; je les cite au courant de la plume, tels qu'ils me reviennent. Soulas avait envoyé à Victor Hugo des copies de manuscrits du moyen âge se rattachant à l'île Barbe de Lyon, dans lesquels figurait le nom d'un certain abbé Hugo. Le grand poëte lui écrivait de Guernesey :

« ... Votre lettre, Monsieur, m'arrive, peut-être même intacte... Notre siècle de virilité répudie ces enfantillages héraldiques, mais n'est pas insensible pour cela aux filiations de famille... »

Le reste m'échappe et je n'ai pas le texte sous les yeux ; mais ce qui précède en est la note caractéristique et méritait d'être cité. — Une autre fois, Victor Hugo, répondant à l'envoi d'une brochure, écrivait à Soulas (et ces lettres, je le répète, ne sont point banales) :

« ... Vous avez raison de combattre le pédantisme, surtout chez les jeunes ; il est comme une ride au front de la jeunesse. »

A son arrivée à Paris, Soulas m'écrivit la jolie lettre suivante, qui a presque aujourd'hui la valeur d'un document historique (28 juin 1855) :

« J'ai vu Arsène Houssaye ; il m'a tendu la main d'une manière familière et complaisante, le sourire sur les lèvres. — « Je vous remercie, Monsieur, m'a-t-il dit, du bien que vous avez écrit de moi. — Il n'a été que juste à votre égard, Monsieur. » Nous nous sommes assis sur le divan. Alors il a repris : « Depuis combien de temps êtes-vous à Paris ? — Depuis quelques jours seulement. — Comptez-vous y rester ? — Oui, ai-je répondu, si je le puis. — Sans être trop curieux, a-t-il ajouté, quelle est votre position sociale ? — Des plus précaires. » Il a paru soucieux un instant. « Que comptez-vous faire à Paris ? — Me faire connaître, et, pour cela, il me faudrait être édité. — Cela est très-possible... Travaillez, je pourrai faire insérer de vos articles dans *l'Artiste*... Je vais vous donner vos entrées aux Français... » Et il a commencé à écrire. Arrivé à mon nom, il a hésité et m'a demandé : « Pourquoi ne changeriez-vous pas votre prénom de Jean-Baptiste ? Je le trouve trop long. La pensée s'arrête sur Baptiste, et il faut qu'elle se relève pour prononcer Soulas, nom que j'aime assez. — C'est un nom d'amour, de gaieté, de *gai savoir*, ai-je ajouté... Mais veuillez être mon parrain, et je suis persuadé que vous me porterez bonheur. — Il faudra y réfléchir, mais je n'aime pas Jean-Baptiste ; je préfère Jean seulement. — C'est à cause de cela peut-être que vous avez si malmené Jean-Baptiste Rousseau... »

Après cette conversation, Soulas prit le prénom de son père, Bonaventure.

Arsène Houssaye en a débaptisé bien d'autres, et moi-même (*si parva licet*...) j'ai été engagé par lui à changer de nom dans *l'Artiste*. Sans sortir de ma famille, je choisis à l'instant celui de Hérand. « Un beau nom, » s'écria Houssaye. « Il commence par un H comme Homère, Hugo... — et Houssaye, » fallait-il dire, mais l'idée ne m'en vint qu'en route. J'avais manqué à la fois d'esprit et d'à-propos.

II

Soulas débuta à Paris par un article sur Mme Émile de Girardin, qui venait de mourir (29 juin 1855). Cet article a été recueilli depuis dans un petit volume, qui est comme une guirlande funèbre sur la tombe de l'illustre écrivain que la France venait de perdre. On y a fait entrer les principaux articles qui parurent dans les journaux à cette occasion. Celui de Soúlas est extrait d'un de ces nombreux *magazines* auxquels l'Exposition universelle de 1855 avait donné naissance et qui ont pris tant de développement depuis, — *les Cinq centimes*, créés, je crois, par M. Émile de Girardin à l'ombre et à l'abri de la *Presse* et dans la même imprimerie. Nous demandons la permission de reproduire le commencement de l'article de Soulas, non-seulement parce qu'il est un échantillon de ses connaissances étendues en littérature, mais aussi parce qu'il assigne bien sa vraie place, en ce siècle, à la plume spirituelle et vive de Mme de Girardin.

« Entre Mme de Staël qui, au commencement du siècle, apparaît dans l'attitude d'une prophétesse, agitant des symboles nouveaux et proclamant une littérature inconnue jusqu'alors, et Mme George Sand, en pleine possession de l'époque actuelle, dont elle reflète, dans ses écrits, les émotions, les doutes audacieux, les espérances immenses et les angoisses profondes, se place un esprit intermédiaire, plein de charme, d'une ravissante douceur, d'une légèreté qui tempère ce que l'auteur de *Corinne* a de déclamatoire, d'académique, de faux, et amoindrit, tout en se l'appropriant, ce que l'écrivain d'*Indiana* révèle de désespéré, de mélancolique, de trop viril. Cet esprit original, grand de sa propre nature, humoristique, raillant à la fois avec un agréable enjouement, les torts légers et les grands travers de notre époque, tout le monde l'a nommé : c'est Mme Émile. de Girardin. »

L'étude de Soulas n'est pas l'une des moins fines ni des moins approfondies de ce petit volume. C'était, dans tous les cas, l'une de ses *Physionomies littéraires* les plus vives et les plus intéressantes, que nous regretterons toujours de n'avoir pas vues réimprimées et réunies au complet en un volume d'édition parisienne. Il n'eût pas été, sous le rapport des impressions subies et reflétées, plus *provincial* (puisque c'est l'objection qu'on a faite) que les *Jeudis de Mme Charbonneau* de M. de Pontmartin, et l'on n'y eût pas retrouvé, dans tous les cas, l'écho des opinions les plus arriérées et les plus rétrogrades de la province (je ne parle que de la littérature). On y sent, au contraire; on y respire de la passion, de la jeunesse, de l'élan : des germes de critique, poussés par un vent léger à trois cents lieues de Paris, ont fécondé ce jeune esprit ouvert à toutes les aspirations actuelles et intellectuelles de son temps. C'est un phénomène littéraire, si l'on veut, en province, mais à ce titre même il méritait d'être conservé et préservé de l'oubli, et c'est ce que nous nous efforçons de faire. Si l'on y trouve trop de passion et de fouillis, n'en accusons encore une fois que la jeunesse et ses ardeurs généreuses, — un grand défaut pour qui ne les a plus.

La lecture des *Physionomies littéraires*, — où je retrouve moi-même tous mes souvenirs et toute ma jeunesse, — me fait songer à ces beaux et énormes bouquets qu'on jette à Turin aux cantatrices : plus le bouquet est gros, plus il est beau ; rien ne prouve mieux assurément que le terrain est naturellement riche en fleurs et qu'on ne songe pas à les économiser ; mais une bouquetière de Paris en tirerait un parti plus coquet pour l'œil ; et tout d'abord elle commencerait par l'émonder. Un des défauts de Soulas était de paraître trop touffu. Quand la verve et la passion l'emportaient, il s'y livrait avec toute l'ardeur *méridionale* (puisqu'on veut que ce soit l'apanage des Méridionaux) ; mais ce défaut aurait passé avec l'âge : il s'en serait assez vite corrigé à Paris, s'il lui avait été donné d'y vivre longtemps et d'y réussir. Les milieux *distingués* (où il aurait été appelé) l'auraient contraint à s'amender et à s'émonder de plus en plus dans ce sens. La mode et le goût, d'ailleurs, lui eussent imposé des allées, des éclaircies à travers ces touffes de vigne vierge, venues d'un seul jet et qui rappellent parfois l'abondance et la naïveté des écrivains polémistes du XVIe siècle, qui ne veulent rien laisser perdre de leur végétation naturelle. Soulas écrivait un peu parfois comme du temps où la langue n'était pas encore *taillée*. Citons-en un exemple, choisi en plein dans son efflorescence languedocienne, la plus riche et la plus expansive. Voici comment Victor Hugo est caractérisé par cet écrivain de vingt ans, en opposition à Ponsard :

« Et en ce Titan, qui dans sa marche rapide avait tout abattu, tout renversé, tout bousculé, tout anéanti ; qui avait nié les dieux classiques afin de créer un Olympe nouveau, où il pourrait se faire proclamer le Jupiter-Salvator ; en ce génie, où Dieu mit tant de passion, tant de flamme, tant d'amour ; en ce vaste cerveau, cuvier en ébullition, où s'élaborent (en un enfantement, en une incubation continus) de si belles images, de si magiques pensées ; dans ce dramaturge, qui fit monter sur la scène française le roi et le bouffon ; qui mit côte à côte la majestueuse beauté et l'ignoble laideur, et la rayonnante, l'éternelle élégance, dans le cœur le plus vil, le plus lâche, le plus corrompu ; dans le poëte enfin qui avait arraché à Lope de Vega son originalité, à William Shakespeare son génie, à Gœthe sa pensée profonde, la bourgeoisie pas davantage ne pouvait voir un des siens. »

Il y avait du courage alors, en 1854, à parler ainsi en public, dans la presse française, de l'exilé de Guernesey, — du plus grand poëte de la France.

Il n'a manqué, somme toute, à Soulas, que le temps d'attendre, — un peu de fortune, en un mot, — dans ces premières années de loisir forcé que crée toujours à Paris la carrière littéraire. Il y apportait un fonds acquis : tant d'autres (et nous en connaissons qui nous touchent de près, nous ne les nommerons pas, parce qu'il y aurait excès d'humilité de notre part) n'ont eu qu'à se présenter dans les coulisses de la littérature pour y être admis de prime abord et tout simplement sur la mine ; s'y frotter laborieusement à des esprits supérieurs ou à de grands esprits qui les avaient pris en amitié ; et, enfin, y respirer librement cet air qui crée, à la longue, ce qu'on appelle des hommes distingués.

Nous allons retrouver notre ami en rapport avec les plus célèbres représentants de l'école *réaliste*.

III

Un dimanche du mois de mai 1857, le train de Paris, qui arrive sur les huit heures du soir, jeta sur le pavé de Montpellier (pendant que toute la population écoutait la musique militaire à l'Esplanade, resplendissante de son clair de lune et de l'horizon lointain de la mer) deux ou trois cents étudiants parisiens qui venaient explorer la flore méridionale sous la conduite du savant et bienveillant professeur M. Chatin. Rendez-vous avait été pris pour le lendemain avec eux, au jardin botanique, habituellement si paisible et si poétique dans sa solitude, par M. Charles Martins, le collaborateur bien connu de la *Revue des Deux Mondes* et l'un des plus éminents professeurs de la Faculté de Montpellier ; il devait de son côté diriger les étudiants de la ville.

Tous ceux qui ont habité le Midi savent combien le climat y prédispose à la vie heureuse et facile. Les citadins, hommes et femmes, les jeunes gens surtout y vivent tout en dehors. En un clin d'œil, les restaurants si nombreux à cause des étudiants, les cafés, qui donnent tant d'animation et de gaieté à la place de la Comédie, les cercles, furent remplis de cette jeunesse bruyante à peine débarquée et attendue ardemment à la gare. Quant aux bourgeois plus âgés, aux dames et aux demoiselles, qui arrivaient aussi de Paris, la boîte de fer-blanc en sautoir et une pioche à la main, des omnibus les avaient transportés dès leur arrivée dans des hôtels tranquilles. Nous ne les suivrons pas dans leurs excursions botaniques. Le lieu serait mal choisi pour en parler légèrement, et notre directeur, M. Moquin-Tandon, ne nous le permettrait pas dans sa *Revue*. Pour lui, noblesse oblige. Mais il est un côté plus familier et plus abordable par lequel nous demandons la permission de rendre hommage à son illustre père. Ce n'est pas manquer de respect à la mémoire du savant que de rappeler qu'il a été aussi un très-fin et très-délicat poëte dans l'idiome languedocien. C'était du reste un don de famille, et le double nom est resté célèbre et populaire dans la contrée. Nous ne pouvions manquer de le saluer en passant, nous en qui l'amour des traditions locales, a été ravivé tout d'abord à Paris par les études de M. Champfleury, auxquelles il nous a été donné d'assister en arrivant. Mais ceci nous ramène à nos souvenirs.

La joyeuse bande n'amenait pas seulement des botanistes avec elle. Le bruit ne tarda pas à se répandre que MM. Champfleury et Courbet étaient dans la ville. M. Courbet y était déjà connu par le long séjour qu'il y avait fait quelques années auparavant, et dont il avait rapporté ces merveilleuses vues de mer dans lesquelles il semble que le peintre se soit tellement identifié avec la nature, qu'on dirait qu'il a fait partie lui-même des éléments qui l'entourent avant d'avoir forme humaine. Quand Courbet est devant un paysage — surtout un paysage de mer — l'homme semble ne plus exister pour lui. Toute créature vivante sans exception avait toujours le dessous dans ces premières toiles de Courbet, qui sont les meilleures. J'en excepte pourtant le beau tableau de *la Rencontre,* qui fait tant d'honneur au paysage *moderne* dans la galerie Bruyas, au musée Fabre. L'art et la nature se sont combinés cette fois pour peindre la campagne au XIXe siècle dans les environs de Montpellier.

L'artiste paraissait à cette époque de l'humeur la moins soucieuse et la plus gaie : il chantait des chansons franc-comtoises arrangées par lui, *sans rime* (il avait horreur de la rime — et cela se comprend — comme le renard avait horreur des raisins qu'il ne pouvait atteindre), mais à défaut de rime, ses chansons avaient du moins la raison et le bon sens. Elles ne s'élevaient pas, d'ailleurs, trop au-dessus de l'esprit villageois pour lequel elles étaient faites. C'étaient toujours des amours de cabaret ou de village qui en faisaient l'objet. Mais la bonhomie, pleine de finesse, le rhythme surtout sur lequel il les chantait et qui était de son invention, l'entrain qu'il y mettait en répétant les refrains, en faisaient quelque chose de tout à fait original et d'intraduisible. C'était le désespoir des musiciens qui ont essayé de les noter. Rien n'était moins naïf que ces compositions musicales, sortes de tyroliennes franc-comtoises, d'apparence si simples : elles étaient au contraire des plus composites, ce qui ne veut pas dire que Courbet eût pu être un grand musicien, pas plus qu'un grand statuaire, comme il en a eu un jour la prétention.

Quant à la jactance du peintre, elle ne se montrait pas encore en ce temps-là ce qu'on l'a vue depuis : du moins elle était supportable. Le défaut principal s'est accentué en lui, comme l'embonpoint, avec l'âge. En ces années de jeunesse, s'il parlait beaucoup de lui, c'était encore plus avec la conviction de son art et de la révolution qu'il avait la conscience d'opérer dans le paysage, que des mérites de toute sa personne. Sa parole devenait même alors douce et persuasive : il ne convenait guère à des Languedociens de s'apercevoir de son accent franc-comtois. Il rêvait déjà de faire de la politique, et il a longtemps conçu le projet de peindre un paysage gigantesque, dans lequel il aurait représenté Prométhée déchiré non par un vautour, mais par un aigle.

Courbet, en 1857, était grand, mince, élancé. Sa barbe pointue lui donnait de la ressemblance avec les personnages des bas-reliefs assyriens, a dit Théophile Silvestre. Ses yeux étaient grands et doux comme ceux d'un bœuf. On l'a également écrit avant moi, mais c'était un trait si frappant dans sa physionomie, qu'on ne saurait s'empêcher de le répéter.

De longs cheveux noirs formaient aussi un des caractères les plus saillants de sa beauté, gâtée seulement par les dents qu'il avait très-noires.

On le rencontrait dans les rues de Montpellier, toujours *bon enfant*, escorté de trois ou quatre amis ; il marchait appuyé sur une énorme canne, le plus souvent la pipe à la bouche.

Quand il travaillait, il était tout le contraire de Delacroix aux prises avec l'idée, qui s'enfermait pour lutter victorieusement avec elle. Courbet se laissait volontiers entourer d'une nombreuse compagnie de flâneurs : il continuait à peindre, à fumer sa pipe, et, de temps en temps, à boire de la bière. Pendant son dernier séjour à Montpellier, il s'éprit d'une vieille peinture chez un artiste du pays, petit-fils du naturaliste Magnol, l'introducteur du *magnolia*. Le tableau en question représentait l'Amour et Psyché de grandeur naturelle. Courbet demanda la permission de le copier. La toile fut portée et dressée dans un atelier où se réunissaient tous les jeunes gens oisifs de la ville; le peintre eut vite fait de copier cette grande composition avec son couteau à palette, qu'il assouplissait et maniait comme une truelle. La disposition de cette peinture n'a peut-être pas été étrangère, par la suite, à celle de la *Femme au perroquet,* l'un des derniers tableaux célèbres de Courbet qui ont marqué sa seconde manière, celle dans laquelle il a commencé, au dire de ses anciens amis, à sacrifier aux dieux du jour. Un *Dubufe,* disait le peintre Bonvin.

Mais nous voilà encore loin de nos botanistes. Nous y reviendrons avec mon ami Soulas, qui faisait dans la même soirée les honneurs de la ville à M. Champfleury, l'hôte improvisé de sa famille.

IV

Soulas avait fait la rencontre du célèbre romancier réaliste à la Librairie nouvelle, où il fut employé pendant quelque temps. M. Champfleury, en entendant prononcer ce nom, lui demanda si c'était de lui qu'il avait reçu dans le temps un article le concernant, et sur la réponse affirmative de Soulas, « il y a longtemps, » lui dit-il, « que j'entends parler de vous et de votre famille chez le docteur P..., votre compatriote, à Neuilly ; venez donc me voir. » C'est ainsi que commença la liaison de Soulas avec M. Champfleury, à laquelle je dus la mienne plus tard.

On a de ce temps-là un portrait de l'auteur des *Bourgeois de Molinchart* peint par Courbet, et gravé par Amand Gautier, qui représente le romancier pensif et triste. Le réalisme en était encore lui-même à sa période gothique ou romantique, quand ce portrait a été exécuté. Le fond de la nature de M. Champfleury est au contraire la gaieté même ; il n'engendre pas la mélancolie, mais c'est un genre de gaieté répugnant à toute plaisanterie commune ou grossière. Sa nature d'artiste se révèle en cela au moindre choc. Il adore la pantomime, l'art délicat par excellence à ses yeux : on l'a appelé lui-même le Corneille du genre. Il a l'horreur innée du vers alexandrin, et il est musicien dans l'âme, non-seulement comme amateur, mais aussi comme exécutant sur le piano ou l'archet du violoncelle en main. Explique cela qui pourra : il est sensible à la musique et pas du tout à la prosodie. Ce phénomène (nous avons déjà eu l'occasion de le remarquer) a été également observé sur Mérimée, qui affectait de détester les vers, et qui en citait même, lui si instruit, de faux en latin à l'Académie : il était pourtant passionné pour tous les arts. Sainte-Beuve, au contraire (qu'on nous pardonne cette digression), n'aurait pas laissé passer un vers faux, mais il retenait peu ou mal la musique : il ne la lui fallait pas du moins trop compliquée. Il n'a jamais goûté beaucoup Meyerbeer ; mais il était surtout sensible aux choses simples. Méhul, Grétry, le fameux chœur du *chasseur* dans *Robin des Bois,* qui datait en France de la génération romantique, le chœur des guerriers dans l'opéra de Mermet, *Roland à Roncevaux,* sont ce qui l'ont le plus impressionné à ma connaissance. Quant aux airs, il en avait inventé un à son usage particulier, sur lequel il mettait tous les autres.

Il fallait l'entendre chanter *La plus belle ombre, ma chérie !* sur cet air unique, auquel il ajoutait l'accent et les manières de l'acteur, car il était peintre de portraits jusque dans l'imitation parfaite du modèle, lorsque la faculté d'assimilation avait été frappée une fois en lui. Personne n'imitait mieux par exemple l'empereur Napoléon III marchant voûté, une jambe raidie et les épaules légèrement inégales.

Il ne paraissait pas du reste avoir rien retenu de plus d'*Orphée aux Enfers* que ce que nous venons de citer, et cela dans une circonstance particulière qu'il est bien permis de rappeler aujourd'hui. Comme il n'était point hypocrite, il en riait tout le premier en la racontant. *Orphée* tenait en ce temps-là l'affiche sur deux scènes à la fois : on le jouait aux Bouffes et au Théâtre-Lyrique. Sainte-Beuve, qui n'allait au théâtre que le dimanche comme un bon bourgeois qu'il était, fut un jour très-instamment prié de prendre des billets pour *Orphée,* dont on parlait tant. Comme *on* ne lui désigna pas particulièrement l'*Orphée* qu'*on* désirait entendre, il fit louer une loge pour celui de Gluck au Théâtre-Lyrique. Ce fut une grande déception suivie d'une explosion de colère dans la soirée. « Ce n'est pas là ce que j'ai désiré voir, disait-*on* ; on ne m'a pas parlé de cela : c'est trop ennuyeux, etc., etc. » On en fut quitte le lendemain pour aller à l'autre *Orphée,* celui d'Offenbach aux Bouffes. Cette fois l'idéal était trouvé : le véritable *Orphée* était l'*Orphée* où l'on s'amusait.

V

Une des premières choses qui frappèrent le plus M. Champfleury en se promenant dans les rues de Montpellier, ce fut l'abondance de marchands de bonbons qui s'y trouvent. Montpellier n'a rien perdu, sous ce rapport, de ce qu'il était au XVIe siècle, au dire d'un témoin oculaire, Félix Platter, un célèbre étudiant bâlois, qui y était venu étudier la médecine en 1552. A notre arrivée à Montpellier, lit-on dans ses *Mémoires,* « nous avisâmes dans la rue un imposant cortége de bourgeois, soit nobles, soit roturiers. Affublés de chemises blanches, ils marchaient accompagnés de ménétriers et de porte-bannières ; ils tenaient à la main des jattes d'argent remplies de sucreries, de dragées, et ils frappaient dedans avec une cuiller de même métal ; celle-ci leur servait à offrir les friandises à toutes les jolies filles qu'ils rencontraient sur leur passage ». — Et ailleurs, à propos de la réception d'un docteur en médecine, « il y eut une magnifique collation, » dit le même Platter : « on lança plus d'un quintal de dragées... » Les vieilles mœurs ne se sont point encore tout à fait effacées.

Je ne m'attarderai pas à raconter ici jour par jour les péripéties de cette semaine pendant laquelle l'école réaliste était représentée à Montpellier par ses deux principaux chefs. La gaieté y eut la plus vive part : « ce ne sont que *festins* », visites et promenades dans les musées et les bibliothèques ; de temps en temps on se rappelait qu'on était venu pour une excursion scientifique : quelques rumeurs même avaient couru d'après lesquelles on se plaignait, dans le camp des botanistes, de ce délaissement de certains *amateurs* qui avaient déserté la troupe pour faire l'école *buissonnière* dans la ville. Courbet se piqua d'honneur, et il découvrit, sur les bords du Lez, derrière la citadelle, un insecte appelé dans le pays araignée *maçonne,* et qui n'est guère signalé que là dans les annales entomologiques. L'araignée maçonne habite un trou dans la terre ; ce trou est rond et poli comme s'il avait été façonné au tour ; il est bouché par une porte très-étroite, retenue par une charnière, derrière laquelle la maîtresse du lieu s'accroche de toutes ses forces pour empêcher d'ouvrir. On n'est pas plus industrieux : cette araignée tient du castor.

Quant à M. Champfleury, il vivait au milieu de toutes ces distractions sans avoir l'air d'y prendre part. Il ne se montrait ni bruyant ni turbulent, il paraissait sans cesse méditatif[1]. Son ami Schanne, fabricant de jouets, dont Murger a fait Schaunard dans la *Vie de Bohème*, et qui était aussi du voyage, avait mis la rue Saint-Martin, sa *patrie*, en parodie dans des scènes désopilantes à la manière d'Henry Monnier. On riait à se tordre, en l'écoutant. Un étudiant en médecine, M. G..., aujourd'hui conseiller général dans son département, était aussi l'un des *boute-en-train* de ces réunions, où l'on se retrouvait toujours les mêmes, c'est-à-dire ceux qui, à Montpellier, faisaient ou étaient censés faire, comme on dit, de la littérature et de l'art. — Il s'en trouvait dans le nombre quelques-uns qui ne faisaient résolûment rien du tout. Mais il y avait aussi de véritables et légiti-

---

[1] Il prenait des notes pour un article qui parut très-peu de temps après dans la *Revue des Deux Mondes*, et qui fit grand bruit dans Landernau. Mais à quoi bon raviver ce souvenir éteint ? M. Bruyas lui-même l'avait oublié ; et quand il nous en parla, de longues années après, c'était avec une amertume mêlée du regret de n'avoir pu rallier à sa cause un homme d'esprit, dont il avait toujours aimé le talent, bien que l'auteur des *Sensations de Josquin* ne se fût peut-être pas exercé avec assez de ménagement sur un amateur de beaux-arts, doué de l'instinct du *beau*, comme l'était M. Bruyas.

mes ambitions dans ce groupe de jeunes gens : nous avons déjà nommé M. Edmond Gondinet, qui assista un jour à un dîner offert par M. Alfred Bruyas en l'honneur de nos hôtes de Paris. La salle du festin était ornée de leurs portraits, dessinés au fusain par M. Auguste Baussan, un jeune sculpteur qui a depuis acquis un grand renom dans le Midi; sur la cheminée, se dressait une statue de terre improvisée par le même artiste dans la journée, et représentant la ville de Montpellier tendant des couronnes. J'eus l'honneur de porter un toast à ce dîner à M. Edmond Gondinet et à son avenir dramatique; je ne me suis pas trompé en cela, je le dis aujourd'hui avec satisfaction.

Quelques jours après, sur un banc du Peyrou, sous les beaux ormeaux, l'honneur et l'ornement de cette promenade, M. Champfleury me dit : « Que faites-vous à Montpellier ? — Rien, » répondis-je ; « on veut me faire étudier la médecine : c'est la mode dans le pays, mais je n'y ai aucun goût... — Il faut venir à Paris, » me dit alors M. Champfleury d'un ton grave et convaincu : « un jeune homme qui veut travailler et qui veut s'instruire y fait toujours son chemin. » Je suivis son conseil l'année suivante, et je lui dus ainsi, en 1861, de devenir le secrétaire de Sainte-Beuve.

VI

Il n'y a que les œuvres, je le sens bien, pour arracher un nom de l'oubli, et elles manquent, je ne me le dissimule point, pour mon ami Soulas, malgré les polémiques soulevées par lui à diverses reprises dans le *Figaro,* et dont la plus célèbre a été celle que j'ai rappelée en commençant contre l'École normale. Il n'est pas même bien sûr que Monselet s'en souvienne, lui qui a parodié si spirituellement cette tempête antiuniversitaire dans ses *Tréteaux,* où Soulas apparaît, jouant le rôle de Marcel dans les *Huguenots,* et excitant par ses chants les *fédérés* des brasseries littéraires à la bataille. Mais je n'aurais garde moi-même d'encourir le reproche de m'arrêter trop longtemps sur un sujet littéraire qui n'intéresse plus que moi seul, si je n'avais à rappeler encore une circonstance piquante à laquelle se rattache le nom de mon ami.

Quand j'arrivai à Paris en 1858, il était correspondant d'un journal italien de Turin, l'*Indipendente*. C'était un emploi des plus mal rétribués, malgré les promesses de son rédacteur en chef, M. Pierre Castiglioni. Mais les journaux piémontais étaient en ces années-là, comme on dit, pauvres..... et honnêtes. Soulas se trouvait aussi en rapports littéraires, depuis quelques mois, avec le fameux comte de Castiglione, mort il n'y a pas bien longtemps encore, et qui aurait voulu, à l'époque dont je parle, se pousser dans la politique sarde. Mon ami avait même rédigé pour lui une importante brochure, qui parut signée du vrai nom du comte, François Verasis. Une seconde exploration botanique, qui était de nouveau pour Soulas l'occasion d'un voyage et d'un compte rendu dans les journaux, le conduisit la même année jusqu'à la Grande-Chartreuse et ensuite à Briançon, toujours sous la conduite de M. Chatin. A cette extrême limite de la France, la frontière, formée par le mont Genèvre, n'est qu'une enjambée. Soulas la franchit et alla rendre visite à son rédacteur en chef, à Turin. Il en revint porteur des *Mémoires* et du portrait d'Orsini, qu'il était chargé de remettre à un habitant d'Auteuil, qui s'est depuis rendu célèbre par sa violence. Le prince Pierre Bonaparte demeurait, comme on sait, à Auteuil, dans la maison de Mme Helvétius; il avait transformé cet ancien refuge de philosophes en salles d'armes, et il tirait toute la journée des coups de pistolet dans le jardin. Le Premier Consul avait souvent visité autrefois cette demeure, dont il traitait plus tard les hôtes d'*idéologues*. Un détail qui ne déplaira pas à M. Champfleury, le moderne *historiogriffe* des chats, comme Voltaire a appelé Moncrif, c'est qu'il y avait encore dans le jardin d'Auteuil, en

1858, un grand nombre de ces animaux descendant de ceux de Mme Helvétius, qui les adorait : ils ravageaient d'ailleurs le jardin. La passion du prince se partageait entre l'escrime, le tir, la chasse dans les Vosges et la poésie : il composait des vers en deux langues, en français et en italien. Ses amis qui le visitaient le plus souvent étaient le prince Murat, grand-maître de l'ordre des francs-maçons, et M. Ducoux, l'ancien préfet de police, directeur des Petites-Voitures. On peut dire que c'était un *trio* de gros ventres. On y faisait beaucoup d'opposition à table, et l'on y présageait toujours le futur retour de la République, mais en attendant on y jouissait du présent. Les traditions se perpétuaient ainsi dans la famille : Napoléon III y avait continué l'oncle, dont il se croyait l'héritier; le prince Pierre y continuait son père Lucien en boudant et vivant à l'écart. Il n'avait rien d'ailleurs d'attristé ni même de féroce dans la physionomie : c'était un grand gaillard, solide, carré, à large face, avec une grande barbiche noire qui rejoignait la moustache et couvrait tout le bas du visage ; un large pantalon à la *houzarde* et des éperons, résonnant de grand matin sur le parquet, justifiaient assez bien le surnom de *Franconi* que lui avait donné son collègue Brives, de la Montagne, en 1848.

Une occasion, dont nous n'avons pas d'ailleurs à discuter la légitimité, ralluma son humeur batailleuse en 1858. Les *Mémoires* de Miot de Melito, qui parurent cette année-là, contenaient des attaques contre son père, Lucien Bonaparte ; le prince Pierre en fit remonter directement la responsabilité au général Fleischmann, aide de camp du roi de Wurtemberg, et le provoqua en duel, dans une lettre que les journaux français refusèrent d'imprimer, sauf un seul, le *Figaro-Programme;* on peut l'y retrouver : elle est datée du 3 juillet 1858. — Le directeur de l'*Indipendente*, de Turin, à qui la lettre avait été également adressée, ainsi qu'à d'autres journaux étrangers, pria Soulas, avant de l'insérer, d'aller demander quelques explications au prince. C'est ce qui ramena mon ami dans cette maison où le malheureux Victor Noir devait trouver la mort douze ans après.

La page suivante, que je copie dans les papiers de Soulas, est trop curieuse pour ne pas être citée : que si l'on me trouvait par trop *indiscret,* j'invoquerais un précédent, celui d'une autre conversation, notée par Rœderer dans son Journal de voyage, et reproduite par Sainte-Beuve en appendice dans le tome VIII des *Causeries du Lundi*.

L'histoire, a-t-on dit, est la lettre morte des nations, et l'on ne saurait contester que le document suivant n'appartienne aujourd'hui purement et simplement à l'histoire :

« De bonne heure, ce matin, » écrit Soulas (25 octobre

1858), « j'ai pris le chemin de fer pour Auteuil, et j'ai été voir le prince Pierre-Napoléon Bonaparte. Je lui ai communiqué la lettre du comte de Castiglione au sujet des chasses en Piémont qui sont peu importantes, excepté celles des réserves du roi. Le prince m'a dit qu'hier il avait vu l'empereur, qui lui avait demandé s'il était, lui, Pierre, populaire en Corse. Il m'a entretenu ensuite de l'opinion des Napolitains sur Murat, qui ne semble pas être favorable à ce nom. Puis il a ajouté que l'empereur était toujours grand partisan de la cause italienne. De là nous avons causé de son père Lucien, insulté dans les *Mémoires* de Miot de Melito, et de l'article que M. Beugnot a publié dans le *Correspondant,* qui renchérit encore. Le prince est en ce moment en pourparlers avec M. Beugnot, qui se montre porté à faire une rétractation. « Sans moi, m'a dit le prince, l'empereur aurait suspendu cette Revue (*le Correspondant*). » Cependant il a insinué à l'empereur, dans leur entrevue, que, si l'on s'attaquait à Joseph, à Eugène, à Lucien, et non à Louis ni à lui, c'est que l'on n'osait pas. Je lui ai fait remarquer que les dernières publications, y compris l'*Histoire du Consulat et de l'Empire,* par M. Thiers, ne me paraissaient pas devoir être un résultat favorable à la mémoire de Napoléon Ier. Nous avons reparlé ensuite de Lucien. Le prince m'a raconté sa mort en Italie, la dispersion de la plupart des papiers de son père; il m'a dit que, pour sa part, il regrettait beaucoup cela; qu'il les faisait rechercher; que l'empereur l'avait assuré n'en avoir pas; que pourtant lui se rappelle fort bien une grande armoire de famille où Lucien enfermait ses papiers; que là devaient se trouver jusqu'à trois cents lettres de Napoléon Ier, plusieurs de Bernadotte, d'Augereau, etc., etc., et certainement des notes de son père... Il m'a raconté deux ou trois entrevues que Napoléon Ier avait eues avec Lucien, et dans lesquelles le premier avait été d'une arrogance extrême : à cette observation de Lucien : « Mais, Sire, vous voulez donc faire de la France un corps de garde? — Oui, aurait répondu Napoléon Ier, tout le monde soldat, et sous moi des caporaux. » Mais leur brouille datait de l'entrevue fameuse de Mantoue.

Lucien, sous le premier empire, était comme une protestation, et le prince Pierre a ajouté « comme un remords ». — *Moi* : « Des frères de Napoléon Ier, quel était le plus aimé ? » — *Le prince* : « Joseph, puis Jérôme comme le plus jeune, excepté à la fin... il aimait peu Louis... » *Moi* : « Est-ce qu'entre eux ils se tutoyaient ? » — *Lui* : « Dans les premiers temps, oui; mais à dater du Consulat à vie, rarement; plus tard, pas du tout. Moi-même, avec l'empereur, nous nous tutoyions, alors qu'il n'était que simple représentant du peuple à la Constituante; mais comme une fois, dans les premiers temps de la Présidence, je dis *vous*, il en parut offensé et m'en fit l'observation, en ajoutant : « Du reste, ce sera comme vous voudrez. » Depuis lors nous ne nous revîmes plus sans nous dire *vous*. » — Nous nous sommes quittés après une conversation de plus de trois quarts d'heure. En passant dans sa salle à manger, le prince m'a fait arrêter devant une belle lithographie représentant la Liberté, et une autre, le vaisseau *le Vengeur*. »

J'ai épuisé ce que j'avais de plus intéressant à relever dans l'existence si vite et si prématurément brisée de mon ami. Il mourut l'année suivante à Montpellier, dans sa famille, et c'était un devoir pour moi de payer ce dernier tribut de reconnaissance à sa mémoire. Que ses vieux parents, que sa veuve, que ses enfants, que son frère, me pardonnent d'avoir ravivé leur douleur ! Je devais cette simple couronne d'immortelles à sa tombe.

15 mai 1875.

OUVERTURE DU MUSÉE DE SÈVRES

POTERIE MÉRIDIONALE. — M. CHAMPFLEURY. — *LE CHANT DES POTIERS,* PAR M. AUGUSTE FOURÈS.

I

Puisque l'hiver nous ménage cette année de douces surprises, profitons d'une de ces belles matinées, qui sont toujours l'automne et qui ne sont pas encore le printemps, pour aller visiter non plus dans Sèvres même, mais à l'entrée du parc de Saint-Cloud, sur la route de Versailles, la nouvelle manufacture de porcelaine, inaugurée dernièrement en présence de M. le Président de la République. Tous les journaux ont raconté les détails de cette cérémonie, et il est déjà bien tard pour y revenir. M. Gambetta y fut présenté officiellement au maréchal par M. Waddington, en sa qualité de président de la Commission du budget. On rappelait à ce propos un vers de Voltaire à François de Neufchâteau :

> Et j'aime en vous mon héritier ;

mais d'abord il n'est pas toujours vrai qu'on aime

son héritier, et puis le maréchal n'est pas bavard et ne ferait pas de ces plaisanteries risquées. C'est de la pure impertinence de chroniqueur.

Parlons céramique. Le nouveau musée est organisé par M. Champfleury, dont on connaît les aptitudes (au point qu'on oublie en lui le romancier pour ne plus voir que l'amateur de faïences et autres produits de même nature); — le nouveau musée, dis-je, présente cet avantage sur l'ancien (celui de la vieille manufacture désormais abandonnée), que rien n'y est entassé ; tout s'y trouve à une place commode, bien en relief, séparé des autres pièces. L'aménagement est parfait; il dénote un esprit d'ordre et de méthode qui ne nous a point étonné, nous en particulier, qui avons fait autrefois un petit apprentissage de notions céramiques sous la direction et dans les mains du même maître, — du célèbre et spirituel auteur du *Violon de faïence*. Nous aidions en ce temps-là à placer les assiettes sur les étagères où cet esprit analytique et précis, qui préludait alors à une rare et intéressante collection privée, réunissait les matériaux dont il a tiré plus tard son beau livre : *Histoire des faïences patriotiques sous la Révolution*. Ce sont des souvenirs qui nous seront toujours chers et précieux.

A un point de vue philosophique et justifié par les documents, l'histoire de la céramique est aussi celle de l'humanité, aussi loin que l'on peut remonter dans les âges anciens et chez les différents peuples qui ont fait usage de la terre vernissée et cuite au four. Rien n'est plus facile que de s'instruire sur les poteries mates, sur les poteries lustrées et brillantes comme des émaux, remontant à la plus haute antiquité, — à ce que l'on est convenu du moins d'appeler ainsi, et qui a pour bornes nos faibles connaissances sur l'histoire de notre globe. Les vitrines du musée de Sèvres présentent des échantillons par gradins de tout ce que la science et l'érudition, appliquées à l'histoire des arts, ont pu réunir en ce genre. Des étiquettes indiquent soigneusement la provenance de chaque objet; on peut s'y promener sans guide et sans crainte de se tromper. C'est un dictionnaire tout ouvert à la curiosité de l'amateur. Il en résulte une instruction tout acquise et de la façon la plus attrayante.

La plus belle pièce du musée, à cause de sa grandeur et de son importance, est, sans contredit, la Vierge de Lucca della Robbia, le célèbre artiste florentin du XV° siècle, dont les chroniqueurs à la mode et bien informés du boulevard ont fait dernièrement Zucca (par un Z). Cette Vierge en faïence, de grandeur naturelle, a été façonnée et cuite au four telle quelle, sans être moulée : on y découvre les traces du coup de pouce. Sa physionomie a l'expression d'une femme aimable de l'école de Léonard de Vinci.

Une belle pièce encore est la Bastille, sur le plan et le modèle de celles qui furent envoyées, avec une pierre de la fameuse forteresse, dans presque tous les départements de France. Seulement la Bastille du musée de Sèvres est un poêle. M. Champfleury en a donné l'historique suivant dans l'intéressant ouvrage dont nous parlions tout à l'heure : « Un poêle monumental, » dit-il, « représentant la Bastille, — la plus grande pièce de faïence qui ait été fabriquée en France, — fut offert à la Convention nationale par Ollivier, potier parisien. Ce poêle ornait l'intérieur de la Convention, alors qu'elle siégeait dans la salle du Manége. En avril 1793, ce local ayant été abandonné pour les Tuileries, le poêle, qui embarrassait par ses dimensions, fut oublié et longtemps ses débris restèrent enfouis dans un jardin, jusqu'au jour où un ami des arts, ayant connaissance de ce monument, put l'acquérir et en faire hommage au musée de Sèvres. » Cette pièce si curieuse offre cette particularité rare qu'elle a conservé, bien intacte, à travers toutes ses péripéties, la signature authentique de son fabricant : on lit très-lisiblement sur un des côtés : *Ollivier, faubourg Saint-Antoine.*

Un Méridional est toujours étonné de retrouver d'anciennes connaissances au musée de Sèvres ; c'est d'abord un de ces grands vases de Boisset d'Anduze, dans lesquels on plante les orangers de la promenade du Peyrou ; puis, dans des vitrines bien étiquetées, par départements, nos ustensiles du Gard, si communs dans tout le Midi, les poteries d'Uzès, ces pots de Saint-Quentin sur lesquels il existe un dicton si plaisant, les assiettes à bords festonnés ; — Saint-Victor-des-Oules, Meynes, Alais, représentent la vie pour un enfant de la contrée, au milieu de ces collections toujours un peu froides des musées. Cela ajoute à leur intérêt que de retrouver la patrie, là où on apporte tout d'abord la crainte instinctive de l'ignorant ou de l'étranger. On se revoit tout de suite parmi les siens : « Conservez bien ces tasses tant que je vivrai, » disait un illustre écrivain : « ce sont les os de ma mère. » Nous avons éprouvé une impression semblable l'autre jour, en inspectant une à une ces poteries communes, si chères à notre enfance.

L'art et la vie d'ailleurs ont également leur place sur ces étagères du nouveau musée de Sèvres. Nous avons revu là deux précieux échantillons de vieille faïence de Montpellier, qu'on se procurerait difficilement aujourd'hui, car la fabrique n'existe plus depuis longtemps. Il s'agit d'un plat à fleurs, jaune à l'extérieur, et d'un plat à barbe de Philip de Montpellier (1770). Ces deux pièces de notre industrie locale doivent leur conservation à notre ami M. Charles Perrier, architecte. Qu'il nous pardonne notre indiscrétion.

Le *Cosaque du Don* sur une assiette de Toulouse rappelle l'invasion, comme certains visages du département de l'Aisne ont gardé longtemps le type de nos vainqueurs qui étaient passés par là en 1815.

Une assiette, aux emblèmes de la franc-maçonnerie, est aujourd'hui un objet assez rare pour être signalé dans les collections de Sèvres.

Chose curieuse! le musée de Sèvres n'est pas riche en ancienne porcelaine des propres produits de la manufacture, et cela s'explique par la cherté qu'ont acquise ces produits, de nos jours. Celui qui possède un échantillon de ce qu'on appelait la porcelaine tendre peut se vanter, à l'heure qu'il est, d'avoir un trésor d'un prix inestimable. C'est ce que les amateurs millionnaires ou *milliardaires,* de la famille des Rothschild, recherchent le plus actuellement. A l'exception de deux ou trois spécimens, on ne le retrouve plus à la source même; nous citerons cependant, comme se rapprochant de ce genre et surtout de l'époque, une tasse avec sa soucoupe, décorées des emblèmes tricolores de la Révolution, avec le faisceau et le triangle égalitaires.

On voit qu'un homme d'esprit a présidé à cet arrangement : il n'en a pas négligé le côté pittoresque. Le buste du comte d'Aranda nous a conduits directement à son four, — un charmant modèle de four à poterie, sur lequel nous avons copié littéralement l'inscription suivante : *modele de four pour la porselene naturele, fait par Haly pour M. le comte daranda Alcora se 29° juin 1756.*

Cela signifie que ce comte d'Aranda était fondateur d'une fabrique de porcelaine à Alcora, et que le nommé Haly, qui s'entendait mieux probablement en poterie qu'en orthographe, lui a fabriqué ce modèle de four de dimension portative.

Pendant que nous nous promenions au milieu de toutes ces curiosités, M. Philippe Burty, le savant critique d'art de la *République française,* a été soudainement frappé d'une révélation, comme saint Paul sur le chemin de Damas. M. Champfleury venait de nous montrer un échantillon grossier de poterie commune, rapporté de Normandie en 1851 par M. Milet, chef de la fabrication de Sèvres; le dessin forme une pâte épaisse : le pinceau dont les *artistes* de ce pays-là, qui a nom Martincamp, se servent pour *orner* leur œuvre, est tout simplement une corne pleine de couleur, au bout de laquelle est un tuyau de plume d'oie que l'on promène sur l'objet à *dessiner.* M. Burty s'est écrié à la vue de cette corne : « Voilà l'origine de ce mot κέραμος, qui nous a tant embarrassés; cela vient de κέρας, corne. C'est la façon primitive de peindre la poterie qui lui a donné son nom; les Grecs auront fait usage de cette corne, qui se retrouve encore de nos jours en Normandie. » La poterie vernissée que nous avions devant nous était bien en vérité le produit d'un art barbare. Nous avons recommandé à M. Burty d'envoyer un mémoire sur sa découverte à l'Académie des Inscriptions et Belles-Lettres.

Nous n'avons pas prétendu montrer au lecteur toutes les richesses de ce splendide musée, qui éclatent aux yeux sans qu'on les y cherche. Il y a là encore une collection éminemment artistique et de la plus haute valeur de statuettes en terre cuite, qui ont servi de modèle aux fameux biscuits de Sèvres. Ces terres cuites, de petite dimension, sont des chefs-d'œuvre sortis des mains des Pajou, des Falconet, des Clodion, des Pigale et de tout ce que le dernier siècle, si spirituel et si grand, a eu de célèbre en sculpture. Ce sont des bijoux que M. Champfleury a eu l'idée de réunir pour la première fois dans l'une des vitrines du musée.

II

Comme nous revenions du musée de Sèvres, encore tout éblouis des splendeurs et des magnificences de ces riches collections, un ami, à qui rien de ce qui concerne la céramique n'est étranger, nous communiquait un poëme en patois languedocien tout à l'honneur de l'humble *ourjolét*[1] méridional, celui même dont il est question dans

---

1. Petite cruche.

la chanson populaire de notre compatriote Gaussinel :

> Souï mouquét,
> Aï coupat toun ourjolét [1].

C'est l'éternelle histoire de la *Cruche cassée*, dont le peintre Greuze n'a pas été l'inventeur, mais à laquelle il a prêté la poésie de son pinceau. Voici maintenant un poëte de Castelnaudary, M. Auguste Fourès, qui fait de nouvelles variations sur le vieil air, dans un petit poëme, plein d'énergie et de couleur, intitulé : *le Chant des Potiers*, et dédié *Aux vaillants potiers du Lauraguais*.

« Les Marguerites, les Jeannettes, » dit ce nouveau chantre du tour et de l'estèque (nous nous servons de sa traduction), « — qui souvent dressent trop le front — pourront briser des cruchettes — à la source, au puits, à la fontaine. — Il en est ici plus d'une qui plaît !... »

Je le crois bien, et l'on remonterait ainsi jusqu'à la *Source* d'Ingres. Mais le poëte dont nous parlons adresse surtout ses hommages aux belles *filles* qui sortent toutes façonnées des mains du modeste artisan, à qui l'on doit *cassoles* et *pi-*

---

1. Je suis penaud,
J'ai cassé ta petite cruche.

chets. Son chant est un poëme didactique, dans lequel il célèbre la *terre* natale :

« Santé aux braves travailleurs — qui se font gloire de leur ciel ! — A vous autres, potiers, fabricants de terraille — et de Saint-Papoul et d'Issel ! — Santé pour de longues années — à ceux de Montléon ! — Qu'ils aient toujours belles fournées, — chansons joyeuses et bon vin !

« O Montléon ! avec tes briques, — de nombreux quartiers ont été construits ! — Trois fois salut à tes fabriques, — berceau antique de nos potiers ! — Salut, poterie lauraguaise ! — tu auras cinq cents ans l'année prochaine. — Tant que rira l'âme française, — dans tes godets on boira souvent. »

Cet enthousiasme, ce *lyrisme* se rencontrent rarement chez les ouvriers poëtes pour les choses de leur métier. Notre ami Peyrottes, de Clermont-l'Hérault, qui était lui-même un potier de terre, s'exerçait sur d'autres sujets en vers : il ne tournait des pots que pour gagner sa vie, et s'il y mettait de l'amour, c'est parce qu'il croyait qu'on ne fait rien de bien — même des cruches — sans conviction. Jean Reboul, le poëte boulanger de Nimes, avait l'âme et la poésie lamartiniennes. Jasmin, le spirituel barbier d'Agen, était venu chercher et trouver la *gloire* à Paris ; quand il s'aperçut que la vogue commençait à se lasser, il eut un jour un mot très-fin : « *Las barbas poussou à Agen,* » et il retourna reprendre le rasoir, son gagne-pain de chaque jour, dans son pays. *Fit-il pas mieux que de se plaindre?*

Mais M. Auguste Fourès, l'auteur du *Chant des Potiers* que nous venons de citer, ne tourne de ses mains et de son esprit que des vers et de la prose : on a de lui une nouvelle, intitulée *l'Armoire*, qui le rattache à l'école *réaliste* de M. Champfleury et du peintre Bonvin, par le sentiment d'art et de poésie qui naît des choses les plus communes. C'est le genre dans lequel excellait Chardin au xviiie siècle, quand il tirait des effets si *gais* de natures mortes. Il y faut un œil particulièrement observateur et un sens d'autant plus exquis qu'il s'agit parfois de faire *chanter* les reflets vulgaires d'une batterie de cuisine ; on n'y réussit pas sans l'amour du sujet, qui est la véritable force de l'artiste : il y faut surtout un esprit délicat et une sorte de génie simple et naïf.

12 décembre 1876.

LA GALERIE ALFRED BRUYAS

A MONTPELLIER

UN PORTRAIT DE BAUDELAIRE, PAR COURBET. — STATUE D'ARISTIDE OLLIVIER, PAR PRÉAULT. — MÉDAILLON PAR M. AUGUSTE BAUSSAN.

I

Le musée de Montpellier possède en ce moment, et depuis peu, un portrait de Baudelaire par Courbet. Ce portrait est une œuvre de jeunesse du maître d'Ornans, qui a représenté, également en pleine jeunesse et sur ses vingt ans, le futur poëte des *Fleurs du Mal*. Ce curieux tableau n'est guère connu aujourd'hui que des plus anciens amis du peintre et du poëte, qui l'ont vu exécuter. Il a été acquis récemment par M. Alfred Bruyas, le célèbre et généreux amateur qui a, dans les dernières années, enrichi le musée de cette ville de sa belle et unique collection de tableaux modernes.

Le monde artistique sait ce que vaut cette ga-

---

1. Cet article a paru d'abord dans l'*Événement*.

lerie : l'art contemporain y est représenté de la façon la plus grandiose et la plus magistrale. Il faudrait, pour en parler pertinemment, l'étudier en détail et y consacrer plus d'un jour. Le catalogue, qui s'imprime chez Claye et qui sera un livre raisonné et critique, est destiné à devenir l'un des ouvrages les plus utiles à consulter pour l'histoire de l'art au XIX° siècle. A côté de l'exposition du sujet, on y trouvera en effet les opinions les plus caractéristiques et les plus contraires, exprimées par les juges les plus compétents et les plus divers : cela forme de piquants contrastes et donne un intérêt littéraire au volume.

Aucun nom illustre ne manque à la galerie Bruyas, qui résume complétement l'art moderne et qui en donne, dans son ensemble, l'expression la plus large et la plus haute idée. Il serait difficile de mieux grouper et mettre en relief, dans leurs oppositions de talent, tout ce que le XIX° siècle a produit de grands artistes. C'est comme un orchestre où chacun fait sa partie, où les genres les plus opposés se repoussent et se font valoir, où l'individu contribue le mieux à l'harmonie de l'ensemble, pour la plus grande glorification des deux époques dites *romantique* et *réaliste* (en suivant la progression du siècle), se fondant triomphalement dans un apogée grandiose et complet. L'art du XIX° siècle **a vaincu**. Aucun doute ne peut s'élever à ce sujet, quand on a vu la galerie

Bruyas. Mais des noms propres pourraient seuls rendre clairement notre pensée, et il faudrait pour cela s'arrêter à chacun d'eux. Nous n'avons voulu que signaler la présence à Montpellier de ce portrait de Baudelaire par Courbet, déjà représenté si victorieusement, dans la même galerie, par *la Rencontre, la Baigneuse, la Fileuse, l'Homme à la pipe,* son propre portrait, etc. Nous n'avons pas à revenir sur toutes ces œuvres si connues : parlons seulement du portrait de Baudelaire.

II

La toile est de moyenne et même de petite dimension. Le poëte, jeune, assis sur des coussins rouges, tient de la main droite un vieux livre brun à tranches rougeâtres, quelque ancêtre en poésie : ce bouquin est appuyé sur une table dont l'angle saillant forme l'un des plans principaux de la composition. C'est une de ces tables simples, en chêne, dont la mode a tant dépouillé depuis la campagne au profit des salons; mais alors (il y a quelque vingt-cinq ans) elles étaient recherchées, surtout dans les ateliers des artistes, dont le goût élégant et sobre a fini par s'imposer, même en matière d'ameublement. Les coussins sur lesquels est assis le poëte, et la table sur laquelle il tient son livre, sont d'une recherche et d'une distinction voulues, sans prétention apparente.

La physionomie de Baudelaire est vue de profil, du côté gauche, mais en plein ; sa lèvre droite serre une pipe culottée selon les règles, d'où s'échappe de la fumée. Mais ce n'est point l'effort qu'il fait pour retenir la pipe qui rend ainsi sa lèvre pincée : cette lèvre était naturellement fine et mordante. Tous ceux qui ont connu Baudelaire dans ses dernières années le reconnaissent encore à la fleur de sa jeunesse, aux premiers beaux jours, qui commençaient à être pour lui ceux de l'effort et de la contention d'esprit, pendant lesquels il concevait ces petits chefs-d'œuvre tant travaillés. Dans le temps où Courbet faisait ce portrait, les premières *Fleurs du mal* circulaient dans le quartier latin, et valaient à l'auteur une célébrité qui ne devint la vraie gloire que longtemps après, par la publication du recueil en volume et le procès qui s'ensuivit.

Une certaine tournure du nez, qui était un des signes caractéristiques de la physionomie de Baudelaire, ajoute encore à l'expression spirituelle et malicieuse de ce profil, aux teintes roses et éclatantes, à l'œil noir et brillant, que font admirablement ressortir les accessoires sobres (sans rien de sombre) du reste de la peinture. Les cheveux, bien plantés sur le front, sont coupés ras, *à la mal content,* et dessinent parfaitement le haut du visage de ce jeune homme imberbe, sur lequel se projettent les reflets d'une lumière blanche, qui ajoutent au charme et à l'élégance de cette sympathique figure.

Sur la table, à portée de la main, est un petit encrier en verre, carré, avec une plume d'oie debout dans l'encre. Un registre vert, des carnets où l'on trouverait sans doute des *lignes finissant irrégulièrement,* si on pouvait lire dedans, n'ont pas été posés là au hasard ; le goût combiné du poëte et du peintre, tous deux artistes d'un tempérament si différent, se manifeste dans le choix et l'arrangement de ces accessoires.

Mais ce qui frappe le plus dans le costume marron, plein d'aisance et de sans-gêne (sans rien de débraillé cependant), c'est l'harmonie de tons qui existe entre une large cravate de soie, du plus joli jaune d'or, autour du cou, et la chemise bleue, dont un pli du col se rabat sur la cravate. Ce bleu et ce jaune forment un mariage charmant. Il y a là une gaîté délicieuse, une vraie fête de l'œil, qui ne lasse pas à regarder.

Cette toile, dans la galerie Bruyas, est encore une des victoires de la peinture moderne ; elle sert de lien avec d'autres œuvres. On peut la comparer avec des compositions de Bonvin et des esquisses de portraits d'Ingres ; elle tient de l'un et de l'autre par la simplicité des moyens, la sobriété des tons ; il n'y a pas de détails inutiles, et elle fait songer aussi à Tassaert, dont un magnifique portrait, peint par lui-même, restera comme une des plus glorieuses notes de cet art moderne auquel M. Bruyas a élevé un monument. Somme toute, ce portrait de Baudelaire est une des œuvres les plus sincères de Courbet. La prédilection de plus en plus marquée de Baudelaire pour l'étrange et l'exotique avait fini par lui faire détester l'œuvre et le peintre ; mais le poëte des *Fleurs du mal* brûlait alors ce qu'il avait adoré.

III

Nous ne finirons pas ce compte rendu artistique sans parler de la statue d'Aristide Ollivier, par Auguste Préault, qui nous attire au cimetière de Montpellier. C'est là encore une de ces œuvres d'art contemporain qui témoigneront le plus dans l'avenir de la difficulté vaincue. Le romantisme peut tout, puisqu'il a dénoué l'art ; mais il n'en a pas moins nourri longtemps un préjugé contre le moderne. Le costume ne prêtait pas, disait-on, à la statuaire : le XIXe siècle n'avait donc qu'à renoncer à se faire couler en bronze. M. Préault n'a pas reculé devant la statue de grandeur naturelle d'un jeune homme vêtu en redingote, portant un pantalon à sous-pieds, comme c'était encore la mode en 1851. Nous ne lui ferons qu'un reproche, qui tient évidemment à ce que l'artiste n'a pas été informé : c'est que nous avons vu plus souvent Aristide Ollivier en habit bleu à la française qu'en redingote, et il le portait très-gracieusement.

Préault donne de la pensée et de la vie à ses créations; personne plus que lui ne caractérise les divers jeux de physionomie du masque humain; il l'observe sans cesse, l'étudie; on peut lire avec lui sur les visages. Les yeux sont vraiment pour lui le *miroir de l'âme.* Aussi ceux de ses portraits n'ont-ils jamais cette expression froide et *marmoréenne* qui rappelle trop qu'on est en présence d'une statue, c'est-à-dire d'une pure fiction, et que l'artiste, aux prises avec la matière, moins audacieux que Prométhée, n'a pas tenté d'arracher le secret de la flamme; — que, somme toute, il ne peut enfanter que des êtres inanimés.

La statue d'Aristide Ollivier, au contraire, a les yeux ardents et doux : les cheveux longs, comme il les portait, sont rejetés en arrière et viennent retomber sur la nuque, qu'ils couvrent entièrement. Une fine barbe, un peu folle, et qui paraît vierge du rasoir, donne un charme de plus à cette physionomie intelligente et sympathique, dont le souvenir a conservé tant de fidèles à Montpellier. Cela se voit toujours aux nombreuses couronnes suspendues à la grille autour du piédestal, — et ce n'est pas un concierge qui vient les y attacher, comme naguère autour de la colonne Vendôme.

Le socle de la statue porte un beau bas-relief de bronze, une forme humaine ou plutôt féminine s'inclinant sous un voile épais, qui la recouvre entièrement : on ne voit pas de visage, mais une main sort des plis de ce long voile et serre dans ses doigts la tige élancée d'une fleur brisée à peine éclose. Une plante de cimetière, qui ne saurait être une végétation de l'oubli, pousse à ses pieds. Les voiles et les plis tombant de la draperie qui sert de costume à ce corps fantastique et idéal, sont largement conçus et aisés : ici le romantisme recouvre tous ses droits. On sent la douleur et la piété (la vraie), la pitié plutôt, sous cette attitude consternée : c'est l'apparition d'un fantôme prenant part à la douleur des vivants et visitant les morts. Qu'est-ce qu'on peut imaginer de plus simple et de plus grand ? Le drame shakspearien, qui est éternel parce qu'il s'applique à la nature humaine dans tous les temps, est transporté dans ce monument, depuis la figure funèbre et voilée du piédestal jusqu'à la tête de mort qui est au pied de la statue.

IV

Avant de finir, signalons, à propos de cette même œuvre, une lacune au musée de Montpellier. Nous regrettons beaucoup que ce musée, qui a fait une si large part à l'art contemporain et méridional, — où figure même un portrait d'un personnage uniquement connu dans le pays, par la raison bien légitime que ce portrait est d'un grand peintre, — n'ait pu trouver jusqu'à présent une place pour y loger le beau médaillon d'Aristide (comme on dit ici) par M. Auguste Baussan. Ç'a été une œuvre de dévouement : elle appartient essentiellement au domaine artistique d'intérêt local, et elle mériterait plus que jamais aujourd'hui d'entrer dans un musée national, perpétuant le souvenir des productions artistiques de la Cité.

10 septembre 1874.

UNE FAMILLE DE PEINTRES PROTESTANTS

AU XVII° SIÈCLE [1]

DOCUMENT NOUVEAU SUR SÉBASTIEN BOURDON. — MINUTE DE SON CONTRAT DE MARIAGE AVEC LA SŒUR DE LOUIS DU GUERNIER, PEINTRE MINIATURISTE (1641).

Parmi les oubliés et les dédaignés qui ont joué un rôle considérable pendant le *grand siècle* et qui ne sont plus que poussière aujourd'hui, il faut citer Louis du Guernier. Ce nom, qui a été celui de l'un des plus célèbres peintres en miniature de son temps, ne réveille de nos jours aucun souvenir, excepté parmi les amateurs les plus érudits en matière de beaux-arts. Mais il ne saurait être rattaché à des œuvres connues, et, s'il subsiste encore, c'est grâce à Félibien, l'historiographe de l'Académie de peinture, qui lui a consacré l'un de ses plus longs et plus intéressants Entretiens. Le biographe officiel a payé à la mémoire de l'artiste un véritable tribut d'admiration et de respect. Il fallait que du Guernier

1. Extrait du journal *l'Art*.

eût une bien grande autorité dans le corps dont il faisait partie, pour exciter tant de regrets et d'éloges, *bien qu'il fût calviniste*. Cette restriction, qui revient plusieurs fois, gâte un peu le panégyrique, mais elle ne fait qu'ajouter à la couleur du temps. En somme, l'on était sous le règne de la miniature : c'était le genre à la mode, et du Guernier était souvent mandé à la cour. Félibien raconte qu'il fit « plusieurs portraits du roi et de toutes les personnes de la *première qualité* »; et comme s'il voulait jeter à la fin un grain de sel dans son Entretien, il le termine par ce renseignement peu édifiant : « Lorsque le duc de Guise alla à Rome, il emporta un livre de prières où du Guernier avait représenté *en saintes* toutes les plus belles dames de la cour peintes au naturel. » — C'est frivole et léger ; mais c'est un trait piquant pour l'histoire. Félibien, qui ne manque pas une occasion de réprouver l'hérésie, n'ajoute pas un mot de blâme en cette circonstance [1].

---

1. Le duc de Guise dont il s'agit ici est le même qui gouverna quelque temps à Naples, dont il avait favorisé, en 1647, le soulèvement contre les Espagnols. Il est célèbre par ses aventures de guerre et d'amour. Le président Hénault a dit de lui dans son *Abrégé chronologique* (à l'année 1641) : « Ce prince était aussi inconstant dans ses mariages que les autres le sont en galanterie : il se fit séparer de sa première femme, Anne de Gonzague, qu'il avait épousée par amour, pour épouser la comtesse de Bossut, qu'il aimait, et il passa le reste de sa vie à faire casser son mariage avec celle-ci pour pouvoir épouser Mlle de Pons, qui à son tour devint sa maîtresse. » C'est pendant son séjour à Rome,

Nous ne nous étendrons pas plus longtemps sur les œuvres de du Guernier, d'autant plus que nous n'en pouvons montrer aucune. C'est un phénomène analogue à ce qui s'est produit pour quelques poëtes de l'antiquité que cet artiste du xvii° siècle qui se présente à nous avec un nom célèbre et pas une œuvre. Pourtant ces merveilleux portraits, d'une ressemblance parfaite, et « d'un volume si petit » qu'en sortant des mains de l'artiste ils étaient enchâssés dans des chatons de bagues, n'ont pu être tous anéantis ou perdus. Il y a eu de tout temps des amateurs de miniatures. Celles de du Guernier, qui n'ont pas été détruites, sont peut-être conservées dans de riches collections où il est impossible de les reconnaître, parce qu'elles ne sont pas signées [1].

où il poursuivait la dissolution de son mariage avec la comtesse de Bossut, que les Napolitains révoltés l'appelèrent à leur tête, après l'assassinat de Masaniello. Bayle a dit du duc de Guise que c'était « l'un des plus galants et des plus accomplis seigneurs de France. »

1. Un homonyme de Louis du Guernier, avec lequel on est sujet à le confondre, fut graveur à Londres pendant la première moitié du xviii° siècle. On trouve quelquefois des ouvrages anglais et particulièrement des poëtes ou des écrivains de l'antiquité, illustrés par lui : ce sont, en général, d'assez médiocres gravures. Il est probable que cet artiste, qui porte également le prénom et le nom de Louis du Guernier, était un neveu de celui qui nous occupe et qu'il se réfugia en Angleterre lors de la révocation de l'édit de Nantes. — Ce n'était pas la première fois du reste qu'un membre de cette famille prenait le chemin de l'exil. L'histoire des du Guernier date des persécutions religieuses qui ensanglantèrent Rouen à la fin du xvi° siècle. Leur aïeul paternel possédait, d'après Félibien, une charge considérable dans le Parlement de

Il existe un très-beau portrait de Louis du Guernier par Samuel Bernard [1]. C'est le seul que l'on connaisse aujourd'hui de notre artiste. Les *Archives de l'Art français (Documents*, t. II, p. 359) font pourtant mention d'un autre portrait de du Guernier, peint par Sébastien Bourdon, et dont une copie fut présentée comme morceau de réception à l'Académie de peinture, en 1663, par un peintre nommé Antoine Berthellemy. Il serait important de retrouver aujourd'hui l'original ou la copie de ce portrait. Nous ne le voyons pas signalé ailleurs, et c'est une grande lacune dans l'œuvre de Sébastien Bourdon. Les portraits peints par cet artiste restent la plus belle partie de son œuvre et la plus originale.

Sébastien Bourdon avait épousé la sœur de du Guernier. La *minute* de son contrat de mariage vient d'être retrouvée, et c'est la pièce

---

cette ville : « Mais pendant les guerres de la Religion, il perdit la vie pour vouloir *soutenir un mauvais parti.* » C'est l'historiographe du Roi qui parle. Le fils de ce du Guernier, Alexandre, le premier du nom qui fut peintre, voyant tous les biens de son père au pillage, alla en Angleterre, d'où il revint quand les troubles furent un peu apaisés, et il se mit à peindre de miniature. C'était le père de celui dont Félibien, qui se montre si impitoyable pour son aïeul, a écrit le panégyrique.

1. On peut en voir une épreuve gravée au Cabinet des estampes, à la Bibliothèque nationale, dans le dossier *Samuel Bernard.* — Ce graveur, père du fameux traitant, avait été élève de Louis du Guernier, pour la miniature. (Jal, *Dictionnaire critique de biographie et d'histoire.*)

que nous allons mettre sous les yeux du lecteur.

On a parlé, à propos de ce *premier* mariage de Sébastien Bourdon, de la *beauté* de Suzanne du Guernier (voir notamment un article de M. Arsène Houssaye dans la *Presse* du 7 septembre 1864). Il est bien difficile d'apprécier aujourd'hui toutes les raisons de convenance ou d'amour qui furent la cause de cette union. Félibien en donne une, que nous ne voyons aucun inconvénient à accepter de la bouche d'un contemporain. « Du Guernier, qui était connu à la cour, et qui avait quantité d'amis, lui procurait (à Bourdon) des ouvrages en différents endroits. » — Bourdon appartenait, en outre, à la religion réformée, et c'était un lien de plus entre les deux époux.

La sœur de Louis du Guernier « dessinait fort bien », et ce n'était probablement pas un mince mérite non plus aux yeux de son *second* mari, — car nous allons voir tout à l'heure qu'elle était déjà veuve et sans enfants. Elle en eut neuf de Bourdon, qui presque tous moururent jeunes ; elle mourut elle-même en 1658, âgée d'*environ* quarante ans, disent les registres protestants cités par Jal. Ainsi l'année même de sa naissance est inconnue. Quant à Bourdon, il se remaria l'année suivante, et il eut encore sept enfants de sa seconde femme.

Florent Le Comte parle de deux filles de Sébastien Bourdon, qui peignaient fort bien la miniature. Nous ne savons si elles étaient nées du premier ou du second lit. Nous apprenons seulement par un document, cité par Jal, qu'Anne Bourdon, fille de Bourdon et de Suzanne du Güernier, née à Stockholm en 1653, pendant le séjour du peintre à la cour de la reine Christine, fut forcée de s'expatrier en 1687, par suite de la révocation de l'édit de Nantes.

Il ne nous reste plus qu'à publier notre document.

Nous le tenons de l'obligeance de M. Eudore Soulié, qui a eu, comme on sait, l'idée originale de reconstruire la vie de Molière à l'aide de documents notariés[1]. L'acte, daté du 9 janvier 1641, que nous allons reproduire, a été retrouvé par lui dans l'étude de Mᵉ Simon, notaire à Paris, 85, rue de Richelieu; il est extrait, comme on le verra par la signature, des minutes de Mᵉ Marreau, un notaire du xviiᵉ siècle, parmi lesquelles le savant chercheur a fait bien d'autres découvertes[2].

« Furent présens en leurs personnes noble homme Sébastien Bourdon, fils de défunts Marin Bourdon, vivant maître peintre en la ville de Montpellier, et de Jeanne Gau-

---

1. Un volume, fruit de ses *Recherches*, a paru à la librairie Hachette.

2. M. Champfleury a dû particulièrement à M. Eudore Soulié la communication de nouveaux *Documents positifs* sur les frères Le Nain; lesquels, publiés en 1865, à la suite de son grand ouvrage, sont restés le dernier mot de l'érudition sur les peintres de Laon.

tier, jadis sa femme [1], ledit Bourdon-fils, aussi peintre à Paris, y demeurant dans les galeries du Louvre, — pour lui et en son nom d'une part ;

« Et Suzanne du Guernier, veuve de feu honorable homme Nicolas Collissons [2], vivant ingénieur à Paris, assistée et du consentement de dame Marie Dauphin, sa mère, veuve de feu sieur Alexandre du Guernier, vivant maître peintre enlumineur [3], demeurant sur le quai de l'île du Palais, regardant le quai de la Mégisserie, — pour elle et en son nom d'autre part ;

« Lesquelles parties en la présence et par l'avis de leurs parens et amis ci-après nommés, savoir de la part dudit Bourdon, de noble homme Isaac du Vernes, bourgeois de Montpellier ; Pierre Le Saige, marchand joaillier ; Claude Rousselle et Jean Girard, orfèvres ; Louis Boullongne et Jean Le Sage, peintres, ses amis ;

« Et de la part de ladite du Guernier et sadite mère, de Louis du Guernier, enlumineur du roi, Alexandre du Guernier, frères ; honorables hommes Paul Belliart, marchand orfèvre ; François Cousin, marchand bourgeois de Paris, cousins ; Antoine Vigeon, bourgeois de Paris ; Jean Chau-

---

1. Les registres de l'Église réformée de Charenton, où l'on sait qu'était relégué le culte protestant et où les deux époux reçurent la bénédiction nuptiale le 13 du même mois, donnent un autre nom à la mère de Sébastien Bourdon. Elle y est appelée Jehanne Parise. (Voir le *Dictionnaire* de Jal, à l'article *Bourdon*.)

2. Dans le *Dictionnaire* de Jal, le premier mari de Suzanne du Guernier est appelé Nicolas Colsonnet : c'est un diminutif et une variante du nom.

3. Ce mot d'*enlumineur* relève tellement aujourd'hui de l'érudition artistique, qu'on nous saura peut-être gré du renseignement suivant, puisé dans le *Dictionnaire* de Furetière : « Il est défendu aux *enlumineurs* de s'ériger en maîtrise, par sentence du 28 mars 1608. » — A un point de vue purement littéraire, Joinville, l'historiographe du roi Louis IX, définit ainsi l'art de l'enlumineur : « L'écrivain, dit-il, qui a fait son livre, l'*enlumine* d'or et d'azur. »

chon, sieur de Brenault, exempt des gardes du roi, cousins à cause de leurs femmes ; Jacques Belliart, maître orfévre ; Mathieu Aulmont, enlumineur du roi ; Antoine Sautereau ; Guillaume Le Blanc, bourgeois de Paris, aussi cousins ; noble homme Denis Gibert, avocat en Parlement ; Jean Laigle, marchand bourgeois de Paris, amis ; dame Suzanne Belliard, veuve de feu Jean Pronde, marchand joaillier, marraine et cousine de la future épouse.

« Volontairement reconnurent et confessèrent avoir fait, firent et font entre elles les traité de mariage, dons, douaire, conventions et choses qui ensuivent.

« C'est à savoir, ledit Bourdon et ladite Suzanne du Guernier s'être promis et promettent prendre l'un l'autre par loi et nom de mariage et icelui faire solenniser en face de l'Eglise le plus tôt que commodément ce faire pourra et qu'il sera avisé et délibéré entre eux, leursdits parens et amis.

« Les futurs époux seront uns et communs en tous biens, meubles et conquests immeubles, suivant et au désir de la coutume de Paris, conformément à laquelle les conditions du présent contrat de mariage seront réglées, quoique ci-après ils fissent leur demeure et acquisitions ailleurs, dérogeant pour cet effet à toutes coutumes contraires, néanmoins ne seront tenus des dettes l'un de l'autre faites et créées auparavant la célébration dudit mariage. Et si aucunes y avait, elles seront payées par celui qui les aura contractées.

« La future épouse apportera au futur époux la somme de trois mille livres tournois, savoir mille livres en deniers comptans, huit cens livres en meubles et ustensiles d'hôtel, le tout la veille de leurs épousailles ; — et les douze cens livres restans, en une petite maison à présent bâtie et édifiée sur le quai du pont Marie du côté de l'église Saint-Paul, dont il se paye de loyer par an cent trente-cinq livres sur lesquelles sont à déduire trente-six livres qui se payent annuellement au sieur Poltier, laquelle somme de mille livres en deniers comptans et les huit cens livres en meubles entreront en la communauté ; — et la valeur de ladite petite maison et les deniers provenant d'icelle ou du dédommagement (au cas qu'il convienne recevoir ledit dédommagement) seront et demeureront propres à ladite future épouse et aux siens de son côté et ligne.

« Ledit futur époux a doué et doue sadite future épouse de mille livres tournois de douaire préfix pour une fois payée, dont elle jouira suivant la coutume, du jour qu'il aura lieu, sur tous les biens dudit futur époux qui en demeureront chargés.

« Le survivant desdits futurs époux aura et prendra par préciput et avant partage des biens meubles de leur communauté tels qu'il voudra choisir réciproquement jusques à la somme de quatre cens livres tournois, selon la prisée de l'inventaire et sans crue, ou ladite somme en deniers au choix dudit survivant.

« Sera loisible à la future épouse seulement et non aux siens, arrivant dissolution de communauté, de renoncer à icelle et, ce faisant, reprendre ladite somme de trois mille livres, sesdits douaire et préciput, tels que dessus et tout ce que pendant ledit mariage lui serait advenu et échu par succession, donation ou autrement. Le tout, franchement et quittement sans être tenus d'aucunes dettes de ladite communauté, quoiqu'elle y eût parlé, y fût obligée ou condamnée, dont elle sera acquittée par et sur les biens dudit futur époux.

« Si, pendant ledit mariage, il est vendu aucuns biens propres de l'un ou l'autre des futurs époux, remploi en sera fait sur les biens de ladite communauté ; et si elle ne suffit à l'égard de la future épouse sur les propres dudit futur époux au moyen des avantages que ladite future épouse a reçus de sa mère, tant par son premier mariage, nourriture, logement, que de la meilleure partie qu'elle lui fournira des mille livres ci-dessus promis en deniers comptans.

« Lesdits futurs époux ont déchargé et déchargent ladite Marie Dauphin, mère de la future épouse, de rendre aucun compte de la tuition qu'elle a eue de ladite future épouse et du posthume (qui est décédé), dont elle était enceinte lors du décès de son premier mari et encore mineure ; —

sans que ci-après elle en puisse être recherchée ni inquiétée en quelque sorte et manière que ce soit, à condition toutefois que ladite future épouse après le décès de sadite mère pourra se porter héritière de sadite mère ou se tenir par ladite future épouse aux avantages qu'elle aura reçus d'elle.

« Car ainsi a été accordé entre lesdites parties, promettant, etc.

« Fait et passé à Paris en la maison où ladite veuve du Guernier et ladite future épouse sont demeurantes, l'an mil six cens quarante et un, le neuvième jour de janvier après midi, et leur a été déclaré ces présentes sujettes au scel sous les peines de l'édit et déclaration du Roi.

« Bourdon, Suzanne du Guernier, Marie Dauphin, du Guernier, P. Belliard, Le Sage, Boullongne, Vernes, L. Le Sage, Vigeon, Claude Rousselle, F. Cousin, A. Saultereau, J. Girard, Chauchon, S. de Breneau, Gibert, M. Aumont, J. Belliard, Laigle, Suzanne Belliard, Gu^{me} Le Blanc, Marie Belliard, Quarré, Marreau.

« Ledit Sébastien Bourdon, nommé au contrat de mariage devant écrit, reconnaît et confesse avoir eu et reçu de ladite Marie Dauphin, veuve dudit feu sieur Alexandre du Guernier, sa belle-mère, et de ladite Suzanne du Guernier, veuve dudit feu sieur Nicolas Collissons à présent sa femme, — ladite veuve Alexandre du Guernier à ce présente et acceptante, — la somme de trois mille livres tant en argent comptant, meubles et ustensiles de ménage que autres choses contenues et portées par le contrat dudit mariage d'entre lui et ladite Suzanne du Guernier à présent sa femme, dont quittance, promettant, etc.

« Fait et passé à Paris ès étude l'an mil six cens quarante et un, le quatrième jour de mai après midi, et ont signé :

« Sébastien Bourdon, Marie Dauphin, Quarré, Marreau. »

Nous demandons la permission, en terminant, de vider une ancienne querelle avec M. Jal, l'auteur du *Dictionnaire critique*. Il est le premier qui ait élevé des doutes sur l'année de la naissance de Sébastien Bourdon et sur sa religion. Il conteste à la fois que cet artiste soit né en 1616 et qu'il ait été tout d'abord calviniste. Nous n'avons eu qu'à consulter les registres de l'Église réformée de Montpellier, sa ville natale, et voici ce qu'ils ont répondu :

« Du mercredi 10 février 1616, Sébastien, fils de Marin Bourdon, maître peintre et vitrier, et Jeanne [1]..., né le second dudit mois; — parrain Sébastien Dumas, maître menuisier, et Isabeau Toussel; — baptisé par M. Le Faucheur. »

Rien que ce nom de Le Faucheur indiquerait un baptême protestant. Ce nom figure, en effet, sur la liste des plus anciens pasteurs de l'Église réformée de Montpellier [2].

15 août 1875.

---

1. Cette fois le nom est illisible ; mais après le document ci-dessus, le prénom de Jeanne reste bien avéré.

2. Voir la liste des pasteurs de cette ville dans l'*Histoire de l'Église réformée de Montpellier,* par M. le pasteur Corbière, page 596.

LES VILLES MORTES DU GOLFE DE LYON

PAR M. CHARLES LENTHÉRIC [1].

Nous souhaitons la bienvenue à un livre des plus attrayants et des plus instructifs, et qui réveille en nous des impressions d'enfance et de clocher. Sa forme scientifique ne nous effraye pas : de belles et nombreuses cartes, qui portent le reflet bleu et ont la limpidité du ciel du Midi, nous aident à nous reconnaître dans cette pérégrination autour du golfe de Lyon. Notre savant guide, M. Charles Lenthéric, est notre compatriote et notre ami ; il a été notre condisciple au lycée de Montpellier : il perdit bien jeune, en 1850, son père, un des meilleurs maîtres de mathématiques spéciales que possédât alors l'Université et l'un des hommes les plus recommandables qui eût jamais été regretté par une cité entière. M. Charles Lenthéric, en s'adonnant dès sa jeunesse aux mathématiques, n'a donc pas fait mentir le proverbe qui veut que noblesse

---

[1]. Un volume grand in-18, chez Plon, imprimeur-éditeur. — (L'article suivant a paru dans la *Revue politique et littéraire*.)

oblige. Il a tout simplement chassé de race en marchant sur les traces de son père ; il est ancien élève de l'École polytechnique et n'a point déserté le Midi. Il est ingénieur des ponts et chaussées à Nîmes.

C'est un bon centre d'études pour la nature d'observations auxquelles il s'est livré et qui ont donné naissance à ce beau livre que nous présentons aujourd'hui au public. L'auteur ne pouvait être mieux placé pour le composer que dans le chef-lieu du département maritime qui possède sur son littoral la vieille et célèbre cité d'Aigues-Mortes.

C'est un chapitre de l'histoire de France que M. Lenthéric consacre à la ville de saint Louis dans ce volume en apparence local et méridional : et tout d'abord il réfute cette opinion accréditée que la mer battait les remparts de la ville au temps de Louis IX, et que c'est à Aigues-Mortes même que le saint roi s'embarqua deux fois pour la croisade. Il est au contraire parfaitement démontré aujourd'hui qu'au XIII° siècle la mer était à la même distance d'Aigues-Mortes que de nos jours, et qu'un canal, traversant les étangs, reliait alors, comme à présent, la Méditerranée à la ville. Les noms modernes des mêmes étangs et leur situation topographique sont exactement désignés dans différents actes des XIV°, XV° et XVI° siècles. « Aigues-Mortes, comme Narbonne et Fréjus, était donc un port reculé dans l'intérieur des terres ; et, depuis un temps immémorial, aucun mouvement rétrograde de la mer n'a été constaté sur cette partie du littoral de la Méditerranée. » — Quant à saint Louis, il s'embarqua au lieu appelé le *Grau-Louis*. « Notons, » dit M. Lenthéric, « avec un soin tout particulier et une fidèle exactitude l'emplacement de ce point spécial de notre rivage, qui a été deux fois le théâtre de l'embarquement des croisés pour la terre sainte. Le Grau-Louis est à égale distance du grau du Roi et du grau de Melgueil, *Mauguio*, aujourd'hui comblé, c'est-à-dire à 7 kilomètres de l'un et de l'autre de ces deux graus [1]. C'est l'embouchure aujourd'hui fermée et déserte

---

[1]. On donne le nom de *grau* (probablement du latin *gradus*, passage) à ces nombreux canaux qui coupent la plage sur le littoral languedocien et qui mettent les étangs en communication avec la mer. Le plus célèbre actuellement, à cause de la station balnéaire qui s'est étendue sur ses deux rives, est le grau de Palavas, à l'embouchure du Lez. Palavas est une des plus jolies communes maritimes de France : c'est l'Arcachon du sud-est, plus éloigné, il est vrai, de Paris que son heureux rival de Bordeaux, mais qui attire la *fashion* de tous les grands centres plus rapprochés de la Méditerranée que de l'Océan. En quelques années, Palavas est devenu une ville florissante et bien vivante, — tout le contraire d'une ville *morte* sur cette plage de Maguelone, — grâce surtout au chemin de fer qui y mène aujourd'hui de Montpellier en un quart d'heure. C'est même un des plus grands attraits de cette dernière ville, à laquelle Mérimée reprochait, dans ses lettres, de manquer de promenades dans ses environs. Depuis que Montpellier ne se contente plus de son horizon bleu, et qu'un chemin de fer le met en communication si rapide avec la mer, c'est une vraie ville italienne ou espagnole de la côte, par son *faubourg* de Palavas.

de l'ancien chenal, le canal *Viel*, qui serpentait à travers la lagune d'Aigues-Mortes, dont les remparts crénelés et la massive tour de Constance se détachent à l'horizon. »

A la fin du XVII° siècle et pendant le XVIII°, cette horrible tour de Constance, privée de jour et d'air à l'intérieur, a servi de prison d'État à des réformés de tout âge et des deux sexes qui refusaient de se convertir. Il faut lire, à ce sujet, dans l'*Éloge* du prince de Beauvau, prononcé à l'Académie française, en 1805, par le chevalier de Boufflers, le récit d'une visite qu'ils avaient faite tous les deux, en 1767, à la tour de Constance, pour voir les *prisonnières*. Le passage est cité tout au long par M. Charles Martins dans une remarquable *Étude* sur Aigues-Mortes (1875). « Quatorze femmes, dit le chevalier de Boufflers, languissaient dans la misère, l'infection et les larmes. Le commandant (prince de Beauvau) eut peine à contenir son émotion..... Hélas ! tout leur crime était d'avoir été élevées dans la même religion que Henri IV. La plus jeune de ces martyres était âgée de plus de quarante-cinq ans ; elle en avait huit lorsqu'on l'avait arrêtée allant au prêche avec sa mère, et la punition durait encore ! »

Un beau passage dans l'ouvrage de M. Lenthéric est celui où il nous retrace le paysage d'Aigues-Mortes et de son quadrilatère de remparts. Nous ne pouvons faire mieux connaître ce livre qu'en le citant : nous avons à la vérité l'embarras du choix dans ces pages si variées et si pleines d'observations de toute nature. Citons donc au hasard :

« Sans la production du sel, que l'on récolte en abondance à la surface de tous les marais du littoral et qui dépasse annuellement 60,000 tonnes, la vie semblerait absolument éteinte autour de la vieille cité de saint Louis.

« Mais cette solitude et cet abandon sont en parfaite harmonie avec la paisible majesté de cette enceinte fortifiée, intacte depuis six siècles, et que la main de l'homme a jusqu'à présent respectée. Aigues-Mortes a eu, en effet, cette double fortune d'échapper à la fois au vandalisme des démolisseurs et au zèle des restaurateurs. Il n'existe certainement aucune enceinte en Europe, et peut-être au monde, qui ait été conservée dans une aussi parfaite intégrité...

« On a répété à satiété que les fortifications d'Aigues-Mortes présentaient en plan la même disposition que Damiette : c'est se méprendre un peu sur la signification de ce mot *plan*. Le tracé d'une ville fortifiée est, en général, commandé par la forme de la ville elle-même ; et, si Aigues-Mortes a une figure quadrangulaire si géométrique, c'est que l'enceinte avait été disposée en prévision d'un développement qui ne s'est jamais produit. Le tiers environ de la surface enveloppée par les remparts est occupé par des terrains vagues et des jardins à peine cultivés. La population, qui était au XVIe siècle de 15,000 âmes, est descendue à 3,500, et paraît devoir rester tout au plus stationnaire...

« La solitude et le désert qui environnent Aigues-Mortes font ressortir, d'une manière saisissante, les grandes lignes de son enceinte. Le pays est plat ; les arbres y sont rares ; quelques tamaris, très-peu de figuiers, des pins d'Alep et des ailantes sur les dunes, et au fond un rideau de pins-parasols qui se perd dans la forêt de Sylve-Réal, aujourd'hui en voie de dépérissement...

« La campagne d'Aigues-Mortes est d'une incomparable tristesse ; les marais qui couvrent le sol à perte de vue frangent l'horizon, dont les lignes sont brouillées par des effets de mirage assez confus. Le sol, pénétré de sel marin, ne donne naissance qu'à des plantes ternes, aux feuilles grasses, aux fleurs incolores, des joncs, des soudes, des salicornes, émaillés çà et là de quelques lis marins. La terre végétale n'existe pas encore, et il faudra peut-être des siècles pour que la culture prenne possession des bas-fonds de ces étangs saumâtres, dernières lagunes d'une mer disparue. Les blanches mouettes et les flamants roses, si nombreux en Égypte, animent seuls la surface de ces immenses flaques d'eau, sur les rives desquelles on voit errer silencieusement des troupeaux nomades de taureaux noirs et de chevaux camargues, qui ont conservé l'allure sarrazine de leurs ancêtres, ramenés par les croisés.... »

Force est de nous arrêter, car la place nous manquerait pour ce que nous avons encore à signaler dans ce volume. Voici une page à laquelle M. Victor Hugo donnerait son apostille :

« Tout le monde sait qu'à Narbonne toute une ville romaine, plusieurs temples, un amphithéâtre, un nombre considérable d'édifices publics de toute nature ont été mis à l'état de véritables carrières, et que François Ier, le *restaurateur des arts et des lettres*, en a utilisé les matériaux pour la construction d'une enceinte continue autour de la ville, qui est d'ailleurs sur plusieurs points aujourd'hui en cours de démolition. Ces fortifications du XVIe siècle forment ainsi une sorte de musée épigraphique en plein air que l'archéologue et l'artiste ne peuvent encore parcourir sans douleur, en songeant à tout ce que ce développement de métopes, de bas-reliefs, de corniches et d'inscriptions lapidaires représente de monuments détruits. »

L'élément scientifique occupe une place considérable dans ce volume ; il en est même la base essentielle, mais il est présenté de la façon la plus attrayante ; M. Lenthéric trouve les effets dramatiques sans les chercher, par la simple exposition des faits. Quand on lit dans son livre la marche croissante des atterrissements de la mer par les alluvions que déposent les fleuves à leur embouchure, on est effrayé pour l'avenir de la Méditerranée.

« Les embouchures avancent naturellement dans la mer en proportion de la quantité des matières charriées (le Rhône apporte annuellement à son embouchure 17 millions de mètres cubes de sable et de vase). La grande bouche de ce fleuve progresse annuellement de 50 mètres ; celle du Pô, de près de 80 mètres ; le Mississipi s'allonge environ de 350 mètres dans le golfe du Mexique ; et si les embouchures du Nil n'accusent une marche annuelle que de 3 à 4 mètres environ, cela tient à ce que le fleuve, dépourvu de digues, se répand librement pendant les crues sur toute la surface de la basse Égypte, y dépose la plus grande partie de ses limons et produit, au lieu d'un avancement en mer, un exhaussement général de tout le Delta, que les recherches de Dolomieu ont évalué à 60 millimètres par siècle. »

Voici la conclusion que tire M. Martins, dans sa brochure déjà citée sur *Aigues-Mortes*, de ce *travail* des fleuves (on désigne sous le nom de *fleuves travailleurs* les grands fleuves à delta) :

« Si l'on porte les yeux sur l'avenir géologique de la terre, on peut prévoir et même déterminer approximativement le siècle où le delta du Rhône, traversant la Méditerranée, rejoindra l'île de Minorque et plus tard la côte d'Afrique, tandis que le delta du Nil atteindra l'île de Chypre et les rivages de l'Asie Mineure. »

Comme à l'appui de cette prédiction, basée sur des calculs scientifiques, nous trouvons dans l'*Almanach et calendrier météorologique pour l'année* 1876, par F.-V. Raspail, un curieux article intitulé *Avenir de la géographie*. Nous en extrayons ce qui suit :

« L'avenir doit s'attendre à ce que, dans quelques siècles, toutes ces dentelures géographiques s'effaceront tout le long de cette vaste côte, pour s'étendre en terres labourables et resserrer la Méditerranée dans le lit d'un grand fleuve. — Car la Méditerranée n'est pas une mer, mais l'étang d'un fleuve dont la source est celle du Dnieper et l'embouchure, le détroit de Gibraltar ; et voilà pourquoi cette prétendue mer n'a point de marée. »

Sans me faire juge de cette dernière théorie, que j'accepte toutefois d'une bouche autorisée, je m'étais bien toujours douté que toutes ces découpures gracieuses et pittoresques de nos côtes maritimes n'avaient pas été disposées par la nature uniquement pour le plaisir des yeux. En attendant ce refoulement de la Méditerranée, prévu par les savants, nous sommes à la merci de l'eau : c'est encore pour le moment l'élément le plus fort, car il est le plus *nombreux* (s'il est permis de s'exprimer ainsi).

« D'après M. de Humboldt, » dit M. Lenthéric, « dans l'état

actuel de notre planète, la superficie de la terre ferme est à celle de l'élément liquide dans le rapport de 1 à 2 4/5; ce qui revient à dire que la mer couvre environ les trois quarts de la surface du globe. »

Nous aurions voulu pouvoir donner une idée plus étendue de ce livre intéressant à tant d'égards, mais il faudrait s'arrêter à chaque page et faire le tour entier du golfe de Lyon avec l'auteur. Tout ce qu'on sait, tout ce que la science peut admettre, il l'a analysé, discuté et rendu avec ce talent d'expression qui est aujourd'hui le propre des savants vulgarisateurs :

« Il nous faut en prendre décidément notre parti, écrivains et gens de lettres, » disait, il y a quelques années, Sainte-Beuve[1] : « tout homme d'esprit qui est d'une profession, s'il a à s'en expliquer devant le public, surpasse d'emblée les lettrés, même par l'expression ; il a des termes plus propres et tirés des entrailles même du sujet... »

M. Lenthéric a, en effet, de ces mots techniques qui frappent, « qui instruisent, qui enrichissent le vocabulaire et la langue ». Pour la connaissance approfondie de tout ce qui concerne le littoral de la Méditerranée — non-seulement au point de vue pratique et scientifique de l'ingénieur-géologue, appelé peut-être d'un jour à l'autre à tracer de nouveaux et nombreux chemins de fer, sillonnant en tous sens ces rives au-

---

1. *Nouveaux Lundis*, tome IX, article Deschanel.

jourd'hui endormies et riches en souvenirs, mais aussi au point de vue même de l'archéologie et de l'histoire, dont le naturaliste ne se croit pas dispensé, — nul livre ne peut être un meilleur guide, plus sûr, plus instruit, plus varié, que celui de M. Lenthéric. Il a fait revivre le Midi de l'antiquité et du moyen âge : à chaque pas, ce sont des villes mortes et qui surgissent sur ces plages désertes comme des fantômes évoqués ; d'antiques civilisations, dont les vestiges attestent la grande puissance. sortent de la poussière des tombeaux gallo-romains et, postérieurement, de ceux des évêques, comme on en voit encore dans la vieille église de Maguelone.

Cette cité de Maguelone, aujourd'hui détruite et dont il ne reste plus qu'une église sur une langue de terre étroite resserrée entre la mer et les étangs qui longent partout la côte en ces parages, fut visitée à diverses reprises par les papes au moyen âge. Urbain II s'y arrêta cinq jours pour y prêcher la croisade quand il se rendit au concile de Clermont, en 1095, « pour encourager de sa présence et de sa parole, en deçà des monts, les prédications de Pierre l'Ermite ». Mais, vingt-trois ans après (1118), les choses changent : il ne s'agit plus seulement, pour la papauté, d'aller conquérir le tombeau du Christ ; le patrimoine lui-même de saint Pierre est serré de près et menacé. Le successeur d'Urbain II, Gélase II, se voit déposé par l'empereur Henri V et remplacé par un antipape, l'archevêque Bourdin, qui avait consenti à sacrer l'empereur d'Allemagne malgré la défense de Gélase II. Celui-ci, chassé de ses États, vint chercher un refuge en France, et « il est reçu honorablement à Maguelone par le très-humble seigneur Guillem V, qui l'accompagne ensuite à Melgueil et à Saint-Gilles. Guillem VI ne se montre ni moins soumis ni moins respectueux en 1130 envers Innocent II », déposé à son tour par un nouvel antipape, Anaclet II, et qui vint chercher également un refuge en France, où il débarqua sur la plage de Maguelone. Ce voyage d'Innocent II est resté célèbre dans l'histoire de France par le concile d'Étampes, en 1130, où saint Bernard entraîna dans une même ligue en faveur du pape la France, l'Angleterre et l'Allemagne. Mais les premiers protecteurs d'Innocent II avaient été un évêque de Maguelone, Raymond Ier, et le seigneur de Montpellier, Guillem VI [1].

On voit combien l'histoire de ces *villes mortes* (je parle de Maguelone), entreprise et menée à bonne fin par M. Charles Lenthéric, se rattache

---

[1]. Un autre pape, Alexandre III, vint aussi débarquer à Maguelone en 1162, « contraint par l'empereur Frédéric Barberousse et par l'antipape (*encore un antipape!*) Victor III, de quitter l'Italie. Après avoir consacré en l'honneur des saints apôtres, Pierre et Paul, le principal autel de la cathédrale, il se dirigea vers Montpellier. » — J'ai pris surtout pour guide, en ce qui concerne Maguelone, M. A. Germain, et l'introduction de sa belle *Histoire de la commune de Montpellier*.

de près à l'histoire nationale de notre pays. Je ne puis le suivre malheureusement dans toute la contrée, et je me contenterai de renvoyer le lecteur à son livre, tout en faisant mes réserves sur un point essentiel. Tant que la tradition chrétienne est d'accord avec la vérité historique, je n'aurais garde de la contester ; mais ce n'est nullement le cas pour la légende des Saintes-Maries et celle de la Sainte-Baume, qui ont donné naissance, comme on sait, à deux pèlerinages célèbres en Provence. Nous avons là-dessus aussi l'autorité de la critique, plusieurs fois invoquée par M. Lenthéric, contre certaines données historiques ou scientifiques un peu incertaines qu'il s'est attaché à combattre. Nous nous étonnons qu'il ait tant ajouté foi à celles-là, qui rentrent tout à fait dans le domaine de l'imagination et de la fantaisie, en dépit du P. Lacordaire et de Mistral. Ce dernier du moins a pour excuse qu'il est poëte, et, comme artiste, il prend son bien où il le trouve ; mais les vers cités dans le livre de M. Lenthéric ne prouvent rien en faveur de la croyance locale.

« Il n'est admissible à aucun degré, même au moindre, que Marie de Magdala soit venue en Provence. D'abord, Marie de Magdala n'a rien de commun avec Marie de Béthanie, sœur de Marthe et de Lazare. En outre, la venue de l'une de ces Maries en Provence ne repose que sur des rapprochements puérils faits à une fort basse époque. »

Voilà, dit Sainte-Beuve, à qui cette lettre était adressée, le dernier mot de la critique impartiale. Le nom de l'auteur manque dans les *Nouveaux Lundis* où elle a été publiée [1], et nous l'y ajoutons en demandant pardon de notre indiscrétion à M. Ernest Renan ; mais nous avons besoin de nous abriter derrière l'autorité d'un grand nom.

29 janvier 1876.

---

1. Articles sur le P. Lacordaire, *Nouveaux Lundis*, tome IV.

LA DANSE DU CHEVALET

D'APRÈS UN VASE ANTIQUE DU MUSÉE DE BÉZIERS

Les historiens de la commune de Montpellier au moyen âge ont attribué à cette ville l'origine d'une danse très-populaire, connue dans le Midi sous le nom de danse du *Chivalet* (ou du *Chevalet*). On comprend, à un tel nom, le rôle considérable réservé au cheval dans un divertissement de ce genre : seulement, hâtons-nous de dire qu'ici le cheval est de carton ; c'est le cavalier qui porte la monture. Elle est liée à son corps par des attaches invisibles, cheval et cavalier ne font qu'un ; la tête du cavalier domine naturellement celle du cheval, mais les pieds de l'homme font seuls mouvoir la machine.

Le signal de la danse est donné au son du hautbois et du tambourin, qui entonnent un vieil air, toujours le même, l'air de la danse du *Chivalet*. L'animal postiche exécute tous ses mouvements en mesure : il piaffe et rue ; devant lui ou autour de lui s'agite également en dansant un homme à pied, qui a pour mission de lui présenter l'avoine ; mais le difficile pour ce nouveau personnage est de rester à la tête du cheval, toujours en mouvement, et qui tend sans cesse à tourner sur lui-même. Dans ses évolutions, la bête de carton cherche surtout à donner des coups de croupe à l'homme qui veut à toute force lui faire manger l'avoine. Aussi ce dernier déploie-t-il toute son agilité et toute son adresse à esquiver les ruades et à se tenir au-devant de l'animal capricieux.

L'origine qu'on a donnée jusqu'à nos jours à cette danse est des plus piquantes et se rattache à un épisode célèbre de l'histoire du Languedoc en 1207. Le roi d'Aragon, Pierre II, seigneur de Montpellier, vivait en mauvaise intelligence avec la reine Marie, sa femme, dernier rejeton légitime de la véritable branche des Guillems, seigneurs de la ville. L'histoire dit que cette princesse n'était ni belle ni jolie, et le roi Pierre II est présenté, de son côté, comme un prince brave et chevaleresque[1], mais très-volage et amoureux des aventures. Ce qui est certain, c'est qu'il n'avait épousé la princesse Marie que pour joindre la suzeraineté de Montpellier à la couronne d'Aragon, et une fois son ambition satisfaite, il se montrait aussi peu empressé envers ses nouveaux vassaux qu'envers la reine. Les bourgeois de Montpellier, jaloux et fiers de leurs franchises municipales, avaient mieux espéré de ce mariage.

---

1. Il fut tué en combattant pour les Albigeois, à la bataille de Muret, le 12 septembre 1213.

L'alliance du roi d'Aragon était pleine d'avantages pour le temps, au point de vue politique. Ils l'avaient fort recherchée. Dans leur déception, ils en vinrent à craindre un jour que la princesse Marie ne mourût sans enfants ; ce qui, pour interpréter à la moderne des idées du XIII° siècle, faisait perdre à leur commune toute prépondérance dans les conseils du gouvernement. Le seul remède était de rapprocher la reine et le roi. C'est ce qu'ils firent à l'aide d'un stratagème que je me permettrai de comparer à l'un de ces vertueux et ingénieux proverbes d'Octave Feuillet, dans lesquels la morale, après tout, finit toujours par trouver son compte. Qu'on en juge : — je laisse la parole à un grave et savant historien, M. Germain [1] :

« Parmi les dames d'honneur de la reine, disent les chroniqueurs (Ramon Muntaner, d'Aigrefeuille), une jeune veuve avait tout particulièrement les préférences du roi Pierre : il ressentait pour elle un violent amour et recherchait ses faveurs avec une assiduité unique. Grave motif de tristesse pour les bourgeois de Montpellier, qu'affligeait le délaissement de leur chère Marie, et qui redoutaient, par suite, l'extinction de sa race. Impuissants à empêcher un scandale public, ils résolurent, au moins, d'en tirer parti, et ils mirent en œuvre, afin d'y parvenir, un stratagème digne d'être signalé. Ils suggérèrent à la dame jusqu'alors rebelle la promesse des concessions désirées. La dame, montpelliéraine par les sympathies et peut-être aussi par le sang, voulut bien faire cause commune avec eux et s'exécuta de

---

1. *Histoire de la commune de Montpellier*, tome I, page 246.

bonne grâce. Elle accepta effectivement un rendez-vous, mais à condition qu'elle irait trouver le roi sans lumière. Le roi, longtemps éconduit, adhéra à cette réserve, et n'eut garde de se montrer difficile, de peur de déplaire à sa belle maîtresse. Il suivit si scrupuleusement ses prescriptions, qu'à l'heure convenue la reine, d'intelligence avec sa dame d'honneur, put aller prendre dans le lit de son époux, sans que ce dernier s'en doutât, la place de l'amante. »

Au matin, le roi fut éveillé par les douze consuls de Montpellier; ils entrèrent hardiment dans la chambre, suivis des « prudhommes, des prélats, des religieux et de toutes les dames, chacun un cierge à la main ». Le roi fut très-étonné, — et cela se comprend. « Il sauta aussitôt sur son lit, dit Ramon Muntaner [1], et prit son épée à la main; mais tous s'agenouillèrent, et lui dirent, les larmes aux yeux : « Par grâce, seigneur, daignez regarder auprès de qui vous êtes... » La reine se montra, le roi la reconnut. On lui raconta tout ce qui avait été fait, et il dit : « Puisque c'est ainsi, Dieu veuille accomplir vos vœux ! »

On raconte encore qu'à quelques jours de là, les deux époux se trouvant ensemble au château de Mireval [2], le roi prit la reine en croupe sur son « palefroi » et la ramena ainsi, publiquement, en

---

1. Vieux chroniqueur catalan, cité par M. Germain, en appendice, tome I, page 311.

2. Village situé aujourd'hui sur le chemin de fer de Montpellier à Cette et l'une des stations les plus voisines de Frontignan, la ville des muscats.

plein jour, à Montpellier. C'était faire acte d'habile politique.

« A peine, » dit l'historien d'Aigrefeuille, « sut-on à Montpellier la venue du roi et de la reine d'Aragon, que tout le monde courut en foule au-devant pour être témoin de leur union si désirée ; et, dans l'espérance dont on se flatta de leur voir bientôt un successeur, il n'est pas de marque de réjouissance qu'ils ne donnassent autour du cheval qui les portait. De sorte que le peuple ayant voulu en renouveler la fête l'année d'après à pareil jour, il donna, sans y penser, commencement à une sorte de danse, appelée du *Chevalet*, qui s'est perpétuée à Montpellier [1].... »

Les vœux de la population furent exaucés, en effet ; un enfant, qui devait régner sous le nom de Jayme Ier, naquit quelques mois après, dans la nuit du 1er au 2 février 1208. Nous ne le suivrons pas dans son histoire, afin de ne pas nous éloigner de notre sujet ; mais, en 1239, l'historien d'Aigrefeuille constate de nouveau, à l'occasion d'un séjour du jeune roi à Montpellier, les mêmes réjouissances qui avaient précédé sa naissance.

« Cette fête, » dit le bon chanoine, « ne fut qu'un renouvellement de celle qu'ils avaient faite autrefois, lorsque la reine sa mère revint de *Mirevaux* avec le roi son époux. Pour en rappeler le souvenir, ils avaient rempli de paille la peau d'un cheval, pour représenter celui sur lequel le roi Pierre avait porté la reine Marie en croupe ; et, comme si cette

---

1. *Histoire de la ville de Montpellier*, par le chanoine d'Aigrefeuille ; 1 vol. in-fol., 1737, page 63.

pauvre bête devait prendre part à leur joie, ils la faisaient danser de la manière que nous voyons qu'on le fait encore.
— Telle est la véritable origine du *Chevalet* de Montpellier.... etc. »

Comme on le voit, l'historien du XVIII° siècle ne doute point que cette danse ne soit née à Montpellier ; la croyance en était même si communément accréditée de son temps et la danse du *Chevalet* si fort en renom, qu'on eut l'idée de la représenter à la cour devant Louis XV, au sortir d'une maladie, en 1721. C'était le traiter selon les préceptes de Rabelais. Le *Mercure* d'octobre de la même année en a consigné la relation, dans laquelle d'Aigrefeuille relève des erreurs historiques qu'un bon Montpelliérain comme lui ne pouvait pas laisser échapper. L'aventure du roi d'Aragon était passée à l'état de légende, et on l'appliquait un peu indistinctement à lui ou à tout autre roi-chevalier de ces temps héroïques ; elle appartenait désormais (et son héros aussi, quel qu'il fût) à l'histoire amoureuse des Gaules. Elle était digne en tout d'une cour d'amour ; aussi en fit-on le sujet d'un divertissement, avec toutes sortes d'intermèdes, aux yeux émerveillés de Louis XV.

Il ne semblait pas qu'il pût jamais y avoir plus ample matière à discussion sur ce point, quand un érudit, qu'on a pu appeler de son vivant « un véritable puits de science », M. Édélestand du Méril, est venu tout d'un coup élargir la question et révoquer en doute l'origine montpelliéraine, accordée par tous les historiens à la danse du *Chevalet*. Il a pris même à partie là-dessus M. Germain, qui n'y attachait pas tant d'importance, dans le temps où il frayait à la grande Histoire une route droite et sûre à travers le labyrinthe difficile des archives provinciales. Il s'était contenté de cueillir une fleurette en passant, sur la foi des anciens, et voilà qu'on lui en conteste l'authenticité, et qu'on le rend responsable d'une erreur commune !

M. Édélestand du Méril prouve, par un grand nombre de documents et témoignages à l'appui, que la danse du *Chevalet* existe en bien d'autres lieux encore qu'à Montpellier ; il la montre, avec ses appellations différentes, dans une foule de localités, où toutefois elle est moins célèbre et ne se rattache pas à une légende aussi poétique, en France, en Angleterre, en Allemagne, jusqu'au Mexique et en Chine. Je n'irai pas si loin avec lui : je me contenterai de renvoyer à son chapitre [1], et je lui répondrai, — en regrettant qu'il ne soit plus là pour m'entendre, — que M. Germain s'est rectifié le jour où il nous a signalé à nous-même le dessin qui figure sur un vase antique du musée de Béziers, et dont nous donnons la reproduction. Ce jour-là, M. Germain

---

1. Voyez dans l'*Histoire de la Comédie*, tome I, page 421, l'appendice intitulé *le Chevalet* (Paris, Didier, in-8, 1864).

a reconnu son erreur et voulu prouver que la danse du *Chevalet* avait réellement une origine bien plus ancienne que celle qu'on lui avait toujours attribuée, et que n'indique pas son savant antagoniste.

Nous devons la reproduction de ce dessin à M. le directeur du musée de Béziers, M. Charles Labor, qui a bien voulu nous en communiquer une photographie, exécutée avec beaucoup de soin par MM. Viacara et Tanières, qui y ont mis la plus grande obligeance. L'opération n'était pas sans difficulté, car le règlement s'opposant à la sortie des objets, les deux artistes ont dû transporter leurs appareils dans l'une des salles du musée. Dans ces conditions, l'entreprise devenait tout de suite délicate, à cause même de l'état de vétusté du vase et de sa petite dimension. La photographie qui nous a été envoyée avait été prise aux deux tiers de la grandeur, et l'habile dessinateur bien connu, M. Kreutzberger, en la reproduisant, a rendu au vase ses véritables proportions.

Ce vase, d'une forme élégante et peu commune, a été trouvé à Délos, il y a une trentaine d'années. Le fond en est composé d'une terre très-fine d'un ton jaune clair : la peinture est rouge et noir ; on distingue très-bien ces deux tons à la loupe.

Le dessin représente, comme on le voit, un cheval postiche, porté par un cavalier armé d'une lance. Les deux pieds du cavalier s'appuient à terre dans deux espèces de fourreaux, qui ont l'air de deux jambes de cheval. Pour donner plus de réalité à ce groupe, une jambe humaine factice simule la jambe du cavalier et pend au-devant du cheval. Un autre groupe, qui paraît absolument semblable, fait face à celui-ci sur la panse du vase : mais cette seconde figure est un peu fruste.

8 octobre 1875.

P.-S. — Le mot *erreur* vient de nous échapper un peu à la légère dans ce que nous avons dit de M. Germain, se rectifiant au sujet de l'origine antique de la danse du *Che-*

valet, accusée par le vase du musée de Béziers. A proprement parler, il n'y a pas eu *erreur* de la part du savant historien, et nous admettons très-bien l'explication philosophique qu'il a bien voulu nous donner depuis, de vive voix, sur ce point.

L'esprit humain n'est pas tellement inventif que la danse du *Chevalet*, c'est-à-dire une danse dans laquelle figure nécessairement un cheval postiche, de bois ou de carton, n'ait pu *naître* à des époques différentes et en plus d'une localité. Il suffisait d'une circonstance où le cheval jouait un rôle pour donner lieu à une manifestation de ce genre ; il a pu s'en produire une chez les Grecs, à l'occasion du fameux cheval de Troie.

La légende poétique ou dorée des siècles présente d'autres cas de ces analogies frappantes entre des récits authentiques et des inventions fabuleuses, nés les uns et les autres sous tous les climats et à toutes les latitudes : le vrai engendre le faux ou l'apocryphe. Ainsi, l'émouvante aventure du *Roumieu* (*le Pèlerin*), si populaire en Provence, n'est autre que l'histoire même du célèbre poëte persan Firdousi, que la calomnie fit tomber en disgrâce, à soixante-dix ans, dans la cour où il avait si longtemps vécu, et qui s'en retourna à pied dans son pays natal, sous un costume de derviche. La fable de Bélisaire, imaginée, paraît-il, au XIII° siècle, se rapproche de cet ordre d'idées, mais l'infortune de Firdousi, mort en l'an 1020 de notre ère, ne laisse aucun doute aux historiens et critiques qui l'ont racontée.

Et même dans cette épopée des temps antiques et héroïques de la Perse, ce *Livre des rois*, auquel le poëte Firdousi, l'Homère de son pays, a dû sa gloire, que de traditions et de légendes qui ont leur pendant dans la plus haute mythologie antique et dans celle des temps plus rapprochés de nous ! « Le plus célèbre épisode du poëme, la rencontre du héros Roustem et de son fils Sohrab est, » dit Sainte-Beuve, « une belle et touchante histoire qui a couru le monde, qui a refleuri dans mainte ballade en tout pays, et que bien des poëtes ont remaniée ou réinventée à leur manière, jusqu'à Ossian dans son poëme de *Carthon* et jusqu'à Voltaire dans sa *Henriade*. Voltaire n'avait pas lu assurément Firdousi, mais il a eu la même idée, celle d'un père, dans un combat, aux prises avec son fils, et le tuant avant de le reconnaître.... »

Pour en terminer avec la danse du *Chevalet*, nous avons la preuve qu'elle a existé, dans l'antiquité et au moyen âge, autre part encore qu'à Montpellier : mais elle n'en constitue pas moins, dans cette dernière ville, un fait local et d'une incontestable originalité.

CARACTÈRES ET PORTRAITS

I

SUR THÉOPHILE GAUTIER

LETTRE A M. CHARLES RITTER [1]

Vous me demandez, mon cher ami, mon impression sur Théophile Gautier. La voici. Personne ne connaissait mieux les éléments de la langue française que lui, c'est-à-dire les mots et leur valeur. Il savait les noms des choses et des idées innommées, — de celles qu'on ne prend pas la peine d'*appeler*. Quand Balzac demandait : « Comment s'appelle cette herbe? » Gautier n'aurait pas

---

[1] M. Charles Ritter, professeur à Morges, un esprit des plus distingués et des plus curieux, ami et disciple de Strauss, dont il a traduit et publié un volume d'*Essais d'Histoire religieuse* et de *Mélanges littéraires*, précédés d'une introduction par M. Ernest Renan (un vol. in-8, chez Michel Lévy, 1872).

répondu : « C'est de l'herbe, » mais il aurait trouvé le nom de l'herbe. Bien souvent Sainte-Beuve m'a dit, en cherchant un mot qui ne lui venait pas : « Ah ! si *Théo* était là, il nous le soufflerait ! » — Maintenant cela dispensait beaucoup le critique-feuilletoniste d'exprimer son opinion et sa pensée, qu'il avait très-nettes dans la conversation, mais qu'il dissimulait le plus possible sous sa palette. « Que voulez-vous ? » disait-il : « quand on est l'ami de tous les artistes, qu'on les voit, qu'on leur parle, qu'on leur touche la main, il est difficile de dire toute la vérité sur eux. »

Dans la conversation privée, il était charmant, très-spirituel, d'une grande douceur ; — la voix lente, un peu grasseyante, mais très-agréable à entendre. — De cette voix harmonieuse, il distillait parfois comme en flûtant les plus horribles obscénités, qu'il avait l'art de dorer à mesure, comme dans *Mademoiselle de Maupin*. Il y avait évidemment un principe morbide dans son esprit, dans sa nature : une pilule empoisonnée dans une exquise coupe d'or ; — on avalait la pilule avec la liqueur qu'il versait ainsi, chatoyante et dangereuse.

Il venait voir Sainte-Beuve dans les derniers temps, surtout aux approches d'une élection académique. Mais, comme disait Champfleury, il ne s'est jamais présenté que de profil. Sa tête appuyée sur ses deux mains, — deux nobles mains d'artiste, qu'il savait évidemment belles et qu'il aimait à montrer, en les appuyant sur sa canne, — il avait l'air d'un sphinx avec sa barbe léonine, son teint fauve, trop fauve, car on sentait le malade, même à son haleine... sa peau était noire et d'apparence rugueuse. La chevelure, d'un noir bleu. J'ai vu dans mon pays des *gitanos*, tondeurs de chevaux, d'origine africaine : j'ai cru toujours que Théophile Gautier descendait d'une race semblable. Il était né à Tarbes : c'est bien pyrénéen, et sa fille, M^mo Mendès, dans une discussion qu'elle eut un jour avec Sainte-Beuve, soutenait contre lui les Pyrénées, prétendant que les Alpes sont des décors de carton. Sainte-Beuve était plutôt italien : il aimait mieux la *douceur* des Alpes. Elle ne trouvait de caractère qu'aux aspérités pyrénéennes.

Gautier amusait beaucoup la princesse Mathilde avec ces récits *encaustiqués,* mais si élégants, qu'il savait lui couler en douceur. Sainte-Beuve me dit un jour : « Théo l'amuse plus que moi ; moi, j'avais avec elle une conversation trop sérieuse (c'était après leur brouille) : cela la fatiguait, elle a fini par être lassée de cette habitude régulière de venir me voir tous les dimanches, tandis que Théo la distrait et l'égaie avec ses plaisanteries... »

Elle aimait mieux évidemment le poëte que le philosophe.

Philosophe, Gautier ne l'était à aucun degré, et c'est lui qui, un jour, eut peur de se trouver *treize* à table au dîner Magny : Sainte-Beuve, qui était la tolérance et l'indulgence mêmes, alla chercher le petit Magny pour faire le quatorzième et rassurer Théo. — A ce même dîner, Théo prétendait une autre fois qu'il entendait les poissons crier quand on les jetait dans la friture. Mais ceci est plutôt un paradoxe d'artiste qu'un signe de superstition. C'est la friture qui chante.

Je vous résume mes souvenirs... Je crois qu'ils donnent une note juste et exacte; mais je ne voudrais en rien amoindrir le poëte. Seulement, comme on est arrivé tout de suite à l'apothéose, je craindrais d'être lapidé en imprimant de pareilles choses [1].

Le sculpteur Auguste Préault avait un mot charmant sur lui : « Gautier, » disait-il, « aime qu'on l'aime. » L'avant-dernière fois que je le vis, c'était chez Mme la princesse Mathilde, dans une visite

---

1. Tant d'eau est passée depuis sous le pont que cet inconvénient n'existe plus. J'ai concouru moi-même au *Tombeau* de Théophile, par huit vers imprimés dans la *Renaissance* de M. Émile Blémont (je n'ai jamais pu aller jusqu'à douze, et encore l'idée était-elle de mon ami Kufner, actuellement à Genève) :

UN POST-SCRIPTUM AU TOMBEAU DE THÉOPHILE GAUTIER

(PUBLIÉ PAR ALPHONSE LEMERRE)

Une larme du diable a coulé sur ta bière,
Quand le prêtre, prenant possession du corps,
Laissa tomber sur toi son latin de prière :
Et cum spiritu tu... Je crus entendre alors

Le cri que Satan pousse en entendant la messe :
« *Quel barbare latin!* » dans ton livre charmant,
Une larme du diable, écrin de ta jeunesse,
Où je suivais l'office à ton enterrement.

à laquelle je fus convié après la mort de Sainte-Beuve, lors de l'échange des fameuses lettres. Gautier arrivait d'Égypte, de l'inauguration du canal de Suez : Eudore Soulié vint l'annoncer. La princesse s'élança au-devant de lui, criant : « Si je veux recevoir mon Théo ! » et elle l'embrassa. Comme un éléphant, ou comme Alain Chartier, il reçut le baiser, puis les récits commencèrent, mêlés de toutes sortes de pointes adorablement et richement égrillardes.

Il avait une admirable maxime d'artiste et de littérateur : « Tout homme qui ne sait pas écrire une pensée à l'instant même où elle lui arrive, n'est pas un écrivain. » L'indicible n'existait pas pour lui.

Eugène Delacroix avait dit : « Celui qui ne sait pas peindre au passage un homme qui tombe des toits, n'est pas un peintre. »

P. S. — Une petite amende honorable sur le manque de philosophie de Gautier : on le questionnait un jour sur des sujets mystiques ou spiritualistes, étrangers à l'art. Il répondit : « J'aimerais de savoir ce qu'en pense l'acarus du fromage. » Sainte-Beuve, à qui on répétait ce propos, compléta ainsi la pensée de Gautier : « Moi qui suis un acarus de la terre,... autre fromage. »

18 novembre 1872.

II

PENSÉES D'UN CORRECTEUR

LE ROMAN EN 1873

Personne, plus que mon ami Z....., n'a eu l'occasion de vérifier la justesse du proverbe : *Comme on fait son lit, on se couche,* ou plutôt, ayant négligé de *faire son lit* à temps, il est resté bien volontairement sans couverture et sans abri.

Cette position a eu du moins pour lui l'avantage qu'elle lui assure une grande indépendance de pensée et la liberté de tout dire, puisqu'il n'a rien à perdre.

Il me racontait dernièrement que, dans l'oisiveté laborieuse où l'a jeté la mort d'un ami et protecteur intellectuellement puissant, il occupait et trompait l'activité d'une jeunesse, désormais inutile, à compulser, à lire, à dévorer les nouvelles productions de la littérature au jour le jour. Il en était bien résulté un peu d'obsession pour son esprit, mais aussi il reconnaissait avoir gagné, à cette variété de lectures, de s'être débarrassé d'une sorte de *possession* à peu près unique, où il avait vécu pendant des années, car mon ami, *lierre* de sa nature (comme l'a appelé Champfleury), avait été jusque-là l'homme d'un seul livre ou deux. La nourriture était substantielle et saine, mais on connaît le danger, en pathologie, de ne pas changer d'aliment.

« Eh bien, » me disait-il, « je lis à présent presque tous les romans qui se publient : cela m'amuse le soir. J'y remarque depuis quelque temps une tendance nouvelle et particulière de plus en plus accentuée, de moins en moins démocratique, littérairement parlant. On y sent, en un mot, un parti pris de réaction contre les œuvres de la génération précédente. C'est quelque chose de bien inférieur encore à la froide école du *bon sens*. Les dieux minuscules du jour, plumes aristocratiques et mondaines, ont abdiqué tout reste d'imagination shakspearienne : ils n'ont pas l'esprit inquiet et tourmenté. La question d'art et de littérature est ce qui les préoccupe le moins : les grandes sources modernes d'inspiration et d'observation où ont puisé Balzac, Eugène Sue, Mme Sand, — que n'a point dédaignées à son tour la plume dantesque de Victor Hugo (dans le beau roman des *Misérables*), — ils les ignorent ou les répudient. Ils sont uniquement à la recherche de démonstrations et théories nouvelles qui n'ont rien de commun avec l'*invention* propre au cerveau des artistes et des poëtes, et qui n'ont jamais inspiré que des livres qu'on imprime à Tours. Ils délayent l'*Histoire de Sibylle*.

« L'annuaire de noblesse a pris la place de l'observation et du talent dans ces pages d'écrivains armoriés ou qui voudraient tous l'être. Oh! ce ne sont plus les armures brillantes du romantisme, ce riche bric-à-brac de fantaisie, créé par l'imagination du poëte, dans *Hernani* ou le *Giaour*, qui prêtait tant à la couleur et au pittoresque, que Delacroix transportait sur la toile, qui résonne si fièrement dans l'œuvre de Meyerbeer! — Aujourd'hui, les particules et les titres s'étalent matériellement et lourdement, avec toute leur réalité prosaïque, dans des pages qui semblent destinées uniquement à les faire valoir. On dirait que les auteurs ont peur de les perdre.

« Cet ensemble de phénomènes qui me frappent dans mes lectures de chaque jour me confirme une fois de plus dans l'opinion que la littérature, dont l'influence sur la société ne saurait être niée, n'est elle-même qu'un miroir, un reflet des idées, des mœurs à la mode, soit dans un sens, soit dans l'autre, le plus opposé et le plus contraire. Il n'y a aucun doute qu'en ce moment nous sommes en train de *réagir*. Je ne vous parle que des livres qui ont le plus d'action, parce qu'ils ont le plus de lecteurs. Je laisse de côté les œuvres d'histoire et de philosophie. La Sorbonne vient de couronner le buste de M. Cousin. C'est le triomphe de la littérature *difficile*, comme aurait dit M. Nisard.

« Les romans, qui devraient être surtout œuvres

de *moralistes*, affectent de se passer dans *le meilleur monde* : on y va avec intention à la messe. Vous aurez remarqué peut-être, depuis quelque temps, ce nouveau procédé introduit au théâtre.

« Il n'y a qu'Hector Malot qui dise encore la messe *voltairienne*[1]. »

5 avril 1873.

III

LES NÉO FAUX-BONSHOMMES

> Notre siècle sera appelé le siècle des faux-bonshommes.

Ils sont une demi-douzaine de bourgeois, toujours prêts à couper aux autres les ailes, qu'ils n'ont pas et dont, pour cela, ils ne sentent pas le besoin. Sous une apparence de rotondité et de bonhomie, vous trouverez la suffisance arrogante et *rienveillante* (comme on disait autrefois d'un fonctionnaire célèbre). Ne provoquez pas en eux

---

1. M. Hector Malot venait de publier *un Curé de province*, suivi de *un Miracle*.

l'envie de vous nuire, sous prétexte de vous servir, car, devant une perfidie ou une capitulation de conscience, dût-elle entraîner après elle les plus graves intérêts qui ne sont pas les leurs, ils ne reculeront jamais, s'ils croient par là faire preuve d'habileté. L'audace n'est pas leur fort, et ils ne savent que la blâmer, — l'intercepter même, s'ils en ont le moyen, — chez les pionniers poussés en avant par leur nature et qui veulent tenter l'*impénétrable*. C'est que l'esprit de pénétration est justement ce qui fait défaut à ces *bonshommes* que l'on rencontre partout; mais le lieu commun....
— ce qu'ils prennent pour le bon sens, — abonde et règne en maître chez eux. La sottise mousse et écume en plein dans leur verre. Ils sont faux et nient tout ce qu'ils ont intérêt à nier. Susceptibles de tous les compromis, on les voit commettre gravement les plus amères et les plus lourdes bévues dont le poids ne retombe pas sur leur tête ; ils savent s'arranger pour l'éviter : la locomotive reste en place, pendant que le train, lancé par elle, roule et se broie dans l'abîme. Quant à eux, toujours accrochés et soudés qu'ils sont au même pivot, comme des girouettes, aucune chute n'est capable de leur faire perdre leur centre de gravité ; mais ils continuent à tourner sur leur axe, après la catastrophe comme avant ; ils se sont assuré d'avance un *palladium* qui prend différents noms, selon qu'il s'agit de littérature, d'art ou de politique. — En peinture, ils disent : le Grand Art,

le Temple, et, par leur sourde hostilité ou par leur jalousie envieuse et maladroite, les inepties prennent la place des chefs-d'œuvre : les médiocrités s'étalent là où devraient être les grands maîtres ; les Delacroix, au Luxembourg, sont relégués sur des murailles mal éclairées, où l'on ne trouve pas un jour pour les voir, et les *pâles couleurs* d'un C... sont exposées en pleine lumière ; — en politique, certains grands mots remplissent la bouche de ceux qui les prononcent et suppléent à tout : le *libéralisme,* le *parlementarisme ;* demandez à un conducteur de machine, dont la fonction est d'avoir de l'esprit et de l'intelligence pratiques, ce que cela signifie ; comme il aurait le droit de vous répondre, s'il avait le temps de s'occuper de ces balivernes : « Que d'amendes et d'années d'emprisonnement j'aurais encourues, si, par ma trop grande confiance en moi et ma mauvaise direction, j'avais aussi souvent exposé l'atelier à sauter que les guides, que vous vous choisissez toujours en politique, ont fait de fois verser le train ! » Mais les doctrinaires, — et il y en a sous tous les drapeaux, — ne bronchent pas. C'est là ce qui constitue leur force et ce qui peut donner le change et passer en eux pour du *caractère,* puisqu'ils apparaissent immuables. Faux pilotes, ils ne veulent jamais reconnaître la couleur réelle du temps, et si un homme sincère, égaré parmi eux, leur crie qu'il fait *noir,* alors qu'il est nécessaire à leur illusion intéressée qu'il fasse *bleu* ou *rose,* ils lui imposent de se taire ou l'excluent de leur confidence. C'est un homme dangereux, incommode par son esprit chagrin, et qui ne peut vivre avec personne : dites plutôt que c'est un trouble-fête qui nuit à vos projets égoïstes et les dérange par son trop de clairvoyance. Ils lui donneront peut-être raison six mois plus tard, alors qu'il ne sera plus temps de retourner en arrière, et qu'ils en seront venus à leurs fins d'égarer un peu plus le navire ; car ils ont cela de commun avec les jésuites, que le brouillard et l'eau trouble servent à leur arrière-pensée ténébreuse.

Gardez-vous d'avoir la faiblesse de croire jamais leur protection efficace. Ils se jugent tellement supérieurs à vous, que vous éprouveriez à vos dépens qu'il n'y a pas d'égalité possible entre une intelligence vive et prime-sautière, et leur vulgaire et épaisse encolure. Le célèbre vers bien connu de parodie semble avoir été fait à leur image :

Même quand l'*oison* vole, on sent qu'il a des pattes !

Et ils ne s'élèvent jamais au-dessus du niveau commun qui caractérise la fausse bonhomie de M. Joseph Prudhomme, dont ils ont l'étroitesse banale et le profil. Leur fatuité les met tout naturellement au-dessus des œuvres de l'esprit, qu'ils ne comprennent pas. Ils n'ont aucun respect pour la production intellectuelle, qu'ils sacrifient volontiers *à de plus graves intérêts,* comme ils disent. Aussi ne les prenez jamais pour arbitres dans un différend littéraire, ne leur demandez jamais un service de cet ordre.

Oh! comme le souvenir me revient plus cuisant par le contraste, et combien je préfère à tel faux libéralisme de parade et de tribune celui bien autrement sérieux et positif, qui ne s'affichait point, mais qui se pratiquait en toute simplicité dans le particulier, d'un véritable homme de lettres, dont l'influence et le pouvoir étaient grands, quoique purement intellectuels. L'intérêt des Lettres était d'abord sa seule règle, et il n'eût pas conclu à la suppression d'une œuvre de mérite, pour des raisons étrangères à la littérature. Il n'eût surtout pas pris pour point de départ de condamnation ses sentiments personnels, mais aurait eu principalement en vue l'intérêt d'un confrère. C'était un critique qui fécondait, parce qu'il connaissait la peine de l'enfantement. Pris pour juge, il n'aurait pas fait bon marché d'une production de l'esprit et du talent, comme un tas de sots à qui il en coûte si peu de s'asseoir sur l'œuvre d'autrui, parce qu'ils n'ont jamais rien créé. La comédie de mon ami Robert Halt a été regrettée au Vaudeville après son interdiction; et c'est sous la République que cet arrêt fut rendu! et il n'était ni plus ni moins arbitraire que l'interdiction de l'*Oncle Sam,* dont la représentation ne nous a pas valu depuis ce qu'on craignait alors, un *casus belli* avec la Grande Nation.

Un véritable ami de la liberté de la presse et de la pensée répond ce que répondit Sainte-Beuve le jour où M. Jouvin vint lui demander un mot de recommandation chaleureux pour tâcher de sauver le *Figaro*, menacé en ce moment-là de suppression. Sainte-Beuve, qui avait plus de principes que de rancune, oublia à l'instant même toutes les injures dont il était perpétuellement abreuvé dans la feuille que l'écrivain qui s'adressait à lui avait mise dès ce temps à la remorque de M. Veuillot, et il écrivit la lettre demandée, se basant sur le fameux mot de Beaumarchais : « Il n'y a que les petits hommes qui craignent les petits écrits, » — « et, » continuait-il, « si nous supprimons telle publication aujourd'hui parce qu'elle contrecarre nos opinions, nous donnons barre d'avance à nos ennemis sur nous, quand nous ne serons plus au pouvoir. » — Et ce n'était qu'un homme de lettres qui parlait ; — « mais il faut toujours supposer, » ajoutait-il, « qu'on n'est jamais au pouvoir éternellement, et faire, quand on y est, comme M. Buloz, qui rêve sans cesse qu'une Revue plus puissante que la sienne vient de se fonder. » — On n'a en effet sur son ennemi intellectuel d'autre droit que celui de l'émulation. La seule arme loyale contre lui est de faire mieux, et pour cela de ne jamais s'assoupir dans l'aveuglement ou l'optimisme, résultat d'une trop grande satisfaction de sa personne ou de ce qu'on a fait, pierre d'achoppement des empereurs et des bourgeois faux-bonshommes.

7 décembre 1873.

IV

UN MÉDECIN DES PAUVRES

LE DOCTEUR ROSIÈRE

Je crois accomplir un devoir en consacrant ici, dans un journal[1] qui eût été l'organe de ses convictions politiques, ces quelques lignes de souvenir à la mémoire du docteur Rosière, mort depuis quelques mois, alors que la presse manquait de voix dans notre pays pour saluer au passage un soldat défunt de la démocratie.

Le rôle que le docteur Rosière a joué à Montpellier comme médecin, — médecin des pauvres surtout et des classes les plus déshéritées de la société, — et comme homme politique dévoué aux idées libérales les plus avancées, chacun s'en souvient, qu'il soit de la génération de 1830 ou

---

1. *La Liberté,* journal démocratique de l'Hérault.

de celle de 1848. Cette nature d'effusion, tout en dehors, fut toujours sur la brèche et à l'avant-garde.

Au mois de juin 1851, eut lieu un duel [1], qui a malheureusement laissé des traces sanglantes et un souvenir cruellement ineffaçable, non-seulement dans notre ville, mais dans tous les départements d'alentour, qui prouvèrent bien alors par leur émotion combien ils prenaient part à la perte irréparable que venait de faire le parti démocratique. Cet événement doublement sinistre [2], qui couvrait de deuil la cité tout entière dans les deux camps (républicain et légitimiste), avait été, à sa grande douleur, pour le docteur Rosière, une occasion décisive et caractéristique où l'on put voir se déployer en lui, et dans tout leur jour, les qualités professionnelles, le talent, le zèle et l'abnégation du médecin. Nul n'a oublié combien il se fit d'honneur, par la mission qu'il s'était imposée à lui-même, dans sa sollicitude comme médecin et comme ami, en sauvant la vie à l'une des deux nobles victimes, sur le lieu même du combat.

Arrêté pendant le mois de décembre 1851, au lendemain du coup d'État ; un matin ou plutôt

---

1. Le duel dans lequel fut tué Aristide Ollivier, alors rédacteur en chef du *Suffrage universel* à Montpellier et frère de M. Émile Ollivier.

2. L'adversaire d'Aristide Ollivier, M. Fernand de Ginestous, avait lui-même fort grièvement blessé.

une nuit, on ne lui laissa même pas le temps de se rendre chez un malade qui l'attendait à heure fixe pour une opération très-délicate. Le médecin fut emprisonné comme suspect, sans égard pour ses services si nécessaires. Pendant tout un hiver, la population pauvre des bas quartiers de la ville, la plus misérable alors et la plus souffreteuse, fut privée des soins d'un médecin ami, dont le nom était populaire.

Tout le monde le connaissait et l'aimait à Montpellier pour sa franchise et sa loyauté : il vous laissait dans l'esprit une image ineffaçable. On ne pouvait plus l'oublier dès qu'on l'avait rencontré une fois; et c'est ce qui m'attira vers lui bien jeune. L'attrait politique, autant que sa personne, contribua à nous lier d'amitié l'un à l'autre. Quelque chose d'original le signalait tout d'abord : il était grand, droit; d'une stature élancée et sans embonpoint; en marchant, il se balançait un peu; son verbe était haut, d'un accent éclatant et des plus distincts.

Il parlait à tous dans la rue de la même voix que dans son cabinet. Il semblait que le secret n'existât pour lui qu'en médecine. — Et c'est cet homme si communicatif, si confiant, si ouvert à tout venant, pourvu qu'il fût *ami* ou *connaissance*, qu'on osa accuser d'affiliation à une société secrète !

Quand il sortait de chez lui, vers les quatre heures de l'après-midi, pour faire sa grande tournée auprès des malades de la ville, on le trouvait marchant d'une démarche un peu saccadée et le chapeau légèrement incliné sur l'oreille, mais, à la rencontre, saluant les hommes avec cordialité, les dames avec une politesse et une galanterie qui devenaient encore une distinction dans sa personne, par sa manière d'être incliné et respectueux devant elles. Aussi plus d'une en avait-elle fait la remarque.

Il allait toujours à pied, — il n'eut jamais de voiture pour la ville, — flairant à droite et à gauche l'air et les nouvelles, ayant des amis dans chaque demeure et des malades dans tous les quartiers. La canne qu'il tenait à la main, canne élégante et solide, glissait et revenait sans cesse entre ses doigts, de toute sa longueur, exprimant l'agitation d'esprit et l'état nerveux de son propriétaire. L'activité était le caractère dominant du docteur Rosière. Elle était dans toute sa personne, de grand matin et le soir, bien tard. Car le propre de ces natures est aussi d'être vigilantes. Un joli chien, au poil jaune et soyeux, précédait joyeusement le docteur Rosière, en ces années-là, dans ses courses : il eut un jour le chagrin de perdre ce compagnon et ami fidèle.

Celui qui a connu cette physionomie si vivante et si animée du docteur Rosière, qui a pratiqué et vu de près cette organisation ardente, fébrile et de vif-argent, si attentive à ses travaux quand il y allait de la vie humaine, ne saurait se la représenter, comme je le fais en ce moment, loin du pays, à de longues années de distance, sans éprouver une émotion douloureuse et se sentir les larmes aux yeux à la pensée tout à fait pénible et jusque-là hors d'attente que tant de vie n'est plus, que tant de mouvement a disparu, que tant de cœur a cessé de battre. Non, il y a des existences pour lesquelles on ne se figurerait jamais la mort possible.

Je ne saurais exprimer trop haut, en terminant, le regret de n'avoir pu assister, au moment suprême de la séparation éternelle, celle qui fut la digne et courageuse compagne de sa vie, et qui avait autrefois sauvé, dans un moment d'effervescence sauvage, le saint-simonien Vidal, revêtu du costume de la secte, qu'une populace furieuse traînait par les cheveux, sans qu'il opposât la moindre résistance. Victime inoffensive, il se laissait faire. Ce fut une femme qui l'arracha de leurs mains. La scène se passait à l'Esplanade.

Le docteur Rosière était âgé de soixante-cinq ans quand il est mort. Montpellier avait été pour lui une patrie d'adoption : son lieu de naissance était Privas (dans l'Ardèche). Venu jeune dans notre ville pour y étudier la médecine, il fut élève de Lallemand, et garda toute sa vie un culte pour l'illustre maître, auquel il devait, disait-il, le meilleur de ce qu'il avait appris à la Faculté et à la Clinique.

Mais ce n'était pas là le seul lien de sympathie qui rendait la mémoire du professeur Lallémand si chère au docteur Rosière : comme lui il aurait voulu être peintre, et tenait le pinceau à ses moments perdus. — Ce qui les rapprochait bien mieux encore que l'amour des arts, c'était l'amour de la Liberté. Les mêmes sentiments, en politique, avaient uni le maître et l'élève. Ils étaient tous les deux *patriotes* et *libéraux* (comme on disait en 1830)....

Je n'aurais garde de prolonger le parallèle. Aussi bien, ce n'est pas ici une biographie, mais un simple souvenir de cœur, un *ex-voto* de reconnaissance, un portrait à la plume, taillé d'une faible main sur la tombe de notre ami.

25 juin 1869.

APPENDICE

(Se rapporte à la page 27)

Délibération du Conseil municipal de Montpellier

SUR LA STATUE DE VOLTAIRE PAR HOUDON
DONNÉE AU MUSÉE DE CETTE VILLE

Notre ami, M. Charles Perrier, architecte à Montpellier, a bien voulu nous envoyer la copie du document suivant qui, ainsi que celui que nous avons déjà publié à la fin de l'article sur Rabelais, fait tant d'honneur à l'intelligente initiative du Conseil municipal, auquel le musée Fabre doit la statue de Voltaire. L'administration municipale précédente — celle d'avant le 4 septembre 1870 — avait eu la faiblesse et la pusillanimité de refuser ce don !

Séance du 20 janvier 1873

« Présents : Castelnau, Bourrely, Malmontet, Galtier, Pappas, Laissac, Beaume, Aldebert, Milhe, Henneguy,

J.-B. Coste, Girard, Bonnet, Gilodes, Barlet, Rouget, Gos, Soulas, Unal, Girod.

« Absents : Dessalle, Reynes, Cabrol, Lenthéric, Léon Coste, Fuster, Deandreis, Domergue, Nougaret, Maurin.

« Secrétaire : Henneguy.

DON D'UNE STATUE DE VOLTAIRE

PAR M. LE DOCTEUR FAGES

« M. le président fait au Conseil la communication suivante :

« M. Coste (Léon), premier adjoint, remplissant les fonctions de maire, ayant appris que M. Fages était en possession d'une statue en terre cuite de Voltaire, faite par le célèbre sculpteur Houdon, et qu'il avait dans le temps exprimé la pensée de l'offrir à la ville pour le musée, a fait faire auprès de lui des démarches qui ont été couronnées de succès.

« Je suis heureux d'avoir à donner lecture au Conseil d'une lettre par laquelle M. Fages fait don de cette statue, moyennant certaines conditions qui ont pour objet de lui assurer une place honorable et définitive au musée et de la préserver de toute détérioration.

« Cet ouvrage étant la maquette d'un grand artiste, d'après laquelle a été exécutée la statue de Voltaire qui est placée au Théâtre-Français, présente comme œuvre d'art un intérêt artistique *d'une valeur exceptionnelle*, indépendamment de celui qui se rattache à la grande personnalité dont la France s'honore et qu'il fera revivre parmi nous. Le Conseil ne peut accepter ce don qu'avec empressement et reconnaissance.

(Suit la lecture de la lettre de M. Fages du 16 janvier 1873.)

« La communication de M. le président est accueillie par des témoignages d'unanime adhésion.

« M. Rouget[1] dit que l'acceptation du don de M. Fages est d'autant plus opportune dans les circonstances présentes, qu'elle sera un hommage rendu à la liberté de pensée.

« Le Conseil municipal, appréciant la valeur artistique et la haute signification de la statue de Voltaire, et heureux de pouvoir, par le fait de la libéralité d'un généreux citoyen, enrichir d'une œuvre remarquable le musée de Montpellier et honorer en même temps une des plus grandes illustrations de la France, accepte avec la plus vive reconnaissance le don fait à la ville par M. le docteur Fages et accepte également les conditions posées par le donateur.

« M. Aldebert propose de nommer une commission chargée de remettre à M. Fages un extrait de la délibération du Conseil municipal et de lui exprimer toute sa gratitude.

« La proposition Aldebert est adoptée à l'unanimité.

« M. Henneguy, rappelant que M. Fages avait manifesté depuis longtemps son intention, propose de voter aussi des remerciements à M. Léon Coste, premier adjoint, remplissant les fonctions de maire, dont l'heureuse initiative vient d'assurer enfin à la ville la possession du chef-d'œuvre de Houdon.

« La proposition Henneguy est adoptée à l'unanimité.

---

1. L'illustre professeur de la Faculté de médecine, qui fut l'objet d'une dénonciation, vers la fin de l'empire, dans un pamphlet clérical.

« M. Beaume propose de nommer la commission de trois membres qui doit se rendre chez M. Fages; sont désignés : MM. Castelnau [1], Henneguy [2] et Pappas [3].

« Il est entendu que M. le maire fait de droit partie de cette commission et que tous les conseillers qui le désireront pourront l'accompagner. »

---

1. M. Eugène Castelnau, artiste peintre, dont il a été longuement question ci-dessus dans une de nos promenades au Salon, et frère du regretté député de l'Hérault, à la mémoire duquel est dédié ce volume.

2. M. Félix Henneguy, un des hommes les plus distingués, dont s'honorait alors le Conseil municipal de Montpellier, — étranger d'ailleurs par sa naissance à la localité et au Midi, mais très-aimé dans cette patrie d'adoption à laquelle il s'était voué. Il est revenu depuis habiter Paris. Comme beaucoup d'esprits d'élite, de nos jours, M. Henneguy est un helléniste de premier ordre. Il a au plus haut degré le sentiment de l'Antiquité; une de ses œuvres les plus remarquables et qui lui a valu le titre de citoyen d'Agrigente, *Pantheia*, étude antique en vers, est une composition dramatique et des plus intéressantes, où respire tout un monde d'idées poétiques et philosophiques, exprimées avec une élévation de pensées et dans une donnée tout à fait grandioses. L'artiste et le poëte sont à la hauteur du sujet dans ce vaste cadre qui a pour scène principale les sommets brûlants de l'Etna. L'auteur donne à la fin, en notes, le texte grec des vers d'Empédocle, qu'il a introduits dans son poëme panthéiste ou naturaliste. — M. Henneguy est le père de ce jeune savant actuellement préparateur de M. Balbiani au Collége de France.

3. M. Pappas, savant helléniste, né à Constantinople et professeur à Montpellier depuis de longues années.

FIN

TABLE

	PAGES
DÉDICACE. A la mémoire d'Albert Castelnau.	v

RABELAIS. Sa radiation de médecin de l'Hôtel-Dieu de Lyon. — La rue Rabelais à Montpellier 1

VOLTAIRE A MONTPELLIER. Inauguration de sa statue en terre cuite par Houdon en 1803. 12

QUELQUES NOTES SUR MÉRIMÉE 28

MÉMOIRES D'ODILON BARROT. 36

TALMA. Apostrophe de Louvet à Chasles à la Convention nationale. — Conversation de M. Viollet-le-Duc et de Napoléon III. — Funérailles civiles de Talma. — Anecdotes sur le grand artiste. 46

M. ÉMILE ZOLA. *L'Assommoir.* { I. 58
{ II. 68

NAPOLÉON ET ROBESPIERRE.
I. Conversation de Napoléon sur Robespierre. — Opinion de M. Louis Blanc sur cette conversation. — Lettre prophétique de Victor Hugo, etc. 77
II. (Suite et fin). 87

PÉTRARQUE ET VICTOR HUGO. 93

M. LE PLAY. *Les Ouvriers européens.* 105

LE COMTE DE CAVOUR, par M. Charles de Mazade 118

M. EDMOND DE GONCOURT. *La Fille Élisa.* 135

LE PRINCE DE BISMARCK, par M. Antonin Proust, député des Deux-Sèvres. 146

PROMENADE AU SALON: M. Daubigny. — M. Jean-Paul Laurens. — M. Léon Bonnat. — M. Alexandre Cabanel, etc. 162

LE DÉPARTEMENT DE L'HÉRAULT AU SALON.
I. Deux élèves de M. Français : MM. Eugène Baudouin et Rapin. — M. Henri Bouchet-Doumenq. — M. Charles Brun. — M. Pierre Cabanel, etc. 179
II. (Suite). M. Eugène Castelnau. — M. Coffinières de Nordeck. — M. Node. — M. Cot. — Mlle de Vomane. — M. Glaize fils. — M. Glaize père. — M. Gonzague-Privat.

	PAGES
— M. Jules Laurens. — M. Bonaventure Laurens. — M. Marsal. — M. Mathieu. — M. Roussy. — M. Trinquier. — M. Villa.	194
III. (Suite et fin). — LE SALON DE SCULPTURE. M. Mercié. — M. Chapu. — M. Injalbert, de Béziers. — M. Aigon, de Montpellier. — M. Rélin, de Béziers. — M. Gabriel Faraill, de Saint-Marsal. — M. Hercule, de Toulon. — M. Henri Pontier. — M. Auguste Préault, etc.	211

LA MORT DE LOUIS XVI, par le peintre Hauer. 227

SOUVENIRS DE JEUNESSE. Le peintre Gustave Courbet. — M. Champfleury. — J.-B. Soulas. — Le prince Pierre Bonaparte 236

OUVERTURE DU MUSÉE DE SÈVRES. M. Champfleury. — M. Auguste Fourès, etc. 267

LA GALERIE ALFRED BRUYAS A MONTPELLIER. Un portrait de Baudelaire, par Courbet. — Statue d'Aristide Ollivier, par Préault. — Médaillon, par M. Auguste Baussan 278

UNE FAMILLE DE PEINTRES PROTESTANTS AU XVIIe SIÈCLE. Louis du Guernier et Sébastien Bourdon 287

LES VILLES MORTES DU GOLFE DE LYON, par M. Charles Lenthéric. 298

LA DANSE DU CHEVALET, d'après un vase antique du musée de Béziers 311

CARACTÈRES ET PORTRAITS.
   I. Sur Théophile Gautier. Lettre à M. Charles Ritter. . . . 323
   II. Pensées d'un correcteur. Le roman en 1873. 328
   III. Les néo faux-bonshommes 331
   IV. Un médecin des pauvres. Le docteur Rosière 337

APPENDICE. Délibération du Conseil municipal de Montpellier sur la statue de Voltaire par Houdon, donnée au musée de cette ville. 343

Page 103, 4e ligne, au lieu de : *le limon qui roule,* lisez : *les limons qu'il roule.*

Paris. — Imprimerie Motteroz, 31, rue du Dragon.

www.ingramcontent.com/pod-product-compliance
Lightning Source LLC
Chambersburg PA
CBHW050751170426
43202CB00013B/2385